佛法。三百問。

第二集（上冊）

藍傳盛 著

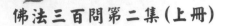

序言

　　《佛法三百問第二集》是承繼《佛法三百問》一書之後，益加深入闡明佛法各部的精髓及大要，以攝補《佛法三百問》不足之處。

　　《佛法三百問》雖獵涉問題廣泛，惟討論議題之範圍涵蓋仍顯不夠週全，探討尚嫌不夠深入，作者有鑑於此，乃萌生出版第二集之念頭，以匡補前書之不逮處。

　　本書共有三百問，惟篇幅浩大，故簡分成兩冊，分別論述。上冊有 167 問，下冊有 133 問。

　　本書為上冊，167 問內容包括：小乘 26 問（1 問-26 問），大乘 18 問（27 問-44 問），印度佛學之大乘三大系，如中觀、般若 18 問（45 問-62 問），唯識 7 問（63 問-69 問），如來藏 10 問（70 問-79 問）。中國佛學之東漢魏晉佛學 13 問（80 問-92 問），南北朝六宗，包括涅槃宗 4 問（93 問-96 問），成實宗 11 問（97 問-107 問），毘曇宗 9 問（108 問-116 問），俱舍宗 17 問（117 問-133 問），地論宗 7 問（134 問-140 問），攝論宗 9 問（141 問-149 問），及中國唯識宗 18 問（150 問-167 問）。

　　本書先論及中國八大宗之俱舍宗、成實宗及唯識宗，其後之三論宗、天台宗、華嚴宗、禪宗、律宗、真言宗及藏密等，留待下冊再一一詳加探討。

　　《佛法三百問》及《佛法三百問第二集》，兩冊共搜集 600 個問題，內容涵蓋所有佛法，包括佛學通論，印度大小乘佛學、中國八大宗及藏密等。《佛法三百問》二冊共集有六百問，二冊合集可謂是類似「袖珍型」的佛法百科全書，舉凡重要的佛法知識理論及重要的「經」及「論」均有涉及，若能一卷在握，不惟搜讀方便，抑且可快速進入佛法中心領域，了解大小乘佛法之梗

要，期能令大德們在日常生活的實修中有所裨益。

　　佛法浩瀚無邊，況弟學疏才陋，亟需十方大德匡正是幸。

目錄（1-167 問）

小乘（1-10 問）

1.根本佛教與原始佛教是什麼？

（一）根本佛教

　　根本佛教是指佛在世及逝後約百年內，教團結集佛經，遵守佛的遺訓及遺制嚴格修行，此時教團團結一致，諸法一味，義理純粹，此階段的佛學稱為「原始佛學」。

　　此時期又可分為二種，即前半期的根本佛學及後半期狹義的原始佛學。

　　根本佛學是指佛在世及入滅後三十年左右。依據宇井伯壽是西元前四三一-三五○年。指佛陀及其直接弟子時代的佛教。

（二）原始佛教

　　原始佛教是佛陀再傳弟子以後的佛教。

　　此時的佛學最為純粹，是最根本的佛陀教義。

　　佛教史學者主要是依據「阿含經」來釐定佛教的原始義理，包括業力與緣起、三法印、四聖諦、八正道、十二因緣、中道思想等。

2.舍利和塔、寺廟的起源？

（一）舍利

　　舍利崇拜與供奉舍利的塔是印度佛教文化中最為突出的。印度佛教非常重視舍利。

　　舍利在梵文是指屍體或身骨，現在早已演變成對佛和有道高僧的骨殖的專稱了。釋尊涅槃後，弟子們將他的遺體火化，結果發現了許多顆晶瑩透亮、五光十色、擊之不碎的珠子，加上別的身骨、牙齒、毛髮留下來，這就是最早的舍利了。這些舍利子是

佛教徒心目中至高無上的神物品，是佛教徒頂禮膜拜的對象，也是佛的象徵及化身。

釋尊的舍利，傳說當時被八個國王分別取去建塔供奉。到西元前三世紀中葉，孔雀王朝阿育王信奉佛教，下令在所有小邦國建立寺塔，即所謂「八萬四千寶塔」。

請參閱《佛法三百問》67 問：「舍利是如何形成的？」

（二）塔

塔是用來保存供養舍利的。塔在梵文本是墳墓之意。在印度，現存最早的三齊大塔，據說是埋釋迦牟尼的真身舍利，完全是一個墳墓形狀。

隨著印度佛教文化的衰退，印度的古塔已經多半不存，或已經多次重修，不再是原狀了。

除了墳墓式的塔以外，印度佛教後來還發展出一種「塔廟」，塔在後部，內並無舍利，只是抽象的象徵意義而已。

（三）寺廟

寺廟這個詞完全是中國化的語詞，寺是官吏衙門，廟是祭祀場所。寺廟變成佛教的專門用語，那是傳入中國以後的事。在印度，稱爲「阿蘭若」、「蘭若」、「僧伽藍」、「伽藍」。

釋尊初創佛教時，並沒有固定的傳教說法場所。成道之後，信徒們捐獻了兩座相當華麗的「精舍」，一是給孤獨長者和波斯匿王太子祇陀共同奉獻的「祇樹給孤獨園」；另一是王舍城的「竹林精舍」。

早期佛教，仍然尚未有今天我們所見的寺廟，而是盛行一種叫毗訶羅的石窟，中間有方或長方形講堂，後壁刻小型佛塔，正面和兩側開鑿很多小型石室，供一個僧人居住修行。後來所謂「伽藍、僧伽藍」，就包括了佛塔、僧舍、講堂、墓地和園林等

俱全的寺院了。

　　阿育王曾建「雞園寺」。玄奘就學的「那爛陀寺」是古印度佛教最高學府，存在幾個世紀之久，培育了很多佛教精英，極盛時期曾住有萬人以上的僧侶。

3.印度佛教文化有哪些特色？

　　（1）開創性：佛教是由印度釋迦摩尼所開創。
　　（2）層次性
　　文化層序列如下：原始佛教-部派佛教-大乘中觀-大乘瑜伽行-密教（金剛乘-易行乘-時輪乘）。
　　（3）濃厚的經院哲學氣質
　　佛教愈到後期，經院味越重，離民間通俗信仰越遠，最後密教興起。
　　（4）傳統宗教信仰的影響
　　印度以婆羅門教為傳統文化之代表，到四世紀，婆羅門教死灰復燃，再度崛起。耆那教更是幾乎與佛教始終伴隨；而遠古犬陀教、游牧部落信仰的自然崇拜、多神崇拜、祭祀萬能等種種觀念從來未曾失去活力，導致最後密教出現，而於十三世紀終結佛教。
　　（5）追求永恒靈性的解脫，而不重視物質生活。
　　（6）印度的宗教也是哲學的，重視因明學。
　　哲學是宗教的理論，宗教是哲學的實踐。
　　因此印度哲學也是印度的宗教哲學。
　　（7）印度的宗教業力論，即主張三世因果的觀念。
　　請參閱《佛法三百問》57 問：印度佛教與中國佛教有什麼不同？

4.什麼是緣起、十二因緣、業力與惑？

一、緣起

緣起是佛教的根本理論。原始佛教認為一切現象都須依照一定的條件或相互依存的關係而生起。

原始佛典阿含經：「云何緣起法，謂此有故彼有，此生故彼生；此無故彼無，此滅故彼滅。」

沒有絕對的因果及主從，一切事物都是相對依緣而成。

若從大乘性空緣起的觀點而言，凡法或世間事物的生起，都必須藉由主要助緣（因）及次要助緣（緣），依這因及緣的結合互依，才能生起世間萬法或事物，因為凡為法者，必非由單一獨立的主因本體（即自性、自體）所生成，換言之，即空無自性（中觀應成派的觀點），由於自體是空，必須藉由主緣及助緣的互相依存結合才能生起萬法，此謂緣起。也即性空緣起，性空是指萬法的自性空，緣起是指萬法必須藉緣生起。

因及緣的結合而生果，此謂業惑緣起說，即指宇宙是由眾生之共業業力而成，業可說是一切緣起的根本。

請參閱《佛法三百問》141 問：「緣生法與緣起法有何差別？」及 9 問：「佛教的基本原理是什麼。」

二、十二因緣

十二因緣包括無明-行-識-名色-六入-觸-受-愛-取-有-生-老死。

無明是前世惑，愛取是現世惑。

行是前世業，有是現世業。

識-名色-六入-觸-受是現世苦果；老死是來世苦果。

請參閱《佛法三百問》78 問：「十二因緣是什麼？」

三、業力

業有三義，第一爲作用，也就是造作。即以身口意能造作善惡等種種事。第二爲持法式，即能任持七眾的法式之意。第三爲分別果，即能分別愛與非愛之果之義。指能造作苦樂等果報的原因。

但所謂能生果，須經惑業苦三者，業是主因，惑是緣，果是苦果。惑即指煩惱或隨眠。

業分思業及思已業。

思已業爲其思已顯於身、語的所作業。故連同思業，業有身語意三業。

身語二業各有表業及無表業二種。表業指能表示出來的身語上面的作爲。無表業是指由強有力的身語表業所引起的「未表示出來」的止惡止善的功能。

如此，連同意業，身語業各有表業、無表業，故業共有五種。

內心思慮種種事即是意業；意業由身體採取行動，表現出來即是身表業；由強力的身表業同時會招將來的果的原因，而繫發於自己身中，無形象，尚未表示於身上的潛在勢力即身無表業；心內所想由口裡講出來即是語表業；強力的語表業同時會招將來果之原因，潛伏在內，未表示於他，即是語無表業。

無表業有三種，律儀善、不律儀惡、非律儀非不律儀之善惡（即處中無表）。

（一）律儀無表

律儀無表有三種：別解脫律儀、靜慮律儀、無漏律儀。別解脫律儀有八種：芯芻律儀（比丘）、芯芻尼律儀（比丘尼）、正學律儀（沙彌尼將成爲比丘尼之前二年）、勤策律儀（沙彌）、勤策女律儀，（沙彌尼）、近事律儀（優婆塞即在家修男）、近事女律

儀（優婆夷即在家修女）、近住律儀（在家男女修持一晝夜的八
關齋）。

請參閱《佛法三百問》66 問：「出家有哪些類別？」

靜慮律儀因和「定」共發得之無表，故名定共戒。

無漏律儀因與無漏的道心共發得的無表，故名道共戒。

（二）不律儀無表

不律儀是惡戒，以立誓想（即要期心）以屠殺、劫盜等惡業
為其生活，如實行其惡行時，即得不律儀無表。須有要期心而且
盡壽（一生）造諸惡業，如無要期心，就會得「處中無表」，要
得不律儀，須由作及誓受。作是實際執行，誓受就是決定心意。
已有堅決之決心。

有部及經部對不律儀無表有不同的見解。有部認為不律儀無
表必須是盡壽要期，而且遍及一切有情及具足七支。但經部反對
遍及一切有情，如屠羊之人，對於其至親也沒有損害。經部也反
對須具足七支，如瘖啞之人屠羊也不會在言語支上有過非。

（三）非律儀，非不律儀

非律儀，非不律儀：即處中無表。沒有要期心的善惡，但不
是無善惡的無記。如「隨時」、「應緣」而行禮佛、布施，即沒有
要期心行善，即得善之處中無表。如不是為了活命而行殺生等事
時，即得惡之處中無表。

其他不攝於律儀不律儀之善惡的身語業的無表，均攝在處中
無表。

（四）業的各種表現形式

1.十業道：有善、惡二種。

十善業道：身業有離殺生、偷盜、邪行；口業有離虛妄語、

離間語、粗惡語、雜穢語；意業有無貪、無瞋、正見。

十惡業道：與十善業相反。即身業有殺生、不與取、欲邪行；口業有虛妄語、離間語、粗惡語、雜穢語；意業有貪、瞋、邪見。

2.五無間業：殺父、殺母、殺阿羅漢、出佛身血、破和合僧。

3.引業、滿業

引業：牽引總報之業。即牽引在六道的總相果報，一業引一生。

滿業：圓滿別報之業。個人之貴賤美醜，容貌個性。多業能圓滿。

4.定業、不定業

定業：有決定受果之業，也有時期之決定與否。

有四種因素感定業：重惑或淨心、屢次重行、對佛法僧、對父母。

不定業：業之勢力不甚強勝，善惡之業果並不決定，即不一定發生。

感果時期定者，受報時期有遲速，有三種：順現法受業（又稱順現業。現生造業，現世感果，乃業中極為猛利者）、順次生受業（又稱順生業。現生造業，次生感果）、順後次受業（又稱順後業。現生造業，次生以後即第三生以後受報）。

有部認為一業只能引一生，但經部許一業可引多生，即次生受業未盡，第三生可以繼續受報。

感果之近者，其業重；感果之遠者，其業輕。

感果時期不定者，有順不定受業。即不定業。於何生受報導不定，受趣及受處也都不定，可以將重業轉輕或輕業轉重。

不定業又分「報定時不定」及「報時俱不定」。

業的分類：二業（定、不定）；四業（順現、順生、順後、

順不定）；八業（三種定業各有時報俱定及時定報不定二種；順不定業有報定時不定及時報俱不定二種）。

世親以四業說爲善說。

順現業唯招滿業（別報），其他三業通於引滿業。

業有身口意三業之善、惡二種。善又有有漏善及無漏善。

其中有漏善感人天果，惡招三惡趣。

惡及有漏善是迷界之因，能引六趣果報。

5.其他十一種業的形式

a.三性業：善、不善、無記。

b.福等三業：福、非福、不動（色、無色之善業，業果不會動轉）。

c.三受業：順樂受、順苦受、順不苦不樂受（色界第四禪以上之善業）。

d.身心受業：心受（與第六意識相應之身，即色界中間定至有頂地之業，因不具尋伺）、身受（與前五識相應之受。即欲界之不善業）二受。

e.曲穢濁：

曲業：依「諂」而生之身語意業。

穢業：依「瞋」而生之身語意業。

濁業：依「貪」而生之身語意業。

f.黑黑業等：有黑黑業、白白業、黑白黑白業、非黑非白業。

-黑黑業：欲界不善業。性污染故名黑，所感異熟米不可意，又爲黑，因果共黑。

-白白業：色界之善業。性不汙染故名白，所感異熟果可意之，故名白。因果共白。不攝無色界之善。因無色界無中有及缺身語二業。

-黑白黑白業：欲界之善業。因雜有惡之處故名黑白，所感異熟也雜有非愛之果，故爲黑白。

-非黑非白業：爲無漏業。性不污染故非黑，也不會招白的異熟故非白。

g.三牟尼業：牟尼乃諸煩惱永寂之意。

有身牟尼、語牟尼、意牟尼。

身牟尼：無學的身業。

語牟尼：無學的語業。

意牟尼：無學的意。

h.三清淨業：身清淨業、語清淨業、意清淨業。此三種妙行，能遠離一切惡行煩惱之垢，故爲清淨。

i.三惡行：身惡行、語惡行、意惡行。

是一切不善之身語意三業。此行能感非愛之果，爲聰慧者所呵厭之，故名惡行。

j.三妙行：身妙行、語妙行、意妙行。

是一切善業之身語意三業。意妙行另立非意業之無貪、無瞋、正見三種。

k.三邪行：邪語、邪業、邪命。

邪語：由瞋痴而生之語業。

邪業：由瞋痴而生之身業。

邪命：由貪而生之身語二業。

四、惑

（一）本惑與隨惑

1.本惑：

即是根本煩惱，也就是隨眠，煩惱纏繞有情，將其心惛昧，恰如睡眠之時，故名。

有部稱煩惱爲隨眠。

經部認爲煩惱的種子爲隨眠，現行爲纏。

大乘唯識以眠伏於阿賴耶識中的煩惱種子爲隨眠。

煩惱有根本（本惑）及枝末（隨惑）二種。

相本煩惱有不定地法中之貪、瞋、慢、疑；大煩惱地法中之無明；大地法中之惡性慧，即惡見。

惡見開爲身見、邊執見、邪見、見取見、禁戒取見五種。

故本惑有十種，即十隨眠也。

2.隨惑（枝末）有十九種，爲大煩惱地有五種：放逸、懈怠、不信、惛沉、掉舉。大不善地法二種：無慚、無愧。小煩惱地法十種：忿恨惱覆諂誑憍害疾慳。不定地法二種：睡眠、惡作。

（二）見惑

根本煩惱有迷理之惑及迷事之惑二種。

上而十種煩惱均缺明確的智慧，故均爲迷理之惑。此惑於見道而斷，故稱見惑。

見惑乃迷於四諦之理而起之惑，欲界有三十二種，色界及無色界各二十八種，總計爲八十八，稱爲見惑八十八結使。

欲界的苦諦有十種本惑都是；集諦及滅諦少身、邊、戒取三見，故有七種。道諦少身、邊二見，故有八種。

色界及無色界均少了瞋。

（三）修惑

迷事之惑，指迷於五塵諸事相，在十種中，貪、瞋、慢、無明四種即是迷事之惑。於修道而斷，故名修惑。

修惑在三界九地（五趣雜居地，色界四地、無色界四地）各地均有九品（上上、上中、上下、中上、中中、中下、下上、下中、下下）總計八十一品。

見修九十八隨眠叫做五部之惑。五部是總括見道與修道之稱。

小乘（俱舍）以爲，疑與五見迷理，爲見惑。貪瞋慢無明通於見、修二惑。

大乘（唯識）以疑、邪見、見取、戒禁取三見爲分別起之見惑。

以貪、瞋、慢、無明及身、邊二見，通於分別及俱生（見、修二惑）。

（四）煩惱的分類

1.三縛：貪、瞋、癡。

2.三漏：有欲漏（欲界煩惱，有四十一種）、有漏（色、無色界煩惱，有五十二種）、無明漏（三界之癡，有十五種）。

3.四暴流：欲暴流（緣五欲之境而起，有二十九種）、有暴流（色、無色界煩惱，有二十八種）、見暴流（五見即疑、身見、邊見、見取、戒取，一界十二見，三界共三十六種）、無明暴流（即三界之癡，有一十五種）。

4.四軛：軛爲牛車扼住牛頸用的曲木，也是煩惱別名。有四種：有欲軛、有軛、見軛、無明軛。其惑體同上四暴流。

5.四取：取是執取，煩惱之異名。有四種：欲取（欲界，有三十四種）、我語取（我語爲內身，上二界煩惱多緣內身而起，有三十八種）、見取（有三十種，指身、邊、邪、見取四見）。

6.五蓋：欲貪蓋、瞋恚蓋、惛眠蓋、掉悔蓋、疑蓋。

7.五順下分結：順益欲界的煩惱，有身見、戒禁取見、疑、貪、瞋。

8.五順上分結：色貪、無色貪、掉舉、慢、無明。

9.六垢：惱、害、恨、諂、誑、憍。

10.九結：愛、恚、慢、無明、見、取、疑、嫉、慳。

11.十纏：貪、瞋、痴、無慚、無愧、嫉、慳、惡作、睡眠、掉舉、昏沉、忿、覆。

12.一百零八煩惱：十纏加九十八隨眠。

請參閱《佛法三百問》115 問：「業力與善惡業是什麼？」

97 問：「煩惱如何轉化？」

134 問：「如何轉業力爲願力？」

160 問：「惑業苦與二種生死是什麼？」

289 問：「在家如何守戒？」

290 問：「什麼是八關齋戒？」

5.什麼是三法印、四聖諦、八正道？

（一）三法印

三法印：是諸行無常、諸法無我、涅槃寂靜。

請參閱《佛法三百問》85 問：「什麼是三法印？」

及 143 問：「什麼是涅槃？」

146 問：「四種涅槃如何分別？」

（二）四聖諦

四聖諦：是苦（知八苦、三苦）、集（招集苦的原因）、滅（滅除苦及煩惱，達到寂滅涅槃境界）、道（修習八正道、五停心、四念處、三十七道品）。

請參閱《佛法三百問》79 問：「四聖諦是什麼？」

（三）八正道

八正道：戒：正語、正業、正命、正精進；定：正定；慧：正見、正念、正思惟。

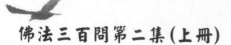

請參閱《佛法三百問》80問:「八正道是什麼?」

6.什麼是無常、無我?

(一)無常:指諸行無常

天地萬物,不管精神或物質,都處在生、住、異、滅四相變化之中,遷流不息,沒有常住性。所有事物,一切現象,沒有一樣是常住不變的,都是遷變(行)無常的,即是諸行無常。

了解了世事無常,尤其近親愛人死亡,突起意外事故,更能感受到無常。有了無常觀,可以了悟人的生老病死,自然界森羅萬象的起落,及我們的現實生活都是暫存無常的,從而才能擺脫人生的「苦」,苦樂萬事都是無常的,所以應該把握時間,珍惜生命,積極奮發,創造人生。

(二)無我:指諸法無我

諸法是各種有形、無形的一切事物的存在。

我是指獨立而實有的自體。因為無「我」之實有自體,萬法都是藉「緣」互相依存和合而成,所以萬法皆有生住異滅的四相變化的「無常性」,就是因為萬法都是空而無獨立實存之自體,都是拼湊組合而成。

無我有「人無我」及「法無我」。

人無我是指人是由色、受、想、行、識五蘊組合而成,並無獨立實有的「自體我」。

法無我是萬法也是沒有獨立實有的組成自體,萬法都是依緣組成的,也都是有成住壞空四相的「無常性」。

「人無我」是指無我及我所,這無我所即是主觀的「法無我」,但宇宙萬法不但是主觀的法無我,也是客觀的法無我。

請參閱《佛法三百問》85 問：「什麼是三法印？」
96 問：「什麼是人我執、法我執、人我空、法我空？」

7. 什麼是中道思想

這裡的中道是指小乘的中道。

中阿含經卷五六：「有二邊行，諸為道者所不當學。一曰著欲樂下賤業，凡人所行。二曰自煩自苦，非聖賢法，無義想應。五比丘，捨此兩邊，而取中道。」

釋迦反對極端的縱欲主義和極端的苦行主義。這二邊都流於偏激，不能達到解脫的目的，故應行不偏不倚的中道。

原始佛學以行「八正道」為中道。

原始佛學又以觀十二因緣而捨離常見與斷見，及有見與無見，身命一異等，即為中道。

釋迦反對婆羅門教的「轉變說」（宇宙萬象由梵天我轉變而成，主張有我及常見）。

釋迦反對反正統派之「積聚說」（世界萬物是由許多獨立的元素所積聚合成，主張無我及斷見）。

釋迦主張「緣起中道說」，即「因是有是，諸法壞故，不常」，及「是生彼生，諸法續故，不斷」，不常不斷即是中道。

至於大乘的中道請參閱《佛法三百問》106 問：「各宗的中道有不同嗎？」

8.小乘佛教如何變遷？

（一）印度佛教思想史

　　大略分為：根本佛教（紀元前 431-350 年）、原始佛教（紀元前 350-270 年）、部派佛教（西元前 270-100 年）、小乘佛教之完成（西元前 100-西元 150 年）、第一期大乘佛教（西元 150-250 年）、小乘佛教之變遷（西元 150 年以後）、第二期大乘佛教（西元 250-400 年）、第三期大乘佛教（西元 400-650 年）、密教時代及佛教頹廢時代（西元 650 年以後）。

（二）小乘佛教之變遷（西元 150 年以後）

　　1.小乘佛教歷經根本佛教、原始佛教、部派佛教、小乘佛教之完成，到小乘佛教之變遷（西元 150 年以後）。

　　2.小乘佛教之變遷，此時有一切有部、成實論、錫蘭佛教。

　　2.1.一切有部從第四次結集，成立大毘婆沙論，而後有部之健馱羅系統法勝所著之「阿毘曇心論」，根據四諦之順序，以最簡潔之方法整理小乘佛教。

　　其後西元 350 年頃，法救增加註解，稱為「雜阿毘曇心論」，此中已採用經部思想。當時，有部系統經中央亞細亞，很盛行的傳譯到中國，成為所謂的毘曇宗一派。

　　當時世親來此研究其說，收集了六百頌，自己作注釋，稱為俱舍論。此論世親是用經部思想批評有部。

　　有部認為三世實有，法體常恒，地水火風四大及六識是真實，其他皆是假立。

　　俱舍論則強調現在實有，過未無體。

　　對俱舍論有所悟入的有部弟子「眾賢」，則主張有部本義，斥說俱舍論是經部化，以新說闡明有部失掉的本義，所以眾賢之說稱為「新薩婆多部」。繼承眾賢以後之人不傳，而世親俱舍論

之後有陳那、德慧、安慧及其他系統。

以後有部小乘系統之歷史不明，然實際修行仍在繼續，一直到印度佛教最後衰亡之時。

2.2.成實論

阿黎跋摩所著之成實論，可能是經部發達以後之作品。

成實論在中國隋唐以前，一般認為是大乘論，但隋唐後即被判定為小乘論。

有部傾向我空法有，但成實論主張我法二空，但其空類似虛無，又與大乘有異。

空是真諦上說，俗諦上諸法是有。諸法有五位八十四法，分析至極微及剎那，進一步就是一切空了。而大乘的空觀是體空觀，即諸法以緣起，故自性空，此謂體空觀，與成實論之析空觀不同。並主張現在實有，過未無體。

2.3.錫蘭佛教

a.阿育王之弟摩呬陀到達錫蘭，國王迎接於大精舍。

b.西元前一世紀，錫蘭島就傳入經律論最初的文字，即今所傳巴利語三藏。同時創無畏山精舍，與大精舍相對立。前者是達磨羅基部，後者是上座部，又稱分別說部。

c.西元 400 年前後，開始有錫蘭語譯出的三藏，之前都是巴利語。

d.西元 410-450 年之間，覺音從印度來，將卓錫大精舍的三藏改寫成巴利語。

e.覺音離開錫蘭後的同時，又有達摩巴拉來到，又註釋佛書，以補前書之不足。

f.錫蘭佛教雖保存了古說，有其價值，然從教理發達史上看，似覺稍有不足。

請參閱《佛法三百問》45 問：「大小乘有何不同？」

9.什麼是南傳佛教文化的特色？

南傳佛教是指佛教從印度向南傳播到斯里蘭卡（錫蘭）、緬甸、泰國、柬埔寨、寮國、中國雲南的西雙版那、德宏等傣族地區的佛教。相傳約在公元前三世紀，印度阿育王舉行佛教第三次結集後，派遣使者分別向周圍地區和國家傳播上座部佛教，尤其傳到斯里蘭卡最早形成以大寺為中心的上座部僧團。

南傳佛教教義上遵從原始佛教及阿含經等早期經典，宗教實踐上注重禪定修持，堅守保持傳統戒律，佛經以巴利文為主。

南傳佛教有如下特色：

1.自認為是正統佛教。

認為以堅守傳統戒律、恪守教義、注重經典字面意義、崇拜佛陀而很少多神崇拜，以佛教長老為中心的「上座部」為正統。「大眾部」及後來的大乘佛教都是庶出，非正統。

2.南傳佛教深受王權約制、支持、保護及利用。

國王往往制定與國家行政機構平行的佛教組織管理制度來制約佛教。

3.佛教文化在傳統文化中所占比重及地位崇高。

在南傳佛教的每個國家都以佛教為「國教」。

4.受殖民統治，但佛教徒積極參政，維護民族文化的傳統及爭取民族獨立自由。

5.有多個不同的佛教文化叢的層次。

以斯里蘭卡佛教文化叢為最主要，其次為緬甸、泰國，而柬埔塞及寮國則相對薄弱。

請參閱《佛法三百問》58 問：「什麼是南傳佛教與北傳佛教？」

10.什麼是部派佛教及其分裂原因？

由上第一問知佛教從根本佛教，原始佛教而後部派佛教。

佛入寂後二百三十六年中，相傳歷經三次結集，根本部派，分裂是在第二次結集，即佛滅後一百年或一百一十年時。

分裂有二種，其一根本分裂，指分裂爲大眾部及上座部。其二枝末分裂，指大眾部及上座部又再各自分裂。

根本分裂的原因，依南傳及北傳有不同說法。

南傳依據「大史」和「島史」記載，由於僧眾在戒律問題上的爭執。當時吠舍離地方的跋耆族比丘認爲某些傳統戒律已不再適用，要求改革，提出「十事」（角鹽淨、兩指淨、他聚落淨、住處淨、贊同淨、所習淨、不攪搖淨、飲闍樓伽淨、無緣坐具淨、金銀淨）。

但以耶舍爲首的保守長老比丘則不以爲然，公開表示反對。耶舍邀請耆德老宿七百人，在吠舍離舉行結集，認爲十事乃非法，即判爲「十事非法」，這就是第二次結集。這一反對派即被稱爲上座部。

然而堅持十事的跋耆族比丘又召集了徒眾萬人的結集，另行訂正經、律，即所謂「大結集」，參加者被稱爲大眾部，教團因戒律的看法不同而由此發生分裂。

據北傳佛學資料顯示，根本分裂的原因是大天比丘不滿傳統教義，提出五事新說。依異部宗輪論，五事是指對阿羅漢果位的五種侷限，包括餘所誘、無知、猶豫、他令入、道因聲故起。

但卻遭到上座長老比丘的反對，斥爲「五事妄言」。可是附和大天五事說之徒眾很多，於是逐漸演變成大眾部。

小乘（11-15 問）

11. 部派佛教有幾個部派？

部派佛教有北傳的二十派及南傳的十八派。

一、北傳二十派

依異部宗輪論，有：

1. 大眾部

一說部

說出世部

雞胤部

多聞部

說假部

制多山部

西山住部

北山住部

2. 上座部

2.1. 本上座部（雪山部）

2.2. 說一切有部

A. 犢子部

a. 法上部

b. 賢冑部

c. 正量部

d. 密林山部

B. 化地部（法藏部）

C. 飲光部（善歲部）

D. 經量部（說轉部）

二、南傳十八派

依「島史」有：

1.大眾部

1.1.牛家部（雞胤部）

a.多聞部

b.說假部

1.2.一說部

1.3.制多山部（安達派）

2.上座部

2.1.化地部

a.說一切有部-飲光部-說轉部-經部

b.法藏部

2.2.犢子部（跋闍子部）

a.法上部

b.賢胄部

c.正量部

d.密林山部

12.各部派的主要觀點是什麼？各派爭論的主要問題是什麼？

一、各部派的主要觀點

（一）上座部

A.說一切有部

1.主張「一切法皆為實有」而得名。為迦膩色迦工所尊崇。

2.有「發智論」確立其教義，另有「阿毗達摩大毗婆沙論」綜述本派理論。

3.將諸法歸納爲五事六十七法。可對照俱舍論的七十五法，成實論的八十四法及唯識論的五位百法。

4.法體恒有，三世實有，六十七法實有。

四大極微及刹那都是實有，但所組成的人我是空，即我空法有。

5.重視四緣（因緣、等無間緣、所緣緣、增上緣），六因（能作因、俱有因、同類因、相應因、遍行因、異熟因）等學說。視人生爲惑業苦的循環狀態，著重業的內容，以尋求解脫之道。

B.犢子部

1.從說一切有部分出，部主族姓「犢」而得名。

2.認爲輪迴的主體是「補特伽羅我」，爲不可說，非即蘊非離蘊，爲實有，此與說一切有認爲「五蘊是一種假名有」不同。

3.將色、心分開，色是在心外獨立存在。

-正量部：

是犢子分出之一部，自稱其說正確，因而得名。其學說與犢子部略同。

C.化地部

部主原爲國王，化地指教化的國土。

1.過去、未來是無，現在的無爲法是實有。

2.輪迴的主體是「窮生死蘊」，一種根本識，直到死亡之後才能完結的蘊。

3.佛與聲聞、緣覺的修行道路一致，同樣都可以獲得解脫。

4.僧中有佛，故對僧布施即可獲得大果報。

D.飲光部

部主爲古仙人飲光的後代，因此得名。

煩惱未斷或業果未熟，即是過去有體；如果煩惱已斷或業果已熟，那麼過去之體即滅。

E.經量部

亦稱經部、說經部。

1.對一切有部特重阿毗達摩論典不滿，而以阿含經為量。

2.人體內部有「一味蘊」的細意識，以它為根本長出「根邊蘊」，即一般所謂五蘊，由此構成現實的「有情」。

3.「一味蘊」由受想行識四蘊組成，細微難言，稱為「勝義補特伽羅」，通過它來解釋人的生命和輪迴。

4.反對三世實有說，主張五蘊活動可以從前世轉到後世，故亦名「相續部」或「說轉部」。

5.主張諸法假有，並立種子說。以色心互熏來說明業，並認為種子引生業，是流轉生死的主體。此種理論對大乘唯識學說有很大的影響。

F.法藏部

1.法藏部是由化地部分出，因部主法藏而得名。

2.認為佛與二乘阿羅漢、辟支佛的解脫雖然一樣，但所行之道卻不相同。

3.主張「過未無體」，與大眾部略同。

4.重視咒語是其特色。

（二）大眾部

A.大眾部

1.佛滅後百年第二次結集時分裂的兩大根本部之一。

2.主張佛是出世，一切如來是無有漏法，如來色身、威力、壽量均無邊際。

3.主張「九無為說」包括：虛空無為、擇滅無為、非擇滅無為、空無邊處無為、識無邊處無為、無所有處無為、非想非非想處無為、緣起支性無為（十二因緣）、聖道支性無為（八正道）。

4.主張「心性本淨」。認爲心未來可能清淨,一淨即不再退回污染,人人皆有解脫的可能。

B.一說部

1.同大眾部,認爲現在實有,過去未來非實有體。

2.主張一切事物,但有假名,皆無實體。認爲宇宙萬法「唯一假名」,並無實體可得。以及「佛以一論說法」,故名「一說部」。

C.說出世部

1.認爲「世間法,但有假名,都無實體」。

2.唯有「出世之法」(如涅槃)才是眞實的,所以得名爲「說出世部」。

D.雞胤部

1.部主是雞胤姓氏而得名。

2.只弘揚論藏,不弘揚經、律,認爲經律是佛陀方便之教,應捨經律而依論藏。

3.主張應滅除世間所充滿的苦惱。

D1.多聞部

1.部主因親自跟隨佛陀聽聞很多義理,而得名。

2.以博學多聞的立場宣說無常、苦、空、無我、涅槃寂靜等五種道理是「出世教」,能使人超脫世間生死,遠到解脫。

D2.說假部

1.亦名「假名部」、「施設論部」、「假設部」。

2.認爲「世、出世之法皆有假有實」。

3.認爲「現在」通於假與實;五蘊是眞實;十二處(六塵、六根)爲「積聚之法」,皆爲假名,因此立名。

E.制多山部、西山住部、北山住部

1.因居制多山而得名。

2.西山住、北山住也。

同樣因住該地而得名。

3.這三派義理略同大眾部，並無新說。

（三）部派佛學後來有兩個方向朝向大乘佛學發展：

1.從大眾部向一說部發展，而後演變爲大乘中觀派佛學。

2.從上座部向經量部發展，而後演變爲大乘瑜伽行派佛學。

二、各部派的主要爭論問題

（一）有關佛陀的問題

上座部主張歷史的佛陀，佛陀的肉身及壽命也是有限的，但無損於佛陀的尊嚴。

大眾部則極力提高佛陀的人格。將佛陀的色身、威力、壽命都推擴至無邊際境界，佛陀是示現人間爲化度眾生而說教，是佛陀的應身而非眞身。佛陀並具三十二相及八十種好。

（二）有關阿羅漢的問題

上座部視阿羅漢等同佛果。

大眾部則以佛位爲最高，阿羅漢尚有很多侷限性，如尚有餘所誘、無知、猶豫、他令入、道因聲故起。在修持中還有可能退轉，尚未達到解脫的地步。化地部、經量部主張無退論；大眾部、說一切有部、正量部等主張有退論。但若證得四果，則不會退轉。

（三）諸法眞假的問題

部派佛學依據「大毗婆沙論」將宇宙萬法的眞實與否分爲六類：

1.我法俱有論：如犢子部、法上部、賢冑部、正量部、密林山部。認爲有爲法、無爲法、補特伽羅我都是實有。

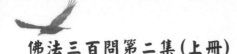

2.法有我無論：如雪山部、說一切有部、飲光部、多聞部。認爲有爲法和無爲法都是實有，而且法體永恒存在。但法體所聚合而成的五蘊我，並無「常一自在」的我，故稱法有我無。

3.法無去來論：如大眾部、雞胤部、制多山部、西山住部、北山住部、化地部、法藏部。主張過去已滅，沒有實體；未來尚未生起，也沒有實體；只有現在一刹那中才有法體和作用。

4.現通假實論：如說假部、經量部。主張一切現象均有假有、也有眞實。

說假部以爲蘊是眞實，處（六塵及六根）是假有，因爲積聚之法皆是假。

經量部以爲蘊、處是假有；界（加上六識）是眞實，主體的認識（界）是眞實，客體的蘊及處，都是虛假的名稱及感覺的材料而已。

5.俗妄眞實論：如說出世部。以爲世俗的事物都是虛妄不實，只是假名而已，但出世的世間（如涅槃境界）才是眞實不虛。

6.諸法俱名論：如一說部。認爲不論有爲法、無爲法、世間法、出世間法都沒有實體，也都不眞實，只不過是一種假名，

（四）輪迴流轉的問題

原始佛學強調「諸法無我」，我是指獨立存在的自體。宇宙萬物都是由各種因緣條件聚合而生起。更不承認有一個能起主宰作用的靈魂。但若認及輪迴的主體是何？誰在造業？誰在受報？部派佛學提出了各種不同的看法。

-犢子部提出「補特伽羅我」。是一種「不可說我」，是輪迴與解脫的主體。

-經量部提出「勝義補特伽羅」，認爲說一切有的「補特伽羅」只是一種假名。

「勝義補特伽羅」是由「一味蘊」（根本的細意識）及其所派生的「根邊蘊「二者合和而成，是一種眞實的我。可以由前生轉到後世的主體。

-化地部提出「窮生死蘊」。窮生死蘊有色心功能，是輪迴流轉的主體，只有將這種生死的連續斷除，才能達究竟解脫。

-上座部分別論者提出「有分識」，是一種恒遍過去、現在、未來三有的原因識，是生死流轉的主體。

以上之「一味蘊」、「窮生死蘊」、「補特伽羅」頗爲相似，都具有種子的特質。

-大眾部提出「一心相續說」及「心性本淨論」。認爲有情眾生的心及心所（即一心）的相續活動中，蘊含一種永恆的內在本性（即本淨心性），這種本性就是輪迴流轉的主體。

13.阿含經有幾種？

佛入滅後不久，由摩訶迦葉主持，共同會誦審定釋迦牟尼佛一生的說教，由阿難誦出佛所說的「經」，優婆離誦出佛爲僧伽團體所制的儀規戒「律」，這就是佛教史上第一次結集，由阿難誦出的經就是「阿含經」。

「阿含」是梵文音譯。意譯作「法歸」、或「無比法」、「教傳」，是早期佛教的最基本經典，比較眞實反映了釋茄牟尼佛一生說教的內容，故又有「根本佛教」之稱。

南傳有五部，分別是長部、中部、相應部、增支部、小部。

北傳有四阿含，分別是長、中、雜、增一。名稱是按經文篇幅的長短所作的大致區分。長是篇幅長、中是不長不短、雜是雜說、增一是增加後集爲一部。

（1）雜阿含：共50卷，求那跋陀羅譯，收有1362部小經。

列舉佛陀的法句及對念、處、界、蘊等理論及實踐的分別，使佛教根本理論化為初步實踐觀。

所結集的「事類相應」有九事：有情事之蘊相應，受用事之處相應、生起事之緣起相應、安住事之食相應、染淨事之諦相應、差別事之界相應、說者事之弟子所說相應、所說事之如來所說四念住、四正斷、神足、五力、七覺支、八正道支、入出息念、學、證淨相應、眾會事之佛及弟子為八眾說法。

有些學者認為雜經主要內容有三部分：

1.聯繫比丘修習禪定講述佛教教義，闡明正確的禪思，駁斥異教的禪觀，指示止觀為修禪者所專習。

2.論述原始佛教的基本教義。

3.向優婆塞，優婆夷弘揚佛法，鼓勵他們信奉佛教，歸依三寶，勤修善業。

（2）長阿含：共二十二卷，三十部經。西元 413 年佛陀耶舍誦出，竺佛念譯為漢語。因係長篇幅經說集，故稱此名。或長者，乃說久遠之事，歷劫而不絕。或篇幅最長，抨擊外道異說，所說之事多半涉及久遠往事。學術界一般認為漢譯「長阿含經」是印度佛教法藏部的傳本。

一方面發揮佛教之長處，以組織法相。另一方面富有積極對外之辯論詞，以與外道對抗。

內容結構為四分三十經。

第一分有四經，主要收錄有關佛陀的本生故事，敘述諸佛的過去事緣，著重講說釋迦遊行教化的活動。

第二分有十五經，主要敘述佛教諸行的修習及佛所說教法的綱要。

第三分有十經，主要收錄佛陀對外道異說，特別是婆羅門學

說及六師外道的論難和批駁。

第四分只收「世紀經」。詳述天、人、阿修羅、地獄、餓鬼、畜生所居世界的成敗劫數諸相及佛教特有的世界起源和神話化的世界結構。

（3）中阿含：共 60 卷，222 部經，共分為五誦十八品，東晉僧伽提婆與僧伽羅叉所譯。

僧伽提婆是第一個來中國弘傳毘曇的學者，開南北朝毘曇學的先端。定本中阿含經，為小乘經典四阿含在中土的弘傳頗具貢獻。

於特定時、處，於特定人，以何目的為組織所輯錄的教說通則。

（4）增一阿含：漢譯首先是以單品經出現，迄宋代共有三十一種之多。

漢譯全本是西元 384 年由曇摩難提闇誦，竺佛念譯傳。五十卷（或四十一卷），流傳不廣，已佚失。

西元 397 年，僧伽提婆譯改，竺道祖筆受，共五十一卷。此版為各版大藏經所收錄。

此經介紹釋迦早期傳教的情況及早期佛教四諦、五蘊、四念處、緣起、三十七道品等基本教義，闡述了出家僧尼的戒律及對在家信徒的修行規定，以各種因緣故事勸化人們去惡向善，趣於涅槃。

此經亦經各部派的改編、增補，若依據現存各部派不同誦本及其單品經，進行綜合比較分析，即能較為真實地反映出早期佛教創立和發展的概況。此經對同時反婆羅門的九十六外道，有反映出佛教與外道思想上的矛盾和分歧。

此經反對印度的剎帝利政治權力強大與吠舍經濟勢力雄厚，

提出四姓（刹利、婆羅門、長者、居士）平等的主張。認為四姓在善惡報應及生死輪迴是平等的。

此經反映出從早期佛教到部派佛教直至大乘佛教的發展脈絡。

尤其大眾部的「增一阿含經」編集之時，增加了思辨的特點，帶有濃厚的大乘色彩，包括菩薩道形成、佛世尊皆出人間、我今亦是人數、空義的發揚、他方佛土思想的出現、書寫供養經典的提倡。

大乘的佛土思想就是最先由此經所反映。

本經有不少大乘的用語和說法，充分體現大乘的菩薩觀、法身觀、而且闡述了阿羅漢不退轉義。

本經內容包括：早期佛教基本教義、釋尊本生及為弟子授記，降魔、成佛、初轉法輪、度三迦葉、度父母、驅惡鬼邪神、入涅槃等眾多「譬喻」；諸弟子的「本事」、記說德行第一的弟子行誼；制律因緣及戒經之義。

為配合佛教特有法相的增加，也為了能使人憶念不忘而編纂。

14. 印度小乘經典除阿含經外，還有哪些著名經典？

一、本生故事

佛陀所以能成佛，除了他今世的努力修行外，還有許許多多宿世因緣，本生故事即在描述他在前世的無數次輪迴中如何行善修德的前世行為的故事。

二、佛傳故事

佛典中專門講述釋迦牟尼一生經歷的故事，即稱佛傳故事。

三、六度集經

是三國吳康僧會編譯的一部佛本生故事與佛傳故事集，共八卷，有九十一個本生故事與佛傳故事。

四、生經

即本生經，所講述大都是釋迦牟尼的本生故事，也有一些講述弟子們的前生故事，共計五十五個故事。

由西晉竺法護所譯，共五卷。

生經中有不少故事富有教育意義。

五、太子須大拏經

是著名的佛本生故事，由東晉沙門聖堅譯，共一卷。

漢譯不少佛經也提到這個故事。

須大拏的故事還在南傳佛教及藏傳佛教區域廣泛流行，甚至被編成戲劇演唱。

六、佛所行贊

是古印度著名詩人馬鳴所著的長篇敘事詩，主要將釋迦牟尼的生平及佛教的宗教義理巧妙結合，在印度文學史上占有重要地位，也屬佛傳故事。有二個漢譯本，一是北涼曇無讖所譯，五卷的「佛所行讚」；另一是劉宋寶雲所譯的七卷「佛本行經」。也有藏譯本，近年並在西藏發現梵文原本。

七、佛說興起行經

是一部很奇特的佛本生故事，由後漢康孟詳所譯，共二卷，十個本生故事。

此經的故事中，作奸犯科的人反而是釋迦牟尼，提婆達多及今世加害於釋迦者（釋尊曾被妓女誣蔑、曾被提婆達多擲石所

傷、曾困於毗蘭邑吃九十天馬料），則反而是故事中被釋迦牟尼的前世身所蒙屈受害者。此經旨在講述因果報應關係，釋迦牟尼因前生對提婆達多及他人幹了對不起他們的事，今世才會受到他們的加害回報。

八、賢愚經

　　共十三卷，記錄了各類故事共六十九個，漢文大藏經稱該經爲元魏涼州慧覺等在高昌郡所譯。但另有較可靠的說法，據僧祐所寫，於河西由曇學、威德等八人西行求法，於于闐參加五年一次的「無遮大會」所得見聞記錄合在一起，在高昌匯總，編輯集爲一部。再經慧朗定名爲「賢愚經」。此經出現年代據僧祐是宋元嘉二十二年（西元四四五年），但仍有可能是元嘉十二年之訛誤。此經共搜集六十九個故事，既有本生又有佛傳故事及其他弟子及信徒們前生的各種各樣的因緣故事，主要宣傳因果報應之教理及懲惡揚善之勸世意義。

　　此經無梵文及其他西域流通本，只有漢文本。

九、百喻經

　　印度僧伽斯那撰，共四卷。南朝印度求那毗地譯。全經搜集一百條寓言故事，故名百喻。以譬喻的形式，從其它佛經中摘選來解說佛教的道理。故事短而生動有趣，不少故事都有一定的諷喻意義。爲了說明佛教道理，每個故事後面都有一段議論，指出這個故事所說及的佛教道理。

十、雜寶藏經

　　共十卷，元魏吉伽夜與曇曜譯。也屬故事集，共一百二十一個故事，包括佛傳、本生、因緣及印度一些民間故事、寓言故事、譬喻故事等，內容十分廣泛，不少故事都很有啓發性，同時

也保存了很多研究資料。與「那先比丘經」一樣，都是研究印度、希臘、中國文化交流的重要資料。

此經也有不少故事純屬佛教的，如宣揚用花環、蓮花供養佛塔；造塔；敬佛；路見佛陀避道；持八戒；燃燈供養等，這些人因此而生天了。

15.什麼叫三藏、大藏經、九分教、十二品經、石經？

（1）三藏

古印度將所有的佛教典籍分為經、律、論三類，稱為三藏。

「經」是弟子們追記佛所宣說的佛教教義的著作。研究經的僧人稱為「經師」。

「律」是弟子們追記佛所宣說的佛教戒律的規定。特別注重律藏的僧人稱為「律師」。

「論」是弟子們所撰著，闡述佛教理論的著作。專心鑽研論藏的僧人稱為「論師」。

兼通三藏所有典籍，稱「三藏法師」如玄奘、義淨等。

請參閱《佛法三百問》70 問：「什麼叫三藏法師。」

109 問：「經律論三藏，在內涵上有何差別？」

（2）大藏經

大藏經一詞最早出現南北朝末期或在隋朝灌頂所著的「隋天台智者大師別傳」中。文內說智者大師一生共造「大藏經十五藏」。北宋初年雕造了第一部板印大藏經-開寶藏。當時大藏經是指漢文人藏，然近代以來，大藏經已被擴展，並不專指漢文大藏經了。

（2-1）我國大藏經

已知我們歷代官私各種版本漢文大藏共有二十一種，分述如下：

1.宋朝：開寶藏、崇寧藏、毗盧藏、資福藏、圓覺藏、磧砂藏。

2.遼代：契丹藏（遼藏）。

3.金代：金藏（趙城藏、趙域金藏）。

4.元朝：普寧藏、元官藏、弘法藏。

5.明朝：洪武南藏、永樂南藏、永樂北藏、武林藏、萬曆藏、嘉興藏。

6.清朝：乾隆版大藏經（龍藏、清藏）。

7.民國：頻伽藏、普慧藏。

（2-2）國外大藏經共有九種

1.韓國：初刻高麗藏（開寶藏）、高麗續藏經、再刻高麗藏（開寶藏、契丹藏、初刻高麗藏）。

2.日本：弘安藏、天海藏、黃檗藏、弘教藏、卍字藏、卍字續藏、卍十正藏。

3.大陸：中華大藏經（中華藏）。

（2-3）其他地區大藏經

1.南傳佛教：巴利語系大藏經。

2.傣文大藏經：中國雲南西雙版納地區之傣族、布郎族、崩龍族、佤族等少數民族。

有三種方言文字刻本：西雙版納傣文、德宏傣文、傣繃文。

3.藏文大藏經（甘珠爾：經、律、祕密藏。丹珠爾：論集部、經疏部、律疏部、論疏部、史傳部、五明雜著、西藏學者撰述）。

4.蒙文大藏經：元成宗大德年間，將藏文大藏經譯為蒙文，在蒙古地區流通。

5.滿文大藏經：清高宗乾隆三十八年將漢文大藏經譯為滿文。

6.河西字大藏經（西夏文大藏經）。

（3）九分教

又名九部經或九部法，是印度佛典早期分類的一種形式。

九類之內容各佛經說法不盡相同。

依法華經.方便品之九分教如下：

1.修多羅：意為經、契經、法本，用散文形式組織成的經文。

2.伽陀；意為諷頌、孤起頌、不重頌，用偈頌形式組織成的經文。

3.伊帝日多伽：意為如是語、本事，指釋迦牟尼說的弟子們過去世的因緣故事。

4.闍陀伽：意為本生、生，指釋迦牟尼說自己在過去世的因緣故事。

5.阿浮陀達磨：意為未曾有法。

6.尼陀那：意為因緣、緣起，記述釋迦牟尼說法的原因。

7.阿婆陀那：意為譬喻、解語，用各種譬喻宣說佛教教義。

8.耆夜：意為應頌、重頌，用偈頌將散文所宣示的教義再復誦一遍。

9.優波提舍：意為論議，探討諸法意義的經文。

以上是小乘經典的組織形式。

但「涅槃經」認為大乘經典也可用九分教來組織，刪除因緣、譬喻、論議三類，改加下面三類：

　　1.和伽羅那：意爲授記、授決，係釋迦牟尼預言弟子將來生死因果及菩薩成佛的記述。

　　2.優陀那：意爲自說、無問自說，指無人發問，釋迦牟尼主動宣示的那些教義。

　　3.毗佛略：意爲方等、方廣，指釋迦牟尼所說的廣大平正，比較深奧的教義。

　　九分教尚不能肯定於第一次結集時產生，但的確是印度小乘經典的最早組織形式。

（4）十二品經

　　又稱十二部經、十二分教、十二分聖教。是在九分教的基礎上發展而成。包括：

　　1.契經、2.應頌、3.授記、4.諷誦、5.自說、6.因緣、7.譬喻、8.如是語、9.本生、10.方廣、11.未曾有、12.論議。

　　先形成小乘九分教，再形成十二分教。

　　至於十二品經哪些是小乘或大乘？不同佛經說法也不同，甚至同一涅槃經，前後說法也不一。

　　十二品經與經律論的劃分關係，也有不同說法。

（5）石經

　　即刻在石頭上的經典。

　　最早的石經是「熹平石經」，這是東漢靈帝熹平四年（一七五年）將儒家七經刻成四十六塊石碑。

　　刻石經最早是爲了修功德，而後變成刻石供養，最後才演變成末法思想的影響而爲了永久保留佛法，才有房山雲居室石經的產生。

佛教的石經有四種形式：

1.摩崖石經：刻於自然山崖岩石上，典型代表是山東泰山經石峪所刻金剛經及徂徠山映佛岩所刻大般若經。主要出現在南北朝，尤其北朝爲盛。

2.石柱石經：刻於石柱上，藏於石洞中。代表作是山西太原風峪的華嚴經刻石，刻於北齊或唐代。

3.經幢石經：刻於經幢上，主要是各種陀羅尼經咒，大多爲漢文，立在寺廟中。幢上常有浮雕人物及其它圖案。

4.碑版石經：刻於碑版，鑲嵌在寺院牆壁或貯藏在山洞中。現存有杭州西湖孤山的石壁法華經。房山雲居寺石經即是此式。

一九五六-一九五八年，中國佛教協會對房山雲居寺進行發掘、整理，共發掘一萬五千餘塊石經刻板，計佛典一千餘部、三千四百餘卷。這一工程從隋代到清代，延續千年之久。

由於南北朝發生二次禁佛事件，北魏太武帝（424-452 年）及北周武帝（566-578 年），佛教徒認爲末法時代已經來臨，佛法將要滅亡了，於是設法保存佛教經典。

房山石經的發起人是隋僧靜琬，歷代僧人秉志續刻，直到清康熙三十年（1691 年）爲止。以盛唐、遼、金時期所刻數量最多。

小乘（16-26 問）

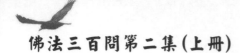

16.什麼是四大部派？

　　四大部派乃「土官呼圖克圖」所著之「四部宗義」，將佛教分爲小乘有部（毗婆沙宗）、經部，及大乘唯識、中觀等四部，而就根道果闡述其異同處。

　　中觀宗又分爲應成派及自續派。

　　中觀自續派又分成隨經部行及隨瑜伽行。

　　唯識宗又分爲隨教行及隨理行。

　　經部宗又分爲隨教行及隨理行。

17.四部（有部、經部、唯識、中觀）有何不同？

一、根

　　（1）有部：毗婆沙宗

1.極微及刹那是勝義諦，而勝義諦爲實有。

2.世俗諦指由實體極微所組成的假有事物，如瓶一經打破即不存在。

3.不承認「自證分」；主張外境實有。

4.將一切所知歸爲五個部分：色、心、心所、不相應行、無爲法。所有事物均由實體的極微及刹那所組成，但組成的事物只是假有存在。

5.三世實有；法體恒存。

　　（2）經部

1.過去與未來非實有。

2.自證分及外境皆眞實存在。

3.隨教行尊奉「阿毘達摩俱舍論」；隨理行尊奉「七部量論」及佛經爲主。

4.勝義諦是可以用理智去考察其存在，包括：有作用的法、無常法、有爲法。

世俗諦是依賴概念名言施設者，包括：無作用的法、常法、無爲法。

依大乘的觀點，常法及無爲法屬勝義諦。

（3）唯識

1.萬法依三自性而生：遍計所執性、依他起性、圓成實性。

2.偏計所執性是妄有，依他起及圓成實是眞實有。

3.承認自認分，不承認外境的存在。外境是心的體現。

4.分隨教行，尊「瑜伽師地論」，及隨理行，尊「七部量論」。

5.世俗諦是以名言假立所得之境，指虛假的事境。

勝義諦是以究竟之理智所得之境，如空性、法性、眞如。

6.隨教行主張八識，隨理行主張六識。

（4）中觀

1.就勝義而言，沒有絲毫存在之法的眞實體性。又稱「說無體性宗」。

2.離常斷二邊的中觀。

3.有應成及自續二派。

4.1.中觀應成派：

a.名言及勝義均無自相有、自體有、自性有。當然名言也無諦實有、眞實有。

事物的存在皆不以自相而存在，只是概念施設、依蘊分別假立的存在。

八地以上菩薩雖已斷盡煩惱障，但仍有所知障習氣未斷。

4.2.中觀自續派：勝義無自性、自相、自體有；但名言有白相、自體、自性有。但名言仍無諦實有及眞實有。

二、道

（1）有部

1.一切存在的事物都是極微、刹那所組成的諦實、真實有，即是法有，故無法我執。

2.贊成聲聞、緣覺、般若三乘及五道（資糧、加行、見、修、無學）的建立。但不承認菩薩十地之智。

（2）經部

1.主張人我執是補特伽羅我執，有粗人我執（常、一、自在之有之執），及細人我執（補特伽羅為獨立、實有之執）。

不承認法我執及所知障。同毗婆沙宗。

2.贊成三乘五道之建立。

（3）唯識

1.所斷有煩惱障及所知障二障。煩惱障指粗、細補特伽羅我執及六根本煩惱、二十隨煩惱。

所知障指法我執及習氣，為修道所斷。而小乘修道則斷煩惱障。

2.主張三乘五道的建立，及菩薩十地之建立。

（4）中觀自續派

瑜伽行認為「補特伽羅我執」是煩惱障，「法我執」是所知障。

（5）中觀應成派

認為「依蘊假安立的補特伽羅我執」及三毒種子是煩惱障。

煩惱障的習氣及由此而生的錯覺果業及對二諦的執著垢染都是所知障。八地-十地斷所知障。

三、果

（1）有部

1.以三世或更長（百劫）的時間積聚福德資糧修習，可證得加行道之煖位，斷除煩惱障，而證得而證無學道的阿羅漢果。

主張有「退法」阿羅漢。

2.不承認「頓悟者」及大乘經是佛說。不贊成「八萬四千法門」的說法。不主張有「一切相智」，認為三乘羅漢都是有餘涅槃，所以主張究竟三乘。

（2）經部

1.主張「無退法阿羅漢」及「佛的色蘊也是佛」。

2.三乘證果方式同有部。也不承認大乘是佛說。

（3）唯識

1.隨教行主張五種性說及究竟三乘。

隨理行主張所有小乘均可轉入大乘及究竟一乘。具有大乘種性者以法無我的「圓成實」作為所修之主體。

2.以三大阿僧祇劫循五道十地向上邁進。

3.主張涅槃有三種，有餘、無餘及無住；主張佛有三身，法報化三身，法身又有體性身及智慧法身二種。

中觀：

（4）中觀自續派

1.認為小乘的涅槃有二，有餘及無餘。自續派以下主張須先證得有餘涅槃才入無餘涅槃。大乘涅槃和無住涅槃同義。佛身有四：法身、報身、應身、化身。

（5）中觀應成派

1.主張須先證無餘涅槃再入有餘涅槃。因小乘先斷盡煩惱，身心世界均不現如無餘涅槃，但仍有所知障的習氣未斷，如有餘涅槃。從菩薩第八地開始斷所知障的習氣。至無間道斷除所知障。承認佛四身，同自續派。主張涅槃與滅諦都是勝義諦。

名言也是自性空，只是假立的假法。其補特伽羅我也是依蘊假立，自性空。

四、二諦的看法

（1）有部

勝義諦（勝義有、實物有）：由破壞或分析力「不即」棄捨能緣之覺者。

世俗諦（世俗有、假有）：由破壞或分析力「即便」棄捨能緣之覺者。

（2）經部

勝義諦（自相、自相成就）：勝義能生果者。

世俗諦（共相、非自相成就）：勝義無作用之法。

若無自體即屬非有。

（3）唯識

勝義諦（自相有、自相成就）：其由自體成就者，即有自體。如依他起及圓成實。

世俗諦：唯由分別假立之法。如遍計所執。

無外境，外境係由內識現起。

能取、所取「空」並非指能取、所取為無自性，而是指不去執能取、所取為實有的「他性」。

前念識上之功能能生後念識「具足境相」，也就是安慧所主張，識具有見分及相分同種生（同時的、一體的生起）的功能。

（4）中觀自續派

名言中許自相有，然名言中亦不許諦實有。

A.瑜伽行中觀自續派

勝義諦：在二顯消失的情況下，直觀現量所通達的對象。

世俗諦：在帶有二顯情況下，直觀現量所通達的對象。

如瓶非真實存在，是勝義諦；瓶是世俗諦。

勝義諦有十六種空性。世俗諦有正世俗（如水）、倒世俗（如陽焰）。

凡是認知皆是正世俗。

知分二類：量知、非量知。量分二類；現量和比量。現量有四種：根現量、意現量、自證現量、瑜伽現量。後二種現量是沒有錯覺的認知。

此派不許外境實有。

B.經部行中觀自續派

認許外境，不承認自認分。其他根的建立大致與瑜伽行派相同。

（5）中觀應成派

世俗諦：以名言安立所得之物，為世俗諦。

勝義諦：以觀擇究竟之量所量得的事物。即以究竟思維所得之物為勝義諦。即法之自性空。如瓶無自體。

認為過去、未來、壞滅之法都是事物。

也承認外境，因為主張能取、所取異體。

五、無我的看法

人我有下列四種：

（1）離蘊我：自續派以下，皆許如外道所計常、一、自自在之我執為粗分補特伽羅我執。

（2）即蘊我：為小乘十八部除正量、犢子部外，及大乘唯識、中觀自續派所立。

即蘊我，或指五取蘊、或說內心相續識（經部）、或指第六意識（中觀自續派。應成派是假立第六意識）、或阿賴耶識（唯識隨教行派）。

即蘊我，蘊即執補特伽羅，為獨立之實物有，為微細補特伽羅我執。有部以上自續派以下，均認為是屬分別執，粗顯的人我

執。

（3）不即、不離蘊我，是不可說補特伽羅我，爲正量部及犢子部所立。

（4）依蘊（五蘊或四蘊）假立無自相的補特伽羅我，爲應成派所說，依蘊假立我即是俱生薩迦耶見之所緣，也是無自相、無一法可得。

-一切有部：

粗品補特伽羅無我空：補特伽羅常、一、自主之我空。

細品補特伽羅無我空：補特伽羅能獨立之實體空。

不贊成法無我。

-經部：

同上。

-中觀：

補特伽羅「實體空」是粗品人無我。

補特伽羅「諦實空」是細品人無我。

-中觀自續派：

粗、細品補特伽羅無我：同一切有部。

粗品法無我：色與持色之量異體空。

細品法無我：一切法眞實存在空。

瑜伽行及經部行都主第六識（意識）就是補特伽羅。只承認前六識。

-應成派：

粗品補特伽羅無我：補特伽羅能獨立之實體空（自體空）。

細品補特伽羅無我：補特伽羅諦實空（空眞實存在之執）。

依五蘊或四蘊所安立之我是補特伽羅，但仍不許有自相可得。

法無我：法的自相空。若法諦實空就是細品。

了解自相空，才是了解空性，空性就是自相空。其他的空都

是粗品，如獨立自主我空是粗品的空。

-唯識：

粗品法無我：由無方分極微所合集的外境空。

細品法無我：能取、所取異體空；或所執境自相空。

18.中觀應成派及自續派有何不同？中觀自續派隨經量行及隨瑜伽行有何不同？

一、中觀應成派及自續派：即使在名言中，諸法也不以自相而存在的說無體性宗

1.應成派：佛護、寂天、月稱。

單以應成的破式，就能使對辯者心中生起了解我方論點的比量。

2.自續派：清辨。

就名言的範圍而言，諸法皆以自相而存在的「說無體性宗」。

藉著正因就能遣除認定諸法真實存在的錯誤觀念。

二、中觀自續派隨經量行及隨瑜伽行

（1）隨經部行：清辨

不承認自認分，而主張外境以自相而存在。外境由極微積聚而成。

1.1.隨教行（無相）：依據阿毘達摩俱舍論

1.2.隨理行（有相）：依據七部量論

（2）隨瑜伽行：寂護

主張有自認分而不承認外境。

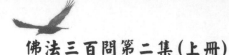

2.1.有相（隨順眞相唯識的中觀派）：寂護、蓮花戒、聖解脫軍

2.2.無相（隨順假相唯識的中觀派）：師子賢、傑大里、喇瓦巴

又分有垢及無垢。前者有傑大里，後者有喇瓦巴。

19.什麼是有形相唯識學認識論及無形相唯識學認識論？

（一）有相及無相認識論

認識必須有主觀的能認識的心或識或主體，及被認識的客觀的物或境或現象、客體。

當認識的主體與客體完全分開，換言之，認識的主體內，除有形相的感知外（或爲前五識），完全沒有對外境或外象有絲毫的思惟（或爲第六識），此謂「沒有形象的認識」。如一切有部、隨教行經量部。

若對外在的對象，在認識的主體內有足供認識的表象的存在，即稱「有形象的認識」，如有相唯識派、中觀瑜伽行派、隨理行經量部、隨瑜伽行中觀自續派。

1.說一切有部：無相

2.經量部

隨教行：無相

隨理行：有相

一切有部認爲是主觀的識直接去覺知客觀的外在對象的形象存在，所以承認外境，但不承認「識」有自認分。即認識主體（識）內並無外在外境對象的投射表象的認知作用，因識無自認分。

經量部隨量行則是認識主體的識內，有外界境界象的投射表象在識內供識認識，即識有自認分，同樣是外境存在，但有部是識直接認知外象，而隨量行經部去由識去認識外境投射的表象，而非直接認識外境。

（二）唯識有相派及唯識無相派

有相（真相）陳那、法稱、護法

無相（假相）安慧、世親

唯識派認為識有自認分、見分、相分。自認分即識體可以讓自己的見分去認識相分上的現行表象。外境只是一種緣，可以使阿賴耶識中的種子遇緣而起現行，這現行的表象即出現在識的相分中，而供見分認識，所以唯識不承認外境，認為外境是如上所說由心現。這是有相論。

而無相論是指見分若完全沒有摻雜思惟而直接去「直觀」相分，則相分上的表象是無相的。

龍樹的直觀，或般若經所謂「清潔光輝的心靈」，其實即是認識的真正本質，也即是如來藏、佛性、真如及禪宗的「寂知」。

真相唯識派有三：能取所取等數派（有八識六識之分）、半卵對開派、摻雜無二派（有六識、單一識之分）。

假相唯識派有二：有垢（佛地雖離無明，但仍有錯覺）及無垢（佛地已離無明，也沒有錯覺）。

以下描述名派的量知及量：

-有部：認為知有量知、非量知（邪知）。量知有現量、比量。現量有根現量、意現量、瑜伽現量。但不承認有自證現量。心、心所異體。

-經部：承認自證現量。認為非量知有再決識、邪知、疑、伺意、現而未了之知。

　　主張現量與「現而未了之知」二者是離分別而沒有錯誤。而比量、疑、伺意三者是分別心。心、心所同體。

　　-唯識：量分現、比二量。現量有四种，其中自證現量及瑜伽現量都是沒有錯誤的認知。眞相派認爲根現量沒有錯誤。假相派認爲根現量都是錯覺，意現量則有錯及非錯二部分。

　　-中觀自續派：認爲自證現量及瑜伽現量都是沒有錯覺的認知。不許外境實有，故青與持青現量二者同體。

　　-中觀應成派：不承認自證現量。主張根識量是錯誤的認知。瑜珈現量有錯誤及不錯誤。再決識皆是現量。比量分四：事勢比量、極成比量、度喻比量、信許比量。

　　凡二顯的認知，觀待其所現境相而言，皆是現量。如雖執「聲常」之分別心，然觀待其所現之聲常觀念而言，仍然是現量。

20.中國佛教宗派中之小乘有哪些？

一、毘曇宗

　　以說一切有部阿毘曇義學而得名。

　　前秦至南北朝初期，有部毘曇傳入中國。所譯出的典籍包括「阿毘曇八犍度論」（發智論）、「阿毘曇心論」（僧伽提婆譯）、「雜阿毘曇心論」（僧伽跋摩重譯）等，流傳日廣，幾乎成了南朝論師們的共同研習要典，尤以「雜阿毘曇心論」爲主要典籍，全論總結八犍度論及大毘婆沙論，簡明扼要。

　　梁慧集著有「毘曇大義疏」；道安爲北方奠定毘曇學基礎的高僧；北方慧嵩有「毘曇孔子」之稱。

　　毘曇學的義理，以「阿毘曇心論」及「雜阿毘曇心論」爲主，闡述「四諦」、「我空法有」、「自性緣起」（色心法均有自

性，不同於中觀自性空之性空緣起）、「三世實有」，以六因（所作因、共有因、自分因、遍因、相應因、報因）及四緣（因緣、等無間緣、所緣緣、增上緣）論證一切現象由緣而生，並有其自性。故也稱「因緣宗」。也主張「無常空」及業報不失的「六道輪迴」。

請參閱《佛性辨正》第十章第五節（P433-P443）。

二、俱舍宗

弘傳以世親所造「俱舍論」而得名。

印僧眞諦於陳文帝天嘉五年，在廣州傳譯此論，並題爲「阿毘達摩俱舍論」。

此論以「大毘婆沙論」、「發智論」、「六足論」等爲基礎，兼採經量部的見解，全論有九品，包括界品、根品、世間品、業品、隨眠品、賢聖品、智品、定品、破我品。以四諦爲綱領，破斥犢子部、外道數論及勝論等學說。

眞諦譯出「俱舍釋論」後，弟子慧愷加以弘傳。唐玄奘重譯之，世稱新論。其門下，神泰作疏、普光作記、法寶亦作疏，三人世稱俱舍三大家。

俱舍宗之中心思想，包括「我空法有」、「宇宙萬有分爲三科（五蘊、十二處、十八界）和五位（色法、心法、心所法、不相應法、無爲法）共七十五法」、「三世實有、法體恒存」、「六因四緣五果（增上果、士用果、等流果、異熟果、離繫果）」、「成住壞空四相」、「十二因緣三世流轉」、「惑業苦三道，尤重業」，以三乘的修因證果，斷除業因惑緣，以無漏正智解脫煩惱。

請參閱《佛性辨正》第十章第四節（P413-P433）。

三、成實宗

以弘傳訶梨跋摩著、鳩摩羅什譯的「成實論」而得名。

此宗有二系，僧導的「壽春系」及僧嵩的「彭城系」。

有所謂「梁朝三大師」，即法雲、僧旻、智藏。尤其智藏的「成實論大義記」及「成實論義疏」為要典。

梁代是高潮，至隋朝開始衰退，唐代唯識學興起後逐漸消失。

中心思想包括：「否認心性本淨」、「八十四法」、「三有（假名有、實法有、泥洹有）、三空（假名空、實法空、泥洹空）、三心（假名心、法心、空心）、「我法兩空」、「二重二諦」、「四聖諦」、「二十七賢聖」。

二重二諦如下：

第一重：

俗諦：四大五根及人我，屬假名心。

真諦：五陰及極微，屬法心。

第二重：

俗諦：同第一重真諦。

真諦：涅槃，屬空心。

滅三心（假名心、法心、空心），即能證涅槃果。

請參閱《佛性辨正》第十章第三節（P401-P413）。

21.法藏之五教十宗判教中所指小乘六宗有哪些？

法藏的五教十宗中，小乘有六宗：

1.我法俱有宗：犢子部、說一切有部、賢胄、正量、密林山）。

2.法有我無宗：說一切有、雪山、多聞、化地。

3.法無去來宗：大眾部、雞胤、法藏、飲光、制多山、西山住、北山住。

4.現通假實宗：說假部、成實論之經部師。

5.俗妄真實宗：說出世部。

6.諸法但名宗：一說部。

請參閱《佛法三百問》43 問：「佛教有幾宗？」

22.什麼是四攝法、四無量心、四弘誓願與六和敬？七眾與戒律？

-四攝法：布施、愛語、利行、同事。

-四無量心：慈、悲、喜、捨。

參閱《佛法三百問》214-3：「如何修定？」P275。

-四弘誓願：眾生無邊誓願度、煩惱無盡誓願斷、法門無量誓願學、佛道無上誓願成。

請參閱《佛法三百問》93 問：「如何發菩提心與四弘誓願？」

-六和敬：見和同解、戒和同修、身和同住、口和無諍、意和同悅、利和同均。

請參閱《佛法三百問》94 問：「如何用四攝及六和敬度眾生？」

-七眾及守戒：優婆塞（男在家眾，守五戒或八關齋戒）、優婆夷（女在家眾，守五戒或八關齋戒）、比丘、比丘尼（守具足戒）、沙彌、沙彌尼（守十戒）、式叉摩那女（守六法戒）、在家菩薩（守六重戒二十八輕戒）、出家菩薩（守十重戒四十八輕戒）

請參閱《佛法三百問》289 問：「在家如何守戒？」

23.什麼是聲聞四果與四聖諦？什麼是緣覺與十二因緣？

小乘有二種，聲聞及緣覺。

（一）聲聞四果與四聖諦

聲聞指聽聞修習佛在世之教誨而修行得道，有四果，主修四聖諦。

1.四果：須陀洹、斯陀含、阿那含、阿羅漢。

須陀桓（初果）：十住位之二住位、斷三界一切見惑或斷三縛結：身見、疑、戒取。

斯陀含（二果）：十住位之三-四住位、斷色界第一欲天前六品思惑或薄貪瞋癡。

阿那含（三果）：十住位之五-六住位、斷色界第一欲天之後三品思惑或斷五順下分結：貪、瞋、身見、疑、戒取。

阿羅漢（四果）：十住位之七住位、斷色、無色界之餘七十二品思惑。或斷五順上分結：色貪、無色貪、掉舉、慢、無明。

2.四聖諦：苦、集、滅、道。

請參閱《佛法三百問》79問：「四聖諦是什麼？」

（二）緣覺與十二因緣

緣覺指非處佛在世之聞習而自修得道者，其果位是辟支佛，主修十二因緣法。

十二因緣包括無明-行-識-名色-六入-觸-受-愛-取-有-生-老死。

無明是前世惑，愛取是現世惑。

行是前世業，有是現世業。

識-名色-六入-觸-受是現世苦果；老死是來世苦果。

請參閱《佛法三百問》第 78 問：「十二因緣是什麼？」

24.六道輪迴是什麼？

六道指地獄道、惡鬼道、畜生道、人道、阿修羅道、天道。

人死後，前世累劫的業種子及現世所造的業種子均會貯存於阿賴耶識中。阿賴耶識會依所貯存的善惡業力種子的牽引，而在六道中輪迴轉生。作惡者沉淪下三惡道（地獄、鬼、畜生），大抵瞋者會下地獄，貪者成餓鬼，癡者成畜生。

若生前及累劫行善，則升入上三道（人、阿修羅、天）。

請參閱《佛法三百問》第 118 問：「真有六道輪迴嗎？」

132 問：「六道中的天與神不同嗎？」

133 問：「中陰身與鬼道有何不同？」

25.十善業道是什麼？

十善業道：

不殺生、不偷盜、不邪淫，屬身三善業。

不妄語、不兩舌、不惡口、不綺語，屬口四善業。

不貪欲、不瞋恚、不邪見，屬意三善業。

1.不殺生，則得十離惱法，後成佛時，得佛隨心自在壽命。

2.不偷盜，則得十種可保信法，後成佛時，得證清淨大菩提智。

3.不邪淫，則得四種智所讚法。後成佛時，得佛丈夫隱密藏相。

4.不妄語，則得八種天所讚法。後成佛時，得如來真實語。

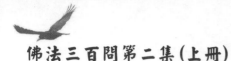

　　5.不兩舌，則得五種不可壞法。後成佛時，得正眷屬，諸魔外道不能沮壞。

　　6.不惡口，則得成就八種淨業。後成佛時，具足如來梵音聲相。

　　7.不綺語，則得成就三種決定。後成佛時，得如來諸所授記皆不唐捐。

　　8.不貪欲，則得成就五種自在。後成佛時，三界特尊，皆共敬養。

　　9.不瞋恚，則得八種喜悅心法。後成佛時，得佛無礙心，觀者無厭。

　　10.不邪見，則得成就十種功德。後成佛時，證一切佛法，成就自在神通。

　　請參閱《佛法三百問》115問：「業力與善惡業是什麼？」
　　116問：「請問因果有幾類？」
　　117問：「要相信三世因果嗎？」

26.什麼是五濁惡世、無間地獄與閻羅王？

一、五濁惡世

　　我們所居的娑婆世界，經中稱爲五濁惡世。五濁指劫濁、見濁、煩惱濁、眾生濁、命濁。

　　1.劫濁：人壽本爲八萬四千歲，後因德薄，壽亦每百年遞減一歲，當減至二萬歲時，即步入劫濁。可知人壽自二萬歲至十歲之間，皆是劫濁時代。

　　2.見濁：有不正確的見解，迷惑正見，即稱見惑，又名五利使，即身見（我身及我所有見）、邊見（常斷二邊見）、邪見（撥無因果）、見取見（執取自己的見解爲正確，實際上是不正確、

戒取見（執取執牛戒，代牛耕田會生天）。得須陀洹初果即能斷
之。

3.煩惱濁：即六根對六塵所生起的五種思惑，即貪瞋痴慢
疑。得阿羅漢四果即能斷之。

4.眾生濁：眾生因見思二惑，使心鈍體弱，多逢災禍。

5.命濁：眾生因煩惱叢集，心力交瘁，生命縮短。

此世界因具備五濁，故稱五濁惡世。

二、無間地獄與閻羅王

地獄指地下的牢獄，有三種，其一根本地獄，有八熱（在閻
浮地下五百由旬處，包括無間地獄）及八寒（在鐵圍山底）二
種，是為十六大地獄。其二近邊地獄，即八熱四門的十六遊增地
獄。每一獄有四門，各有十六副地獄，號為遊增，意即罪人遊
之，其苦增加也。在八熱地獄後復須經過十六遊增受苦。其三為
孤獨地獄，在山間、曠野、樹下、水濱，場所無定，為各人依別
業所感，因此苦報及壽命，各自不同。受苦程度以根本最甚，次
為近邊，孤獨最小。

無間地獄是八熱地獄之一，在閻浮提東方鐵圍山下，喑無日
夜，無間獄城，周帀八萬餘里，其中諸獄相連，獨有一獄，名為
無間，亦稱阿鼻。獄中有床，大一萬里，夜叉惡鬼，口牙如劍，
拋擲罪人，鎔銅灌口，熱鐵纏身，動經億劫，求無出期。五逆
罪，任犯一種，即墮阿鼻地獄。五逆罪為殺父、殺母、殺阿羅
漢、出佛身血、破和合僧。其中破和合僧最重。

閻羅王又名琰魔王，管理地獄罪報事者。若譯義為雙世，言
其苦樂並受；又為雙王，指兄妹二人並為王，兄治男事，妹治女
事。閻羅王往昔因一念瞋心，欲治罪人，命終為工。但本身亦受
苦，由獄卒捉王臥熱鐵床上，以鐵勾勾開其口，用鎔銅灌之，從
口至腹皆蕉爛。其樂是與婇女共相娛樂。

大乘（27-33 問）

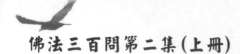

27. 大乘思想的源流及成因是什麼？

（一）大乘思想的源流

在早期，大乘及部派佛教往往是同時存在於同一時空。巨體的大乘學說在原始經典中不易發現，但在阿含經中確實出現有大乘的濟世度人的菩薩精神。如阿含經有記載釋迦牟尼利益眾生的救世情懷，巴利文的「小部」中的「本生經」也有記載釋迦前世曾爲國王、商人、波羅門、女人、動物等所行善道的濟世度人的菩薩思想。漢譯的長阿含經也記敘了過去七佛的行誼，透露了三世有諸佛及人人可以成佛的可能。

所以說大乘思想的源流可以追溯到原始佛學時期。

審察印度的大乘佛學有三個發展時期，其一，約西元一世紀（西元元年左右）主要闡揚性空緣起的龍樹、提婆系的中觀派思想。其二，約西元二世紀至五世紀，其中約西元三世紀的如來藏思想及西元四世紀的無著、世親系的瑜伽行派學說。其三，約七世紀以後，密教興起，直至十三世紀初在印度絕跡。

（二）大乘佛學形成的原因

（1）傳說第一次結集造成了不滿的「窟外結集」

第一次結集，富樓那反對五分律的「七條」，因此不滿人士在王舍城郊外山窟的第一次結集地點外，另舉行結集，稱「窟外結集」。並傳說除三藏外另有結集「雜藏」或「禁咒藏」。

而且大眾部的領導大天，採用了許多大乘經典作爲傳教張本。

（2）部派佛教大眾系的復興運動

部派佛教大眾系學者反對上座部的專門固定化的局部義理及教團戒律的形式化，乃掀起了佛學的復興運動，形成日後的大乘佛學。

（3）大眾部的「一說部」及上座部的「經量部」的演變

一說部主張宇宙萬有均是假名，無體可得，形成日後的「性空」思想。

上座部經量部的「種子」說，形成日後的瑜伽行派種子說的思想。

（4）大眾部自由派在家眾大乘菩薩思想的大力宣揚。

（5）大眾部人士非常重視一些獨特的大乘經典，這些大乘經典的濟世精神導引了大乘佛學的發生。

28.大乘的經典有哪些？

此處僅指出重要有影響力的經典。

一、印度
（1）初期大乘佛學

般若經、無量壽經、法華經、華嚴經、般舟三昧經、首楞嚴三昧經

龍樹著作：中論、十二門論、大智度論、十住毗婆沙論、迴諍論、六十頌如理論、七十空性論

提婆著作：百論、四百論、廣百論、百字論

（2）後期大乘佛學

涅槃經、勝鬘經、如來藏經、解深密經

彌勒：瑜伽師地論、究竟一乘寶性論、金剛般若經、辨中邊、大乘莊嚴等論頌

無著：攝大乘論、顯揚聖教論、順中論、大乘阿毗達摩集論、六門教授習定論

世親：俱舍論、七十眞實論、唯識二十論、唯識三十頌、十地經論、攝大乘論釋、大乘百法明門論、大乘五蘊論、辨中邊論、淨土論、佛性論、大乘成業論

（3）世親以後的大乘佛學

楞伽經、大乘起信論、入大乘論、大乘法界無差別論

3.1.中觀派：西元三-四世紀

1.早期中觀：龍樹、提婆

2.中期中觀：西元五-六世紀。分成應成派（佛護、寂天、月稱）及自續派（清辨）

中觀中期有八大中論註釋家：龍樹自註（無畏註、西藏譯）、佛護（西藏譯）月稱、提婆設摩（已無存）、求那師利（一無所知）、德慧（唯識學派、沒有流傳）、安慧（唯、識派學者、漢譯：大乘中觀釋論）清辨（500-570）。

-月稱：中論註（淨明句論）、入中論

-寂天：入菩薩行論頌

-清辨：般若燈論、中觀心論、掌珍論

3.後期中觀：西元八世紀以後，中觀瑜伽行派：寂護、蓮花戒、師子賢。西元一〇-一一世紀，寶作寂。

寂護：眞理綱要、中觀莊嚴論

蓮花戒：廣釋菩提心論、修習次序

師子賢：現觀莊嚴光明

寶作寂：般若波羅密多論

後期中觀吸收經量部及唯識派的知識論，並超越之。

3.2.唯識學說

西元五-六世紀，約等於中期中觀學派時期。有「無相唯識派」（德慧、安慧）及「有相唯識派」（陳那、法稱，護法，促發經量瑜伽派的成立）。

安慧：大乘中觀釋論（藏譯本：般若燈廣釋）

陳那：集量論

法稱：知識論評釋

3.3.如來藏思想

大約興於西元三世紀，大約是初期大乘進入後期大乘（五、六世紀）的中間階段。盛弘於四五世紀。

經典出現於後期大乘，有：

第一期：大般涅槃經、如來藏經、勝鬘經、大法鼓經、央掘魔羅經、不增不減經、無上依經。

第二期：佛性論、攝大乘論釋、大乘莊嚴經論。

第三期：楞伽經、大乘起信論、密嚴經、大乘法界無差別論。

第五世紀堅慧：究竟一乘寶性論。

3.4.密乘思想

西元七世紀以後興起，八世紀盛行。

大日經及金剛頂經為基本經典者，稱為真言宗或純密。

七世紀末，因陀羅菩提創立「金剛乘」或「左道密教」，開始有男女大樂雙修法。

十世紀又發展出「時輪乘」，開始氣脈明點修法。

八世紀中，蓮花生將左道密教帶入西藏，即是藏密（西藏喇嘛教）。

相傳密乘有六經二論。六經為大日經、金剛頂經、瑜祇經、聖位經、楞伽經、金剛頂五祕密經。

三論：菩提心論、釋摩訶衍論、大智度論。

二、中國

（1）漢代

安世高：安般守意經

支婁迦讖：道行般若經

（2）魏晉（三國西元 220-265、西晉西元 265-316）
-曇柯迦羅：譯出「摩訶僧祇律」的戒本「僧祇戒心」
-帛延：譯出首楞嚴經
-東吳支謙：維摩詰經、大明度無極經、注大明度經
-康僧會：譯出六度集經、安般守意經序、法鏡經序
-朱士行：在于闐獲得梵本「大品般若經」

（3）西晉
-竺法護：光讚般若經、正法華經、維摩詰經
-竺叔蘭：放光般若經、維摩詰經、首楞嚴經
-帛遠：首楞嚴經注

（4）東晉
-格義佛學：高僧多借用儒、道二家的辭語來解釋佛學義理
支道林：小品般若經、維摩詰經
僧肇：不真空論、般若無知論、物不遷論
-般若六家七宗
a.本無宗：道安。一切諸法，本性空寂，故云本無
b.本無異宗：竺法琛。從無出有，與本無不同，故名
c.心無宗：溫法師。心空境不空，境實有
d.即色宗：支道林。即色是空。色不自有，由心計為假有
e.識含宗：于法開。萬有由心識所現
f.幻化宗：壹法師。世諦之法如夢幻，為空不可得
g.緣會宗：于道邃。緣會故有，名世諦。緣散即無，稱第一
義諦

（5）南北朝

南朝重義學，專研涅槃、成實、毗曇、攝論、俱舍、三論

北朝重實修，專宏地論、四分律、禪法、淨土等

-涅槃宗學派

大般涅槃經、泥洹經

道生：泥洹義疏

寶亮：大般涅槃經集解

道朗：涅槃義疏

吉藏：大乘玄論

-成實宗學派

鳩摩羅什譯：成實論

僧導：二諦論、成實論義疏

曇濟：六家七宗論

道亮：成實論義疏

曇度：成實論大義疏

僧柔：略成實論記

智藏：成實論大義記、成實論義疏

慧琰：成實論玄義

-毗曇宗學派

阿毗曇八犍度論（發智論）

僧伽提婆：阿毗曇心論

僧伽跋摩、寶雲：雜阿毗曇心論

慧集：毗曇大義疏

道安譯：鞞婆沙論、廣論

-攝論學派

無著：攝大乘論

世親：攝大乘論釋

眞諦譯：攝大乘論釋、著義疏

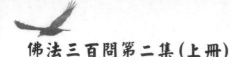

曇遷：攝論疏

-俱舍學派

世親：俱舍論

眞諦譯：阿毗達摩俱舍論、俱舍釋論

慧愷：義疏

俱舍三大家：神泰、疏；普光、記；法寶、疏

-地論學派

世親：十地經論

勒那摩提（相州南道）、菩提流支（相州北道）譯：十地經
論

（6）隋唐以後佛學

6.1.三論宗

龍樹：中論、十二門論、大智度論

提婆：百論

鳩摩羅什譯：中論、十二門論、百論

吉藏：二諦義、中觀論疏、大乘玄論、三論玄義、法華遊意

僧肇：肇論

-天台宗

妙法蓮華經

慧思：大乘止觀法門

智顗：金光明玄義、摩訶止觀、法華玄義、觀音玄義、修習
止觀坐禪法要

湛然：止觀義例、止觀大意、始終心要、十不二門論、金剛
錍

知禮：十不二門指要鈔、觀音玄義記

-法相宗

玄奘：成唯識論

唯識三大部：

窺基：成唯識論述記；慧沼：成唯識論了義燈；智周：成唯識論演祕

六經十一論：

傳至中國只有四經十論

四經：華嚴經、解深密經、楞伽經、厚嚴經

十論：瑜伽師地論、顯揚聖教論、大乘莊嚴論、集量論、攝大乘論、十地經論、觀所緣緣論、唯識二十論、辨中邊論、阿毗達摩集論

-華嚴宗

華嚴經

杜順華嚴—華嚴

智儼：華嚴一乘十玄門、華嚴經搜玄記、華嚴經五十要問答、華嚴經旨歸

法藏：華嚴經義海百門、修華嚴奧旨妄想盡還源觀、華嚴一乘教義分齊章、華嚴金師子章、華嚴經探玄記

澄觀：華嚴經略策、華嚴法界玄鏡

宗密：註華嚴法界觀門、禪源諸詮集都序、圓覺經大疏釋義鈔、中華傳心地禪門師資承襲圖、原人論

-禪宗

-印心經典：

楞伽經

金剛經

-禪宗六祖：

菩提達摩：略辨大乘

入道四行

僧璨：信心銘

道信：入道方便

牛頭法融：心銘
弘忍：修心要論、最上乘論、守本眞心論
-南北宗：
北宗神秀：嵩山普寂
南宗慧能：法寶壇經
-慧能弟子：
神會：荷澤神會禪師語錄、顯宗記、神會塔銘
南陽慧忠：南陽語錄
永嘉玄覺：證道歌
-南嶽懷讓系：
馬祖道一：平常心是道
百丈懷海：百丈清規
黃檗希運：黃檗山斷際禪師傳心法要
趙州從稔：狗子無佛性之話頭
大珠慧海：頓悟入道
-青原行思系：
石頭希遷：參同契、草庵歌
-五家七葉：
臨濟宗、臨濟義玄：臨濟宗旨、鎭州臨濟慧照禪師語錄（臨濟語錄）
曹洞宗、洞山良价：洞山宗旨
法眼宗、法眼文益：金陵清涼院文益禪師語錄、宗門十規論
楊岐方會：語錄一卷
圓悟克勤及門人：碧嚴錄
黃龍慧南：五燈會元有記載
-著名禪師著作：
宏智正覺：默照禪
大慧宗杲：話頭禪、省力處

永明延壽：宗鏡錄
雲棲袾宏：禪關策進
憨山德清：觀心銘、初心修悟法要
博山元來：博山參禪警語
戒顯禪師：禪門鍛練說
虛雲和尚：參禪法要
-燈錄、語錄：
清涼慧洪：禪林僧寶傳、林間錄
五家宗旨纂要
人天眼目
法眼宗道原：景德傳燈錄
宋普濟：五燈會元
宋賾藏：古尊宿語錄
-文字禪倡導者：
頌古：
宋雲門宗汾陽善昭：頌古百則、公案代別百則、詰問百則
評唱：
萬松行秀的「從容錄」
-淨土宗
三經一論：
三經：無量壽經、觀無量壽經、阿彌陀經、往生論
曇鸞：往生論注、安樂淨土九問答
道綽：安樂集
善導：觀無量壽經疏、往生禮讚偈、淨土法事偈、般舟讚、觀念法門
宋延壽：淨土指歸
明袾宏（蓮池）：竹窗隨筆、西方發願文、淨土疑辯
德清：憨山老人夢遊集

蕅益智旭：靈峰宗論、彌陀要解

元代惟則：淨土或問

永明延壽：西方六重問答

智者大師：淨土十疑

-律宗

四律五論

四律：十誦律、四分律、僧祇律、五分律

五論：毗尼母論、善見論、薩婆多論、摩得勒伽論、明了論

鳩摩羅十譯：十誦律

慧光：四分律疏、羯摩戒本

道宣五大部：四分律比丘含注戒本、四分律刪補隨機羯摩、四分律刪繁補缺行事鈔、四分律拾毗尼義鈔、四分比丘尼鈔

創「南山宗」

法礪：四分律鈔，開創「相部宗」

東塔懷素：四分律開宗記、四分僧尼羯摩文。創立「東塔宗」

梵網經：菩薩十重戒四十八輕戒

菩薩善戒經：菩薩八重戒五十輕戒

觀普賢行法經

-眞言宗

三種根本經典：大日經、金剛頂經、蘇悉地經

所依論：菩提心論、釋摩訶衍論

善無畏：弘揚大日經

金剛智、不空：引揚金剛頂經

一行：大日經疏

-藏密

法尊：法尊法師論文集

紅教：寧瑪派

陳健民：佛法精要原理
邱陵：藏密大圓滿法選集、藏密大圓滿心髓探奧
給尊桑波仁波切：大圓滿龍欽心髓修行法
-黃教：格魯派，承襲迦當派
五部大論：釋量論、現觀莊嚴論、入中論、俱舍論、律經
宗喀巴：菩提道次第廣論、密宗道次第廣論
-白教：迦舉派、響巴迦舉派
陳健民：大手印教授抉微、事業教授抉微、佛法精要原理
邱陵：藏密大手印探奧、藏密六成就法詮釋、藏密脈氣明點
觀修
創古仁波切：大手印
諾姆啓堪布道然巴：那洛六法
彌勒若巴喇嘛：宗教喀巴大師的那羅巴六瑜伽
-花教：薩嘉派
恭秋倫竹：道果三現分莊嚴寶論
哦千貢卻倫珠：導入正道三續分莊嚴論
請參閱《佛法三百問》第 10 問：「佛經是佛寫的嗎？」
11 問：「佛經是誰翻譯的？」
12 問：「應重經還是重論？」

29.中國大乘與印度大乘有不同嗎？

一、相同：都是以中觀爲最早（西元前一百年-西元一百年），其次如來藏（西元三世紀），其次唯識（西元四世紀）。
二、不同：
（一）印度：大乘有三系：中觀、如來藏、唯識。其中以如來藏（佛性）最不受重視，而中國卻以如來藏、佛性最爲流行，

尤盛行於南北朝時期。

（二）佛性、如來藏、眞如三者雖爲異名同義詞，但有些經論仍有習慣使用上的不同。如楞伽經從未使用過佛性一詞。大乘起信論也未使用過佛性一詞。

以下爲一些經論使用佛性、如來藏、眞如的情形：

-佛性：涅槃經、佛性論、究竟一乘寶性論

-眞如：成唯識論

-如來藏：勝鬘經（如來藏法身、空不空如來藏）、如來藏經（一切眾生如來之藏常住不變）

-如來藏、涅槃、佛性：涅槃經（我者即是如來藏義、如來法身不離煩惱障名如來藏、涅槃常樂我淨、一切眾生悉有佛性）

-如來藏、眞如：大乘起信論

-如來藏、唯識、如如：楞伽經（五法：名相妄想正智如如，三性、八識、二無我）

（三）大乘起信論有涉及中觀的空、如來藏及眞如，所以是綜合了中觀、唯識與如來藏的思想，造成日後對中國的天台宗、華嚴宗、禪宗及三論宗的成立均有鉅大的影響。

（四）印度的三系常有結合之情形發生，如中觀加瑜伽派即是中觀瑜伽派，此派在印度晚期大乘相當流行，但卻傳至西藏繼續盛行，在中國則不見流行。

而唯識結合如來藏的楞伽經即是中國禪宗的傳家之印經。

大乘起信論也是結合唯識、如來藏、中觀的三系產物，在中國也非常盛行，而且對中國天台宗、華嚴宗、禪宗及三論宗的成立，影響甚大。

（五）印度大乘流行的末期如瑜伽行中觀及陳那、法稱的有相唯識派，及安慧等的無相唯識派均傳播到西藏繼續弘行，而在中國則甚爲薄弱。中國的唯識大受玄奘及護法的影響，屬於新譯唯識，而安慧、世親等的古唯識在中國則乏人問津。

（六）印度中觀系由吉藏等人發展為三論宗。最盛行於隋朝，自唐朝即漸式微。

（七）中國禪宗於唐朝最為興盛。直至現在的台灣，仍一直存在，流行情形僅次於淨土宗。

禪宗的思想揉和佛性、如來藏及中觀空性，雖未涉及唯識。

但本寂而有知照，這知即是超越八識的了知作用。

（八）淨土宗與如來藏、中觀、唯識三系較無直接關係，不過其三輩九品的上輩中品需知第一義空，此第一義空即是中道佛性，與中觀、如來藏有密切關係。

（九）藏密全盤接收印度晚期的中觀與唯識思想，因此其中觀與唯識思想非常發達，但如來藏思想也如印度一樣，較為薄弱。不過有人認為紅教寧瑪派之大圓滿是一種了義內細品大中觀，遮遣一切相對法，而赤裸直證絕對的不二法門，即是空不空如來藏。

請參閱《佛法三百問》第 57 問：「印度佛教與中國佛教有什麼不同？」

30.印度初後期大乘有什麼不同？

（1）代表性人物不同

A.初期：龍樹、提婆、羅睺羅。

B.後期：彌勒、無著、世親。

C.世親後大乘：有相唯識（陳那、法稱）及無相唯識（德慧、安慧）。西元六世紀，中觀再起，分為應成派（佛護、寂天·月稱），及白續派（清辨）。白續派再分成隨瑜伽行（中觀瑜伽行派，寂護、蓮花戒），及隨經量行（清辨）。

（2）經典不同

初期：般若經、無量壽經、法華經、華嚴經、般舟三昧經、首楞嚴三昧經。

後期：涅槃經、勝鬘經、如來藏經、解深密經。

世親後大乘：楞伽經、大乘起信論、入大乘論、大乘法界無差別論。

（3）宗派不同

初期：中觀。

後期：唯識瑜伽行。

世親後大乘：如來藏、中觀瑜伽行（中觀加唯識）、藏識（如來藏加唯識）。

（4）佛學思想不同

4.1.初期：般若、中觀思想。

1.般若思想：諸法自性本空的般若智慧，以無所得爲方便，以大悲爲本，修行菩薩六度法門，普度眾生。

龍樹及其弟子提婆依據「般若經」建立了中觀派。

2.法華經思想：會三歸一即會三乘歸一乘。

4.2.後期：主要是唯識瑜伽行派，其次涅槃、如來藏。

1.涅槃：涅槃經

2.如來藏：勝鬘經

3.唯識瑜伽行派：解深密經

4.3.世親後大乘：瑜伽行派、中觀、中觀瑜伽行、如來藏。

31.顯乘與密乘有什麼不同嗎？

（1）顯宗有三歸依（佛法僧）。密宗有四歸依（加本尊），五歸依（加上師）。

（2）大乘重經，密乘重續。

（3）大乘四依，尤其是依法不依人。密乘完全依止上師。

（4）大乘重二乘、三乘或究竟一乘，密宗重金剛乘、六乘、九乘。有事行密三部及無上瑜伽部。

（5）大乘重一心修持，密宗重壇場、儀軌、咒語、身口意三密加持。

（6）修行方法不同（參閱《佛法三百問》297 問：「藏密有哪些修行方法」）。

（7）密宗須依上師灌頂，大乘依善知識助修。

（8）密宗修氣、脈、明點。

（9）顯宗有頓悟、漸悟。密宗即身成佛。

32.中國各時期的大乘有不同嗎？

（1）漢魏時期（220-265）

東漢三國時期主要是佛經的譯傳，著名者有曇柯迦羅譯「摩訶僧祇律」的戒本「僧祇戒心」。

帛延譯出首楞嚴經。

支謙譯出維摩詰經、大明度無極經，掀起清談及格義佛學及般若思想的傳播。

康僧會譯有六度集經。最早有「萬法唯心」的大乘佛學跡象。又提出「安般六行」，對禪觀頗有貢獻。

安世高譯出「安般守意經」及「法鏡經」，與禪觀有關。

（2）西晉（265-316）：主要是譯經

竺法護譯出「正法華經」，使得印度大乘佛學經典首次傳入中國。而「維摩詰經」也深受清談的東晉社會所歡迎。「光讚般若經」對老莊學說盛行的西晉般若思想影響更大。

竺叔蘭譯出「放光般若經」，對西晉般若及「維摩詰經」對清談思想的傳播有重大貢獻。

（3）東晉

盛行清談佛學（支道林善於清談）。格義佛學（竺法雅提倡格義佛學；慧遠也援引「莊子」一書解釋「實相」一辭；支道林以玄學思想理解般若思想；僧肇每以老莊爲心要解釋佛家學說；竺道生也借道家辭語解釋佛學義理。

般若思想（根據曇濟有六家七宗論）。

禪觀思想即坐禪修觀，觀修佛學義理，體悟般苦空境，名家包括道安、慧遠、鳩摩羅什、僧叡等）。

涅槃思想（諸法實相即是涅槃。名家包括鳩摩羅什：煩惱即涅槃；僧肇：涅槃道之眞，妙之極也，觀生死同涅槃；竺道生：不見泥洹異於煩惱則無縛矣）。

（4）南北朝

出現了下列大乘學派，如涅槃學派、地論學派、攝論學派。

涅槃學派：入唐以後，涅槃學派便見衰落。

地論學派：相州北道爲攝論派所併。相州南道爲華嚴宗所吸收。

攝論學派：至玄奘回國後重譯攝論，弘揚唯識之學，攝論派終致絕傳。

（5）隋唐

有下列大乘宗派興起，包括三論宗、天台宗、法相宗、華嚴宗、禪宗、淨土宗、律宗、密宗。

唐武宗滅佛。

（6）宋

禪宗：有禪宗的「燈錄」和「語錄」及臨濟宗的二個支派楊岐方會及黃龍慧南之興起。

天台宗：有知禮、遵式、悟恩及山家山外之爭。

其他各宗：

淨土宗：有省常與宗賾。

華嚴宗：相當衰微。有長水子璿及晉水淨源。

宋代四大家：子璿、淨源、師會、希迪。另說為淨源、師會、希迪、道亭。

唯識宗：更加式微。

有祕松、通慧、傳章、繼倫、守千。

律宗：稍有生氣。

有允堪、元照。

（7）遼代（契丹族，共存在二百餘年）

佛教從初創到極盛（西元十-十二世紀）不亞於宋朝。

遼道宗對華嚴學造詣很深，喜建佛塔。完成契丹大藏經及房山石經主要部分的雕刻。寺院經濟特別發達。有「邑社」組織，由地方信徒資助結成的宗教社團。

（8）金代

全盤繼承遼代，佛教國家化、佛教藝術及禪宗等有進一步的發展。金世宗以國家力量對佛教嚴格管制，度僧及建寺均由官方

管控。

　　禪宗是金代佛教主流。有萬松行秀。三教融合也有所反映。

（8）元代

　　崇佛，有禪、教、律。藏密盛行，有元朝帝師，始於八思巴（西藏人）。

　　有禪宗的曹洞、臨濟二家。前者萬松行秀，後者海雲印簡、雲峰妙高。

（9）明朝

　　禪宗：禪僧爲數不少。中葉以後，禪風漸盛。

　　重要著作：續傳燈錄（玄極集）、增集續傳燈錄（文琇集）、繼燈錄（元賢輯）、指月錄（瞿汝稷集）、緇門警訓（如巹撰）、禪林寶訓（淨善編）、禪關策進（袾宏撰）。

　　明代兩派：臨濟與曹洞。宋元之交，潙仰、雲門、法眼三家已淹沒無聞。

　　臨濟有德寶，傳密雲圓悟（道忞輯密雲禪師語錄），傳漢月法藏。

　　曹洞有博山元來、鼓山元賢。

　　明代佛教其他各宗：

　　淨土宗：已成佛教各派的共同信仰，明代更是如此。

　　有梵琦、天台・傳燈著「生無生論」，宣揚淨土思想。

　　袁宏道的「西方合論」也是明代淨土宗的一部重要著作。

　　天台宗：

　　仍有其人，但多無足論者。有傳燈「生無生論」。

　　華嚴宗：

　　奄奄一息，若存若亡。

　　有洪恩，編撰「補續高僧傳」而得名。

唯識宗：

非常式微。

有明昱的「唯識論俗註」爲明代唯識一大家。

律宗：

略有其人。但仍處於衰微狀況。

有寂光。

（10）清朝

禪宗：還是大有其人。分屬臨濟及曹洞。禪宗著述卻也不少。

臨濟的通琇、道忞。

曹洞有無明慧經、湛然圓澄。

淨土宗：

繁有其人，仍爲各派共宗。

有實賢。

天台宗：

仍有一些傳人，但都重複舊說而已。

有受登、靈耀著「楞嚴經觀心定解」。

華嚴宗：

頗不乏人。

有續法（著賢首五教義）、通理。

唯識宗：

乏傳人。

有楊文會，從日本取回一批早已佚失的唯識宗文獻，邊刻經，邊講學，一時吸引不少知名學者走向唯識大門。

律宗：

不算少人。

有讀體。被稱爲律宗中興，著「傳戒正範」、「一夢漫言」。

（11）民國

大乘八宗到清代便只有阿彌陀佛四字。

唯識：

楊仁山（名文會），深研華嚴與法相。創辦金陵刻經處及佛教學堂「祇洹精舍」，培育了太虛、智光、歐陽漸、梅光羲等入室弟子。

華嚴學：月霞、常惺

法相學：歐陽漸、熊子眞（字十力）

天台學：諦閑、倓虛

中觀學：印順（也專唯識）

淨土學：印光

律儀學：弘一

人生佛學：太虛。由人乘進趣大乘的佛法。有法性空慧學、法相唯識學、法界圓覺學。

除人生佛學外，尚有科學的佛學、實證的佛學、世界的佛學。

禪宗學：虛雲。包括楞伽經、金剛經、法寶壇經及所有的語錄與公案。

請參閱《佛性辨正》第十一章中國歷代各大師的佛性思想 P467-495。

33.中國大乘有幾宗？

各宗的宗見有不同嗎？

此處僅「條列」各宗的主要思想。請參閱《佛法三百問》及《佛性辨正》二書。

（一）涅槃學派（參閱《佛性辨正》P443-460）

眾生悉有佛性

涅槃常樂我淨四德

涅槃常住不變

闡提也能成佛

道生立頓悟成佛，慧觀則主張漸悟。

涅槃與法性為一，法性也是常樂我淨。

（二）地論學派（參閱《佛性辨正》P354-388）

有相州南道派：勒那摩提、道光，主張阿賴耶識為淨識，即是如來藏。佛性是本有的，只是被無明覆蓋，透過修行即可成佛，即「現常說」。

相州北道派：菩提流支、道寵，主張阿賴耶識為污染識。另立第九識菴摩羅識為淨識、真識。佛性是後有的。

（三）攝論學派（參閱《佛性辨正》P388-401）

主張阿賴耶識為妄識，但其中也有一分淨識，並立此一淨識為第九識菴摩羅識或無垢識，亦即真如佛性。可見攝論派的阿賴耶識是真妄和合識。

主張真如是能所統一，即能之阿摩羅識與所之所緣境統一。

認為第八識相當於相分，其餘七識相當於見分。

認為三性（分別性、依他性、真實性），分別是對宇宙萬有的認識。依他性是唯識無塵的觀念，即對分別性的否定。真實性是連唯識無塵也要捨離，即是唯一淨識的「無分別智」，在無分別智中，智與理冥合為一。

（四）三論宗（參閱《佛性辨正》P286-314）

二藏三法輪

緣起性空

破邪顯正

正破四執

眞俗二諦

八不中道

中道實相

佛性思想

（五）天台宗（參閱《佛性辨正》P182-211）

三諦圓融：《佛法三百問》P286

百界千如：《佛法三百問》222

一念三千：《佛法三百問》222

性具善惡：《佛性辨正》P184-185

三惑：《佛法三百問》217問

一心三觀：《佛法三百問》221

修十乘觀法：《佛性辨正》P202-205、P287-288

修四種三味：《佛性辨正》P202、P285

六即佛

定慧雙開：《佛法三百問》205問

無情有性

五時八教

（六）華嚴宗（參閱《佛性辨正》P212-285）

五教十宗：《佛法三百問》238問

法界緣起：《佛法三百問》240問

法界三觀：《佛法三百問》239問

四法界：《佛法三百問》241 問
一眞法界：《佛法三百問》234 問
心造萬法
六相圓融：《佛法三百問》243 問
十玄緣起：《佛法三百問》242 問
性起思想：《佛性辨正》P273-285
修行行位：《佛法三百問》92 問

（七）法相宗（參閱《佛性辨正》P315-353）

三識說教
唯識無塵
第七識與第八識
三能變
賴耶緣起
五位百法
轉依哲學

（八）禪宗（參閱《佛性辨正》P152-181）

禪宗六祖
五家分燈
心性思想：《佛性辨正》P152-159
自性空寂
明心見性：《佛法三百問》182 問
直透三關：《佛法三百問》198 問
無念爲宗
定慧等學：《佛法三百問》205 問
頓悟法門
參話頭與默照禪：《佛法三百問》185 問

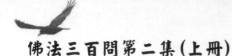

（九）淨土宗

大乘（34-39 問）

34.大乘與小乘有什麼不同？

（1）所斷煩惱不同

小乘：斷見惑、思惑，斷煩惱障，破分別性人我執。

大乘：斷塵沙惑，斷所知障，破分別性法我執。

（2）所斷生死不同

小乘：斷分段生死。

大乘：斷變異生死。

（3）發心不同

小乘：發出離、利我心。

大乘：發菩提、利他心。菩薩精神的強化。

（4）所證空性不同

小乘：證人我空，所證是析法空。

大乘：證人我空及法我空，所證是體法空。

（5）修行方法不同

小乘：聲聞修四聖諦，緣覺修十二因緣。

大乘：菩薩修六度、四攝、四無量心。

（6）修行位階及斷惑不同

小乘：初果（須陀洹、預流果）在菩薩五十一位階的十住第二住位。已斷三界所有見惑。

二果（斯陀含、一來果）在十住位第三-四位。已斷欲界初地前六品思惑。

三果（阿那含、不還果）在十住位第五-六住位。已斷欲界初地後三品思惑。

四果（阿羅漢果）在十住位第七住位。已斷色、無色界之七十二品思惑。

辟支佛：在十住位之八-十位地。已斷所有習氣。

中乘：三賢位，在十行位，已斷分別法執之塵沙惑。十迴向

位，已伏無明住地煩惱之現行。

大乘：

菩薩初地：斷分別性我執及法執之種子。

菩薩二-七地：斷分別性我法執之習氣及俱生性我法執之現行。

菩薩八地：斷俱生性我執種子。

菩薩九地-等覺：斷俱生性法執種子。

妙覺（佛）：斷盡俱生法執習氣。

（7）所證果位不同

小乘：阿羅漢果及辟支佛。

大乘：佛果。

（8）大乘對佛、菩薩的神聖化

受大眾部之佛身觀及菩薩觀的影響。

其他小乘部派認爲佛色身僅是歷史的人身。而大乘則賦予如來妙色身，世間無與等，無比不思議，壽命常住不滅，神通廣大的聖者。

（9）大乘重視救度而不重視戒律的傾向

（10）大乘強調入世之人間性，小乘重離世修行

（11）大乘重純哲學問題的解釋，小乘重離苦，自度得樂

請參閱《佛法三百問》44問：「佛教有幾乘？」

45問：「大小乘有什麼不同？」

35. 宗密之性宗（如來藏系）與相宗（唯識系）有什麼不同？

宗密提出相宗、性宗十異：

一、一乘三乘異：法相宗以三乘爲眞實，一乘爲方便；法性

宗以三乘爲方便，一乘爲眞實。

二、一性五性異：法相以五性各別，有不成佛之眾生爲了義，一性皆成爲方便。

法性以五性各別爲方便，一性皆成爲眞實。

三、唯心眞妄異：法相謂萬法由阿賴耶之一心而生；法性謂眞如與無明和合而緣起諸法。

四、眞如隨緣凝然異：相宗謂眞如凝然不作諸法；性宗謂眞如具不變隨緣二義，因隨緣之故，會應染淨之緣而作善惡之法。

五、三性空有即離異：法相謂三性中遍計性是空，依他圓成之二性皆爲有，有爲無爲有別也；性宗謂依他之無性即圓成也。

六、生佛不增不減異：相宗謂五性之中，有無種性之人，不能成佛，故生界不減，佛界亦不增；性宗謂一理齊平，生佛體無二，故生物二界不增不減。

七、二諦空有即離異：法相謂俗諦爲空，眞諦爲有，空有各別；性宗謂即有之空爲眞，即空之有爲俗，眞空妙有，體一名異。

八、四相一時前後異：法相謂生住異滅之四相，前後異時，生住異爲現，滅爲未來，生滅不能同時；

法性謂同時之具足四相刹那，相有名生，實無名滅，正生即正滅，不待後無也。

九、能所斷證即離異：法相謂能斷是智，所斷是惑，能證是心，所證是無爲之理，體性俱別也。

法性謂照惑之無體即是智，能證之智外，無所斷之惑，又照智無自體，即是如之德，如自體自具光德也。故智之外有如，無智之所入也。如之外有智，無能證如也。

十、佛身有爲無爲異：

法相謂如來之四智，自受用身他受用身，皆依種而生，是與有爲無漏涅槃之無爲不同；法性謂有即於法性之色心，故佛之色

心皆無爲常住，非四相之所遷。

　　請參閱《佛性辨正》P244-245。

36.宗密之性宗（如來藏）與空宗（般若）有什麼不同？

　　空宗認爲自體是自性空。

　　性宗認爲自體是無相的功能體。

　　宗密提出空宗與性宗有十異：

　　一、法義眞俗異者：

　　空宗以一切差別之相爲法，法是假相，法是俗諦。

　　照此諸法，無爲無相，無生無滅，無增無減等爲義，義是眞諦。

　　性宗則以一眞之性爲法，空有等種種差別爲義。故經云：無量義者從一法生。華嚴十地亦云：法者知自性，義者知生滅，法者知眞諦，義者知俗諦。法者知一乘，義者知諸乘。性宗以法爲眞諦，以義爲俗諦。

　　二、心性二名異者，空宗一向目諸法本源爲性，性宗多目諸法本源爲心。

　　空宗以「性」爲自體空之空性。

　　性宗以「心」爲如來藏心、堅實心。而非假心、肉團心。

　　《勝鬘》云：自性清淨心。《起信》云：一切法從本以來離言說名字心緣等相，乃至唯是一心。《楞伽》云：堅實心。

　　三、性字二體異者：空宗以諸法無性爲性（自性空）。

　　性宗以靈明常住不空之體爲性。故性字雖同，而體異也。

　　四、眞智眞知異者：空宗以分別爲知，無分別爲智。

　　性宗以能證聖理之妙慧爲智，以該於理智，通於凡聖之靈性

爲知，知通智局。

十回向品說眞如云：照明爲性。《起信》說：眞如自體眞實識知。

五、有我無我異者：空宗以有我爲妄，無我爲眞。

性宗以無我爲妄，有我爲眞，此我即是大我之佛性、如來藏、眞如。故《涅槃經》云：無我者名爲生死，有我者名爲如來。又云：我計無我是顚倒法。乃至廣破二乘無常無我之見。常樂我淨而爲究竟，乃至云，無我法中有眞我（佛性）。

六、遮詮表詮異者：遮謂遣其所非，表謂顯其所是。又遮者揀卻諸餘，表者直示當體，即如諸經所說的眞妙理性。每云：不生不滅，不垢不淨、無因無果，無相無爲，非凡非聖，非性非相等，皆是遮詮。若云知見覺照，靈性光明，朗朗昭昭，惺惺寂寂等，皆是表詮。

空宗之言但是遮詮，性宗之言有遮有表。但遮者未了，兼表者乃的。

非空非假是遮詮，僅入菩薩初地。即空即假即中是表詮，才是佛地。

七、認名認体異者：謂佛法世法一一皆有名及體，名是外相，體是本質、性體。

如《智論》云：地水火風是四物名，堅漏暖動是四物體。

愚者認水名便謂已解，智者應更問云：何者是水（證其體也）？答云：濕即是水。佛法亦爾。

設有人問：每聞經云：迷之即垢，悟之即淨，縱之即凡，修之即聖，能生世間出世間一切諸法，此是何物？答云：是心（舉名答也）。愚者認名便謂已認，智者應更問：何者是心（證其体也）？

空宗相宗爲對初學及淺機，恐隨言生執，故但標名而遮其非。性宗對久學及上根，令忘言認体，故一言直示。

認得體已，方于體上照察義用，故無不通矣。

八、二諦三諦異者：空宗說世出世間一切法不出二眞俗二諦。性宗說三諦，即空假中。攝一切性（空、眞諦）、相（假、俗諦）及自體（中道），總爲三諦。

以緣起色等諸法爲俗端；緣無自性，諸法即空爲眞諦；一眞心體，非空非色，能空能色，爲中道第一義諦。故天台宗依此三諦修三止三觀，成就三德也。

九、三性空有異者：三性謂遍計所執性、依他起性、圓成實性。

空宗云，諸經每說有者，即約遍計依他，每說空者，即是圓成實性，三法皆無性也。

性宗即三法皆具空有中道之義，謂遍計情有理無；依他相有性無；圓成情無理有，相無性有。

十、佛德空有異者：空宗說佛以空爲德，無有少法是名菩提，色見到聲求皆行邪道，離一切相即名諸佛。

性宗則一切諸佛自體，皆有常樂我淨，十身十智眞實功德，相好通光一一無盡，性自本有，不待機緣。

請參閱《佛性辨正》P252-253。

37. 各宗的空性有不同嗎？

一、阿含經的空

阿含是空義之本源。

依緣起論顯自體空；依認識論顯所取空，所以空、無相是所說所認識的體性不眞實；反面說是緣起現象的存在是假名的。

如《雜阿含經》有《大空法經》和《第一義空經》，《中阿含經》有《小空經、大空經》和《頻鞞娑邏王迎佛經》等。

A.緣起法是假名因緣建立的中道，離我我所、離常斷、離有無、離一異。因離執而悟入的，即是第一義空。

B.緣起的生滅法是俗數的假名法，否定常、一、有、我所，即是空。

C.空是總相義，是成立無常、苦、無我的原則。無常故無我，無我故空。

二、部派佛教的空

說一切有部《大毗婆沙論》引《施設論》說十空對治薩迦耶見：內空，外空，內外空，有爲空，無爲空，無邊際空（無始空），本性空（性空）、無所行空、勝義空（第一義空）、空空。分別說部《舍利弗阿毘曇論》說空定有六空（內空、外空、內外空、空空、大空、第一義空）。巴利小部《無礙解道》說二十五空以釋「世間是空」。

一切有部認爲這個法上沒有那個法，即沒有他性，叫做空，非指此法的自性也沒有。而無我所不是法無，只是無我見所執。

大眾系：無我與空之定義完全是合一的，同於日後的大乘觀念。

成實論將「我空」稱爲空，將「法空」叫無我。

大乘則認爲空與無我可以通用。

三、般若經及中觀派的空

般若說十八空、二十空。

瑜伽師地論的七種空：後際空、前際空、中際空、常空、我空、受者空、作者空。

空義是「無我」的開展。

解脫道必歸於空。

菩提道有需於空，得空三昧，便成阿耨多羅三藐三菩提。

-中觀應成派主張一切法在勝義及名言均自性空。

-如來藏系如佛性論：「若依分別部說，一切凡聖眾生，並以

空為其本。所以凡聖眾生皆從空出故，空是佛性，佛性者即大涅槃」。

二諦大略說有三對，假實、真妄、理事。其中以真實或理性為勝義者，最與空相近。須再加安立、非安立一對。

四、小乘是證人我空

大乘證人我空及法我空。

五、分別性人我執是二乘的三界見惑及思惑。分別性法我執是三賢的塵沙惑。

六、小乘在菩薩五十二位階的十住位的「七住位」，斷盡三界見思惑，證得分別人我空，得四果阿羅漢位。

八住-十住位破分別性我執的習氣，十住位證得辟支佛。

七、十行位及十迴向位是三賢位。十行位破塵沙無明，十迴向位伏無明住地。三賢位斷分別性法執，證得分別性法我空。

八、菩薩初地破分別性我執及法執的種子，證得我法二空的「依言如實空」真如。

藏密稱此空為初空。

九、菩薩二地-七地：破俱生我法二執之現行。

十、菩薩八地：斷俱生性我執種子，證得藏密四空中之極空。

十一、菩薩九地-十地：斷俱生法執種子及習氣，證得藏密四空中之勝空。

十二、佛地（妙覺位）斷盡俱生法執的種子及習氣，證得藏密四空中之全體空。

十三、大乘如三論宗（五十二位階）、天台宗（五十一位階）、華嚴宗（五十一位階）、唯識宗（四十一位階）等均以上列的菩薩修行位階所證的「空性」各有其程度上的不同。

藏密若智慧氣「氣入中脈」（等同於顯宗入菩薩初地的中道位），此時證得初空及明點已修得紅白菩提，而後頂輪的白菩提

下降，臍輪的紅菩提上升，從中產生四空及四喜，從初空、極空、勝空到全體空。

另有白教大手印的「融合三空印」，三空爲無雲之晴空、眼根之觀空、心地之明空。

禪宗的明心見性所見的佛性，其眼見佛性的明晰度也有從菩薩初地（少分見）、七地（小頓悟）、十地（大頓悟）、佛地（了了全見）而有不同。

淨土宗修至上輩中品可見第一義空，即菩薩初地的中道，即分別性我法兩空。

請參閱《佛法三百問》187 問：「禪與空或佛性有不同嗎？」

173 問：「空相與空性有不同嗎？」

38.各宗的真俗二諦有不同嗎？

一、小乘

-婆沙宗四種二諦：

第一家：苦集滅道四諦之苦集是世俗諦；滅道是勝義諦。

第二家：道是世俗，滅是勝義。

第三家：四諦都是世俗，法空非我（一切法空）的理性才是勝義。

第四家：四諦的事相是世俗，十六行相的四諦理才是勝義。

-順正理論：補特伽羅城園林等假名法是世俗諦，蘊處界等實相法是勝義諦。

俱舍論的二諦：

勝義諦：如出世智，及此後得世間正智所取諸法。

世俗諦：如此餘智所取諸法。

成實宗：二重二諦。

第一重

俗諦：四大、五根、人我等：假名有

眞諦：極微及五陰：實法有

第二重

俗諦：極微及五陰：實法有

眞諦：涅槃：眞實空

二、大乘

（1）三論宗

-俗諦與眞諦

俗諦：萬法假有

眞諦：萬法自性空

-於諦與教諦

於諦：於情隨順眾生而說二諦，隨凡說「有」名俗諦；隨聖說「空」名眞諦。

於諦又有二種，本於，即「所依於諦」；末於，即「迷教於諦」。

所依於諦：依順於凡聖自認的說法。

俗諦：凡夫認爲諸法實有，爲失，因諸法爲假有。

眞諦：聖人認爲諸法自性空，爲得。

-迷教於諦：即迷惑於佛所說亡言絕慮之最高眞理說法。

俗諦：一切法假有，不符合言亡絕慮最高眞理，故仍失。

眞諦：諸法自性空，不符佛所說一切法言亡慮絕之最高眞理，故失。

-教諦：諸佛依此而說，即依佛所說眞理之說法。

俗諦：諸法假有，符合佛所教，爲得。

眞諦：自性空，符合佛所教，爲得。

-四重二諦：
第一重：
俗諦：有
眞諦：空
第二重：
俗諦：有或空
眞諦：非有非空
第三重：
俗諦：二（有空及非有非空之二）
眞諦：不二
第四重：
俗諦：二、不二
眞諦：亡言絕慮
請參閱《佛性辨正》P293-296。
（2）天台宗：三諦
空：萬法自性空
假：萬法爲假法
中：非空非假
（3）瑜伽行派
瑜伽師地論的二諦：
有爲法的二諦：世俗諦：和合假聚的我我所園林、我眼見色
等假名法。
勝義諦：緣生、無常、無我、空寂理性的意義。
有爲法二諦外另有無爲法見，即涅槃智。
以上已有三諦的思想。
（4）印度一切有部、經部、唯識、中觀之眞俗二諦
-一切有部
世俗諦：假有的事物。如陶瓶和念珠。以破壞或理智分析成

個別部分，即會被認識的心識所放棄。如陶瓶打破了就不是陶瓶。

勝義諦：實體有的事物。如極微與刹那，以破壞或理智分析成個別部分，仍然不會被認識的心識所放棄。如組成陶瓶的極微與刹那爲實有。

-經部

隨教行同一切有。

隨理行：

世俗諦：虛妄存在的法。唯賴概念施設或名言（即分別心）而得以成立的法。分別瓶爲概念施設的虛妄存在。

勝義諦：眞實存在的法。可以經得起理智直接從此法自身存在的原理去考察其存在。如瓶用勝義心去考察是眞瓶。

-應成中觀

俗諦：以觀擇「名言」之量所量得之任何事物。如瓶，假有（名言中無自體）。不同於自續派，如瓶實有。（名言中有自體）

眞諦：

以觀擇「究竟」之量所量得之任何事物。如瓶無自體。

-白續中觀

瑜伽行

俗諦：帶有二顯（能及所）的情況下，直觀現量所通達的對象。如瓶。

眞諦：在二顯消失的情況下，直觀現量所通達的對象。如瓶非眞實存在。

-唯識

俗諦：虛假的事物、世俗諦、名言諦。以觀察思擇「名言」的埋智量所緣得之境。依他起以自相存在，遍計執則不以白相存在。

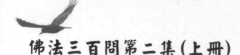

　　眞諦：空性、法性、圓成實、勝義諦、眞際、眞如。以觀察思擇「勝義」的理智量所緣得之境。如圓成實性。

39.各宗的緣起有不同嗎？

　　小乘：業惑緣起：自體實有，但仍須藉緣生起。如小乘各部派、俱舍宗及毘曇宗。

　　成實宗有二重二諦，極微及五陰是第一重之眞諦及第二重之假諦。

　　大乘：性空緣起：自體空，也須藉緣生起。所有大乘各宗都是屬於性空緣起。

　　（1）唯識宗：阿賴耶緣起。

　　（2）三論宗、天台宗、禪宗：眞如緣起或如來藏緣起。

　　（3）華嚴宗：法界緣起或性起。

　　（4）律宗、淨土宗：性空緣起。

　　（5）眞言宗、藏密：六大緣起或七大緣起。六大是地水火風空識。七大再加上見。

　　請參閱《佛法三百問》150 問、240 問：「各宗的緣起論有何異同？」

大乘（40-44 問）

40.各宗的佛性有不同嗎？

因對於佛性的種類各宗有不同的論述，因此各宗相關的佛性思想，自也不盡相同。作者所著《佛性辨正》一書有非常深入的探討。由於內容繁多，此處不再贅述。

敬請參閱《佛性辨正》第三章佛性種類 P26-36 及第五章-第十一章。

41.各宗的佛身有不同嗎？

（1）三論宗的佛身

佛身有生身、法身二種（或父母生身、隨世間身、法性生身、法性身、真身化身）。

法身者，常住不變，遍一切處，滿十方界，萬德圓滿，妙相具足，常說法化益眾生之佛身。

生身者，為化益眾生，自法身示現之佛身。此生身受人法，受寒熱飢渴睡眠，受諸誹謗老病死，受諸罪報，然其內心之智慧神德，與法身無異。生身有相，說三十二相；法身無相，即中論所言離有無分別之如來也。

（2）唯識宗的佛身

三身：法身、報身、化身。

成唯識論對三身與五法關係，有二種說法。

五法是四種涅槃合稱清淨法界，加上四智則為五法。

四種涅槃為自性清淨涅槃、有餘涅槃、無餘涅槃、無住處涅槃。

凡夫只有自性清淨涅槃；二乘有有餘涅槃、無餘涅槃；佛有

上四種涅槃。

四智：大圓鏡智、平等性智、妙觀察智、成所作智。

第一種：

法身是清淨法界及大圓鏡智。

報身是平等性智及妙觀察智。

化身是成所作智。

第二種：

法身是清淨法界。

報身的「自受用身」是大圓鏡智。

報身的「他受用身」是平等性智及妙觀察智。

變化身是妙觀察智及成所作智。

（3）天台宗的佛身

此宗分佛身為法報應三身。若細分則法身有自性清淨及離垢清淨。報身有自受用、他受用。應身有勝應、劣應。

性相常然的毘盧遮那如來是法身，遍一切處，以真如平等，性相常然，身土無礙。如來是無所從來，亦無所去。

與法身契合的盧舍那如來是報身。修因感果名為報，有自報他報之別。自報指理智如如，他報指相好無盡。盧舍那華語為淨滿，諸惑盡淨，眾德悉圓，光明遍照，內以智光照真法界，外以身光照應大機。第一義諦名如，正覺名來。

功德如法身，應現成道之釋迦如來是應身。智與體冥，能起大用，隨機普現，說法利生，名應身。

釋迦牟尼華言是能仁寂默，能仁是不住涅槃，寂默是不住生死。

理法聚名法身，智法聚名報身，功德法聚名應身。法報應三身如次為理智悲。法身為中諦、報身為空諦、應身為假諦，如三諦圓融，三身亦相即無礙，三即一，一即三。

　　更就本跡論佛身。本是本地，指久遠實成的佛；跡是垂跡，指伽耶成道之佛，即釋迦。三身即一，本跡不二。

　　四教之佛身不同。

　　藏教：道樹草座之劣應身。

　　通教：道樹天衣座之勝應身。

　　別教：寂滅道場七寶花為座之尊特身，即盧舍那如來。

　　圓教：道場以虛空為座，三身具足之毘盧遮那法身。

　　所謂釋迦即毘盧遮那，融即無礙。

（4）華嚴宗的佛身

　　約體相用，略說三身，法身毘盧遮那佛為體，報身盧舍那佛為相，化身釋迦佛為用。約自他，分二受用及與真應。

　　此宗所立佛身，為融即三身，通攝三世間，具足十身，周遍法界，圓融無礙之大法身。

　　法身佛十身具足，有二種，一解境十佛，二行境十佛。

　　解境十佛：

　　第一眾生身、第二國土身、第三業報身、第四聲聞身、第五緣覺身、第六菩薩身、第七如來身、第八智身、第九法身、第十虛空身。

　　行境十佛：

　　第一菩提身、第二願身、第三化身、第四住持身、第五相好莊嚴身、第六勢力身、第七如意身、第八福德身、第九智身、第十法身。

　　正覺等十佛：

　　第一正覺佛、第二願佛、第三業報佛、第四住持佛、第五涅槃佛、第六法界佛、第七心佛、第八三昧佛、第九性佛、第十隨樂佛。

無著等十佛：

第一無著佛、第二願佛、第三業報佛、第四住持佛、第五涅
槃佛、第六法界佛、第七心佛、第八三昧佛、第九性佛、第十隨
樂佛。

（5）密宗的四身

四種法身：自性法身、受用法身、變化法身、等流法身。

自性法身：理法身、智法身。

受用法身：自受用、他受用。

變化法身：

地前菩薩二乘凡夫所現丈六應身。

等流法身：現佛身以外之九界隨類身。

（6）十二乘分類之佛身

藏密依陳健民說，十二乘分類之佛身分別爲：聲聞乘、阿羅
漢。緣覺、辟支佛。菩薩乘有法身、報身、化身。事部、行部、
瑜伽部、麻哈瑜伽，有法、報、化、體性身四種。阿努瑜伽、阿
底瑜伽有上四身外，加大樂智慧身。審底、龍底、滿雅底、無上
阿底、姐底、仰底有無死虹光身。

42.各宗的淨土有不同嗎？

（1）三論宗的佛土

大乘玄論云，佛土有五種，一淨、二不淨、三淨不淨、四不
淨淨、五雜上。

一淨：菩薩以善法化眾生，眾生具受善法，得純淨土。

二不淨：眾生造惡緣感穢土也。

三淨不淨：初是淨土，此眾生緣盡後，惡眾生來，則土變成不淨。

四不淨淨：不淨緣盡後，淨眾生來，則土變成淨。如彌勒、釋迦。

五雜土：眾生具起善惡二業，故感淨穢雜土。

以上有報土，應土亦然，故合有十土。更開四位，一凡聖同居土、二大小同住土（羅漢辟支佛大力菩薩，在界外淨土中）、三獨菩薩所居土（如香積世界，只有二乘名；亦如七寶世界，純菩薩也）、四諸佛獨居土。

土以不土為體，要由不土，方得有土，即以有空義故，一切法得成也。

（2）天台宗的佛土

有四種佛立四種土：凡聖同居土、方便有餘土、實報無障礙土、常寂光土。

凡聖同居土：是凡夫與聖者雜居之國土。有淨穢二別。穢土如此娑婆世界；淨土如西方安養世界。

方便有餘土：三界以外的淨土，二乘三賢（修行位階在十行、十迴向者）所居也。

依方便道便三界見思惑，故名方便。尚有塵沙無明惑未斷，故名有餘。已無分段生死，尚有變易生死。

實報無障礙土：菩薩所居也。至別教初地已上，圓教初住以上，以行真實法，感得殊勝果報，故名實報。以體得色心不二、一多相即等妙理，故名無障礙。

常寂光土：佛所居也。已全斷無明，離分段變易二生死之妙覺究竟佛果。常指常住法身，寂謂解脫，即法性自在應物之用；光謂般若，即法性明了照物之用，故名寂光。

（3）華嚴宗的佛土

依探玄記。小乘唯有一類娑婆等界，無別淨土。

三乘有二，一約佛自住處，有三：法性土（即寂照無礙之眞如）、實德土（佛自內證之行業）、色相土（殊勝七寶莊嚴之淨土），後二爲自受用土。

二約佛攝化處，亦有三。

一化身土，復有二，一染，此娑婆釋迦；二淨，指餘方化土，如餘佛。

二變染土：佛依自在神力假現起之淨土。

三他受用土：謂十八圓滿淨土。

依一乘義。

約十佛自境界：十佛自體國土海，身土無礙自在，圓融不可思議。

約十佛化境：有三類世界，一.蓮華藏世界、二.十重世界、三.雜類世界。

第一類從須彌山界及樹形等已去乃至一切眾生形世界海、第二類三千界外別有十世界、第三類爲蓮華藏莊嚴世界海具足主伴如帝網是佛境界。

（4）禪宗的唯心淨土

六祖壇經：迷人念佛求生於彼，悟人自淨其心，所以佛言，隨其心淨即佛土淨。……凡愚不了自性，不識身中淨土，願東願西，悟人在處一般。所以佛言：隨所住處恒安樂。使君心地但無不善，西方此去不遙。若懷不善之心，念佛往生難到。……念念見性，常行平直，到如彈指，便覩彌陀。

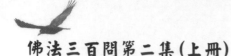

（5）密宗的往生淨土

密教所謂往生淨土，有「現身往生」及「順次往生」。

現身往生：大日經疏所釋之第一密嚴佛國，第二十方淨土，第三諸天修羅宮之三種悉地宮者，爲現身往生。即現生即身成佛成正報後，往生如上淨土爲依報。

順次往生：或有生安養淨土、都史天、無勝、清泰等，雖隨其機欲，所詣淨土有異，然皆因在此土不能即身成佛，乃信賴彼佛之本願，而於來世往生後以期成佛者，即是「順次往生」。

（6）藏密的往生淨土

六成就法中之「遷識法、破瓦開頂法），即死亡時，在死相前時，有修習破瓦開頂法者，若修成，生前可以讓「識」從頭頂梵穴沖出，直入頭頂上觀想本尊心中，死時識可以從頭頂沖出而直往西方極樂世界。

（7）淨土宗的淨土

請參閱《佛法三百問》254 問：「西方極樂世界眞的有嗎？」

274、275 問：「什麼是智者大師的淨土十疑？」
276 問：「什麼是永明延壽的西方六重問答」？
277 問：「什麼是蓮池大師的淨土疑辯」？
278 問：「什麼是曇鸞大師的安樂淨土九問答？」

43.各宗的判教有不同嗎？

（1）智光（中觀）與戒賢（唯識）

戒賢：解深密經。有三時：

第一時有教：小乘有教、阿含經空中道

第二時空教：大乘空教、般若經

第三時中道教：大乘中道、華嚴經、深密經

智光：三時

1.心境俱有：佛在鹿野苑講四諦的小乘佛教。

2.境空心有：為中根器人講。指唯識宗，境由心現。

3.心境俱空：為上根人講。平等一味，宇宙萬有均歸之為空。

（2）慧觀：二教五時

二教：頓教（華嚴經）、漸教。

漸教分五時：三乘別教、三乘通教（為三乘講般若經）、抑揚教（抑聲聞揚菩薩，淨名、思益經）、同歸教（同歸一乘、法華經）、常住教（常住於涅槃、涅槃經）。

（3）南三北七的判教理論

-南方三家：此三家與北方第一家的北地師（作者不詳）都將佛說判為頓、漸、不定三種教相。以下是漸教的不同：

A.虎丘山岌法師（三時）：有相、無相、常住。

B.宗愛法師（漸教四時）：有相、無相、同歸、常住。

C.定林僧柔、慧次（承慧觀法師）五時：有相、無相、褒貶抑揚、同歸、常仕。

D.北地師（五時）：人天、有相、無相、同歸、常住。

-北方七家：北方各家也將佛說判為頓、漸、不定三種教

相。頓、不定與前諸家相同。以下是漸教的不同：

　　A.北地師（五時）：人天、有相、無相、同歸、常住。

　　B.菩提流支：半字（小乘聲聞藏）、滿字（大乘菩薩藏）。

　　C.慧光：因緣宗（毗曇）、假名宗（成實論）、誑相宗（大品經與三論）、常宗（涅槃經、華嚴經）。

　　D.五宗：前四宗同上。

　　因緣宗、假名宗、誑相宗、常宗、法界宗（華嚴經）。

　　E.六宗：因緣宗、假名宗、誑相宗、常宗（前四宗同前）、眞宗（法華經）、圓宗（大集經）。

　　F.二大乘：有相大乘（華嚴、瓔珞、大品）、無相大乘（楞伽、思益）。

　　一音：一音教（北地禪師，眾生隨不同根機理解爲三乘。

（4）唯識宗（解深密經）的判教：有空中三時。同智賢判教

（5）三論宗的判教

　　吉藏：二藏三輪

　　二藏：聲聞藏、菩薩藏；大乘、小乘；半字、滿字。

　　三輪：根本法輪：一乘教、佛乘。枝末法輪：三乘教。攝末歸本：會三歸一。

（6）天台宗的判教：五時八教

　　五時華嚴時、阿含時、方等時、般若時、法華涅槃時。

　　八教化法四教：藏、通、別、圓。

　　化儀四教：頓、漸、祕密、不定。

（7）華嚴宗的判教：五教十宗

-五教：小、始、終、頓、圓。

-十宗：我法俱有宗、法有我無宗、法無去來宗、現通假實宗、俗妄真實宗、諸法但名宗、一切皆空宗、真德不空宗、相想俱絕宗、圓明俱德宗。

-法藏四宗：

隨相法執宗：同五教小乘教。

真空無相宗：同五教空始教。

唯識法相宗：同五教相始教。

如來藏緣起宗：同五教大乘終教。

（8）律宗的判教

化、制二教。

化教三教：性空教、相空教、唯識圓教。

制教三宗：實法宗（薩婆多部）、假名宗（曇無德部）、圓教宗（唯識圓教）。

（9）密宗的判教

A.中國真言宗的判教

有顯密二教及十住心判教。

十住心：

人天乘：

1.異生羝羊心：指凡夫。受煩惱困擾，但念淫食，如彼羝羊。

2.愚童持齋心：人間行世善守五戒之果報。發現道德，儒教的境界。

3.嬰童無畏心：修十善，求生天上。超俗志向。印度哲學、老莊思想的境界。

小乘教：

4.唯蘊無我心：已空人我，唯存五蘊。小乘佛教中，聲聞的境界。

5.拔業因種心：觀十二因緣，拔惑業因緣之種，出於三界。小乘佛教中，緣覺的境界。

三乘教：

6.他緣大乘心：起度他之無緣大悲。大乘佛教中，唯識、法相宗的境界。

7.覺心不生心：起八不之正觀，無知心性本來清淨，不生不滅，此是三論宗的住心。大乘佛教中，中觀、三論宗的境界。

一乘教：

8.一道無爲心：一道即一乘法，生佛不二，無相無爲，—大乘佛教中，天台宗的境界。

9.極無自性心：緣起無自性，無自性之極致，則事事無礙。此大乘佛教中，華嚴宗的境界。

金剛乘教：

10.祕密莊嚴心：祕密莊嚴即是曼荼羅。此眞言密教的境界。

B.藏密的判教

1.三士道：下士道（人天道）、中士道（小乘）、上士道（菩薩）。

2.六乘：事、行、瑜伽、麻哈（摩訶、生起次第）、阿努（圓滿次第）、阿底（大圓滿、大手印）。

3.九乘次第：上六乘，加審底、龍底、滿雅底。

4.十二乘次第：上九乘，再加無上阿底、姐底、仰底。

（10）淨土宗的判教

1.易行道、難行道：出龍樹十住毘婆沙論。此宗屬易行道。

2.聖道、往生淨土二門：出道綽安樂集。此宗屬往生淨土。

3.聲聞菩薩二藏、漸頓二教：出善導觀經疏。此宗屬菩薩藏、頓教攝。

（11）李汝鈞的當代判釋

捨邊中道、法有我無、即法體空、

識中現有、挾相立量、空有互融、

佛性偏覺、佛性圓覺、委身他力、

無相立體、佛性解構。

（12）太虛、印順的判教

-太虛：法性空慧

法相唯識、法界圓覺

-印順：性空唯名、虛妄唯識、眞常唯心

（13）宗密的判教：三教三宗

三教：將識破境、破相顯性、眞心即性。

禪宗三宗：息妄修心宗、泯絕無寄宗、直顯心性宗。

請參閱《佛法三百問》224 問：「各宗判教有何異同？」

（14）道生之判教（見 88 問）

善淨法輪（人天乘）、方便法輪（二乘）、眞實法輪（菩薩乘）、無餘法輪（究竟佛乘）。

（15）慧光：因緣宗、假名宗、不真宗、真宗

道寵：上四宗加法界宗。

（16）淨影慧遠

二藏（大小乘）、四宗（立性、破性、破相、顯實）。

44. 各種大乘可以混合修持嗎？

（1）禪密

紅教寧瑪派認爲大圓滿是一種「大中觀見」即也是如來藏思想。

而禪宗在六祖以前，用「入楞伽經」印心，此經所說亦是如來藏思想（如來藏結合唯識）。

所以密宗與禪宗似有同樣「如來藏見地」的源流，只是二者之修行方法不同。

故禪密雙修，可以密之修行方法補足禪之行法。

請參閱《佛法三百問》197 問：「禪密可以雙修嗎？」

（2）禪淨

唐慈愍慧日、宋永明延壽、宋靈芝元照、明雲棲袾宏（蓮池大師）等人提倡「禪淨雙修派」。可以說是淨土宗自力派與他力流的調和。

自力派以盧山慧遠爲代表，主張往生西方極樂世界，必須依靠自己在世時所修得的「念佛三味」的力量才能往生。

他力派是由北魏曇鸞、隋道綽、唐善導等所倡，主張可以借助阿彌陀佛第十八願的大願力而往生西方極樂世界。以他力派最爲流行。

請參閱《佛法三百問》191 問：「禪淨應該雙修嗎？」

（3）禪教

教有三教：密意依性說相教（有三種：人天因果教，即人天乘；說斷惑滅苦樂教，即小乘教；將識破鏡教，即法相宗、相宗）、密意破相顯性教（即般若、中觀、空宗）、顯示眞心即性教（即一乘顯性教，華嚴宗、如來藏、性宗）。

三禪是指禪的三宗：息妄修心宗、泯絕無寄宗、直顯心性宗。

將三禪的三宗分別與三教融合即是禪教合一。即息妄修心宗與將識破鏡教融合；泯絕無寄宗與破相顯性教融合；直顯心性宗與眞心即性教融合。

原則是以教融合禪門，用經教的標準去限制、同化、改造禪宗。宗密對洪州宗批評最多，要以教限制的主要也是洪州宗（直顯心性宗）。

宗密認為洪州宗以作用爲性，任運爲修，超越一切限制，易形成狂禪，所以需以「眞心即性教」加以限制。

宗密認為相宗（唯識）、空宗（中觀）、性宗（如來藏）此三宗本質是會通爲一的，就機則三，約法則一。所以三教教門不統一，如何會通禪宗？禪教不會通，佛教又如何會通儒教？三教不統一，又如何發展中國佛教？

認為「眞空」與「妙有」極相違，方極順也。

-即息妄修心宗與將識破鏡教融合：

宗密指出二者相同之處，即所息的妄（無明）與所破的境（我法二執）其實都是相同，而唯識認爲境從識現，禪宗認爲妄空，境與妄都是虛幻，所以教宗二者可以融合。

但宗密未指出二者相異之處，即唯識的阿賴耶識是染淨和合，而禪宗的心是如來藏心，是阿賴耶識的本體，常淨及本淨。

-泯絕無寄宗與破相顯性教融合：

教與宗兩者「全同」，都主張一切皆空，連空也空。修行上

宗講泯絕無寄，心不滯於一物；教也說破相顯性，心無著無住。如三論宗與牛頭宗即是佳例。而且可以避免此宗此教被批評為「撥無因果」，此處是因果皆空，即因即果，而非撥無因果。並舉龍樹與無著相融，清辨與護法相融來說明教宗融合。

　　-直顯心性宗與真心即性教融合：

　　教宗二者也是完全一致。都講空寂真心，空寂體上又都有知。

　　修行上，宗講無念，頓悟漸修，教也說頓悟漸修相結合。

　　此一層次的融合極具意義，因破相顯性只講寂滅心，不說真知；破境顯識則是不懂知。

　　宗密主張華嚴宗和荷澤禪融合，即是華嚴禪。

　　華嚴宗和荷澤禪可以互釋而融合。將華嚴的智與荷澤的寂知統一。又認為華嚴的解脫有性淨解脫，是頓悟的；離障解脫，是漸修的，很像荷澤宗的頓悟漸修論。

　　請參閱《佛性辨正》P251-252。

（4）三論宗吉藏大師的著作

　　三論宗吉藏大師的著作有《無量壽經義疏》及《觀無量壽經義疏》。

　　此二經為淨土三經中之二經，足見三論宗大師對淨土宗之重視。

（5）天台、華嚴入淨土

　　A.天台智者大師歸入淨土

　　智者大師的「淨土十疑」

　　請參閱《佛法三百問》問 274、275。

B.華嚴法藏大師歸入淨土

《探玄記》於初地立念佛十門。「念當得」念他成已為總門，以「念」他佛成就之歡喜心信己當如是得。餘別開九門，為：念法、念佛菩薩、念佛行、念佛淨、念佛勝、念佛不退之力、念佛教化之法、念佛能廣利益眾生、念佛所。

法藏將功德雲比丘之二十一種念佛法門再分德相、業用二門：

1.念佛勝德圓備

2.念佛妙用自在

（6）大乘起信論入淨土

「懼怕信心難可成就，意欲退者，當知如來有勝方便，攝護信心。」

「若人專念西方極樂世界阿彌陀佛，所修善根迴向願求生彼世界，即得往生，常見佛故，終無有退。」

請參閱「大乘起信論義記別記研究」第三部分十四之（四）念佛法門 P524-525。

印度大乘佛學三大系：中觀、唯識、如來藏

中觀、般若（45-62 問）

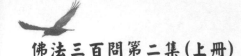

45.般若思想是什麼？

什麼叫般若波羅密？

依大智度論：「云何名般若波羅密？答曰：諸菩薩從一發心，求一切種智，於其中間知諸法實相慧，是般若波羅密。佛一切諸煩惱及習已斷，智慧眼淨，應如實得諸法實相。諸法實相即是般若波羅密。」

由上知，知諸法實相慧，就是般若波羅密。

而什麼是諸法實相？

一切諸煩惱及習已斷，智慧眼淨，即是諸法實相。

問曰：「云何是諸法實相？答曰：此中實相者，不可破壞，常住不異，無能作者。若菩薩觀一切法，非常非無常，非苦非樂，非我非無我，非有非無等，亦不作如是觀，是名菩薩行般若波羅密。是義捨一切觀，滅一切言語，離諸心行，從本已來不生不滅如涅槃相，一切諸法相亦如是，是名諸法實相。」

什麼是諸法實相，如上文所言即是。

46.阿含之空與阿毘曇之空有不同嗎？

（1）阿含之空

1.在生滅無常中去觀五蘊性空。

2.六處、十二處法門與空無我是相符順的。

3.緣起法叫空相應緣起法。

緣起法有三條律：流轉律、還滅律、中道空寂律。

此滅故彼滅的滅是涅槃之滅，是純大苦聚滅，是有為變遷法之否定。

4.緣起法的空相應上顯示其歸宿涅槃。

在緣起中，顯示一切唯是如幻的緣起，我性本空，所以我性不可立，即無我。

以緣起離斷常見（雜阿含九六一經）；以緣起離十四不可記見（雜阿含九六二經）。離三際見（第四八經）。

5.阿含的空是我無法有。

部派佛教的說一切有及經部也承續這種思想。

雜阿含二六二經：「不復見我，唯見正法。」

（2）阿毘曇之空

舍利弗昆曇卷十六道品：「何謂空定？以我空，我所亦空。六空：內空、外空、內外空、空空、大空、第一義空。以何義空？以我空，我所亦空，常空，不變易空。」

大毘婆沙論第八卷：十種空：「十種空者，內空、外空、內外空、有為空、無為空、散壞空、本性空、無際空、勝義空、空空。」

般若經所說的十八空、二十空，其實是將阿含經中各處所說的空，匯集而成的。

根據雜阿含，瑜伽師地論七種空：「一後際空、二前際空、三中際空、常空、我空、受者空、作者空。」

阿毘曇受阿含經影響，也主張我無法有。及三世實有，法體恒有。

47.龍樹的空與八不是什麼？

一、龍樹的空

空的定義：

「眾因緣生法，我說即是空，亦為是假名，亦是中道義。未

曾有一法，不從因緣生，是故一切法，無不是空者。」

緣起法就是法的自體空，法為假法，也是非空非假的中道。

二、八不

「不生亦不滅，不常亦不斷，不一亦不異，不來亦不出。能說是因緣，善滅諸戲論，我稽首禮佛，諸說中第一。」

八不也是中道，離常斷（時間），一異（空間），來出（速度）。故中道即是不生不滅。

48.空與中道有不同嗎？

「眾因緣生法，我說即是空，亦為是假名，亦是中道義。未曾有一法，不從因緣生，是故一切法，無不是空者。」

龍樹的空是法的自性空，因為自性空，所以須其他主緣及助緣才能生起萬法，所以說因緣法，我說即是空。

而這生起的法，只要緣散即滅，是假名說法，而非法常有不滅，所以說亦是假名。因自性空遇緣即能再生起，所以非「無」。生成的法雖有，但只是假有，故非「有」。非無（空）非有（假）即是中道。故自性空或假法都是中道。

49.什麼是空用、空性、空義？

龍樹是以空用，空性，空義三者來說空性。

（1）清辨的解說
空用：空性之用。是止滅一切戲論。將分別、業與煩惱，與

戲論一齊止滅。

空性：是指遠離一切執著。將主體、客體、有與無、生死與涅槃等，這些都是相對性的分別，而且是各自作為自體而成立（有自體）的執著，遠離這些執著，即是無分別智，這是空性見其自身的智慧。

空義：空性之義，指眞如。即無分別智的對象，即眞如。

（2）月稱的解說

空性之用：止滅一切戲論。與清辨同。

空性：止滅戲論，超越了分別的眞如（法性），是自證的，超越思惟，平等一味的眞實本身。

空義：戲論寂滅的本身，即涅槃，超越有與無。

50. 龍樹迴諍論的空與量為何？

一、量

正理學派認為獲得正確知識的方法有四種，即四量：現量，即知覺；比量，即推論；聖言量（阿含量），即聽聞；譬喻量，即比較或認同。

迴諍論最主要工作之一即是指出正理學派的四量是虛幻不實。

龍樹認為此四量犯了「無窮之過」，所以四量的正確性無法證明，則由四量獲得知識的方法是「空」的，所得知識也是「空」的。但正理學派反駁，四量可以自己證明自己是正確的（火能照他，又能自照）。

龍樹批判說，火本來即是亮的，並不是自照以後才亮，所以此喻不恰當。

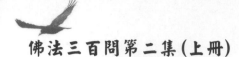

龍樹以爲，四量要依自或他來證明其可靠性是不可能的。

並回答正理學派的問難：「空可以否定自己嗎？」。龍樹以爲，空本身之自體雖無，但仍有功能。空不是否定一切法，只是否定法有自體，如瓶雖是空的，但有裝持的功能。所以空是否定事物的本質，而不是否定事物的存在。

二、空

空是「空」法的自體或自相，而非「空」法的存在。但沒有自體的存在是虛妄的存在。有與無的自體都是空。空的自體也是空，所以如般若經所說：「空空。」

龍樹回答正理學派的問難：「空可以否定自己嗎？」龍樹以爲，空本身之自體雖無，但仍有功能。空不是否定一切法，只是否定法有自體，如瓶雖是空的，但有裝物的功能。所以空是否定事物的本質，而不是否定事物的存在。

龍樹注十八空的空空：「空，破一切法，唯有空在。空，破一切法已，空亦應捨，以是故，須是空空。……以空捨空，故名空空。」

中論：「若不依俗諦，不得第一義；不得第一義，則不得涅槃。」

51.金剛經與心經說些什麼？

（1）金剛經

金剛經是佛於「大般若經」十六會中第九會所說。全經五千八百餘字，文簡意賅。

在中國有六種異譯本：

1.姚秦鳩摩羅什：金剛般若波羅蜜經

2.北魏菩提流支：佛說金剛般若波羅蜜經

3.陳眞諦：金剛般若波羅蜜經

4.隋達摩笈多：金剛能斷般若波羅蜜經

5.唐玄奘：能斷金剛般若波羅蜜經

6.唐義淨：能斷金剛般若波羅蜜經

釋名：金剛比喻般若。金剛至堅至利，能壞一切而不能爲一切所壞。

般若，梵語，漢譯智慧，如金剛能破除一切煩惱執障，而不爲一切煩惱執障所破。

波羅密，漢譯到彼岸，即從生死此岸，到不生不滅的涅槃彼岸。

所以全名意即，用金剛智慧破一切執，掃一切相，打破封著，體認實相，獲得涅槃解脫。

六種漢譯本以羅什譯本在中土最爲流行。

以下略述金剛經的要點：

其一、在金剛經開頭須菩提啓請的部分，羅什如下翻譯：「善男子、善女人發阿耨多羅三藐三菩提心，云何應住？云何降伏其心？」

菩提流支：「云何菩薩大乘中，發阿耨多羅三藐三菩提心，應云何住？云何修行？云何降伏其心？」

義淨：「若有發趣菩薩乘者，云何應住？云何修行？云何攝伏其心？」

羅什以「發阿耨多羅三藐三菩提心；菩提流支加上「菩薩大乘中」；義淨刪掉無上菩提心，改以「若有發趣菩薩乘」。

其二、羅什在四句偈：「若以色見我，以音聲求我，是人行邪道，不能見如來。」

後面少掉魏譯的一偈：「彼如來妙體，即法身諸佛，法體不可見，彼識不能知。」

義淨本也有此偈：「應觀佛法性，即導師法身，法性非所識，故彼不能了。」

其三、採納「即非，是名」的格式。

表達諸法存在，既不能說有（即非，非有），只是假名存在（是名，非無）。

其四、金剛經最後部分對一切有為生滅法作空觀時，以六喻「如夢、幻、泡、影，如露亦如電」。

但流支、義淨本用「九喻」，多了星、翳、燈、雲；少了影。印度無著則用九事解釋此偈：見、相、識、居處、身、受用、過去、現在、未來。使九喻更有確定的意義。

其五、禪宗五祖弘忍將初祖達摩的印心經「楞伽經」改為「金剛經」後，及六祖的倡導，使得金剛經的傳習蔚成風氣，流入民間。

其六、民初大居士江味農對金剛經作本文上的深入考證，發現現行流通本有五十多處已非羅什譯經時的原貌。

而且，發現現行流通本「金剛經」前部分作「云何應住」的地方均寫成「應云何為住」，這和金剛經後部分須菩提所問「云何應住」涵意上有分別。

前問「應云何住」是指菩提心應如何安住，俾無馳散，是為初發大心修行者說。

後問「云何應住」，是指既應離一切相發心，則菩提心云何獨應住耶？若不住此法，又何謂之發心？若不應住而應降伏者，豈非不發心耶？然則云何降伏其心耶？是為已發大心修行者說。

其七、六祖聞「應無所住而生其心」而見性。

其八、智者大師認為「若見諸相非相，則見如來」是金剛經全經的宗旨。

（2）**心經**

1.佛說法四十九年，依天台宗說法分五時：華嚴時、阿含時、方等時、般若時、法華涅槃時。其中般若時就講了二十二年，共有八大部，六百卷，總結為「大般若經」。心經就是從中節選出來，共二百六十個字，言簡意賅，義理完備，內涵豐富，六百卷大般若經的精髓，盡攝無遺。

心經在說一乘法、直指佛性、真如實相，諸法空理。

2.心經五重玄義：釋名、顯體、明宗、辨用、判教相。

釋名：以法喻為名：般若波羅密多心經。

顯體：以「諸法空相」為體。

明宗：以「無所得」為宗旨。

辨用：以破三障（報障、業障、煩惱障）為作用。

判教相：屬於般若時、熟酥時。

3.有七種漢譯本，最流通是玄奘法師譯本，文長二百六十個字。

4.內容精要：

-行深般若波羅蜜多時，照見五蘊皆空。

-色不異空，空不異色：即入菩薩初地，已斷分別我法二執，證分別性我法二空的「如實空依言真如」。

-色即是空，空即是色：已入即空即假即中的佛地。

-受想行識，亦復如是：受想行識也如上色與空的關係。

-諸法空相。不生不滅，不垢不淨，不增不減：即是佛性、真如、如來藏。

-無無明，亦無無明盡：無明盡即是已破最後的根本無明，連空也空掉，即空空。

-無老死，亦無老死盡。

-無苦集滅道：以修道破除所有苦及苦因，證得涅槃寂滅。

-無智亦無得：佛地是智及得均入「即空即假即中」的絕對

中道境界。

　　-無所得：有得、無得均入「即空即假即中」的絕對中道，即入圓覺之佛地。

　　-心無罣礙，遠離顛倒夢想：空有四種層次：二乘的人我空；菩薩初地的分別人我法我空；菩薩八地俱生人我空；佛地（妙覺）的俱生人我法我空。

　　-究竟涅槃：即無住涅槃，證入佛地所得涅槃。入菩薩初地即得無餘依涅槃。證得二乘四果，即得有餘依涅槃。

　　-揭諦揭諦，波羅揭諦，波羅僧揭諦。

　　菩提薩婆訶：

　　-揭諦揭諦：度過去呀，度過去。

　　波羅揭諦：向彼岸度過去。

　　波羅僧揭諦：大家一同向彼岸度過去。

　　菩提薩婆訶：速速證到菩提。

52.中觀思想及中論的四句是什麼？

　　中論或中觀論是龍樹所著。

一、中觀思想

　　「中」是中實及中正，中實是正確真實。中正是離顛倒戲論而不落空有二邊。

　　「觀」的觀體是智慧，觀用是觀察、體悟，以智慧去觀察諸法的中實且中正的諸法實相，名為中觀。阿含經八正道中的正見即是中觀。

　　觀慧有聞所成、思所成、修所成三慧及現證空性的實相慧。

　　正確的觀慧即在觀察「緣起」正法，而通達緣起法的真實

相。所以中觀就是觀中，中是緣起正法，八不是緣起的眞相。中道即是眞相。離常斷、一異、有無即是中道。所以中觀是觀緣起中道的正觀。而體悟緣起的自性空，即性空，體悟緣起而生的假法，即是性空緣起。

即本論說：「眾緣所生法，我說即是空，亦名爲假名，亦是中道義。」空指法的自性空；假指緣起法是虛假；中道指不離空及假。

中論宗的特色即是依緣起法說自性空（勝義諦），依自性空說緣起所生法爲假（世俗諦），依遠離空及假說中道。

二、四句

四句是中論裏最常見的一種論式。

月稱、明句論：「一切實、非實，亦實亦非實，非實非非實，是名諸佛法。」

中觀應成派認爲一切皆空，四句只是假名存在（是名諸佛法）。

但四句都是自體空，都不可執著。

53.印度中觀及中國中觀的歷史爲何？

一、印度中觀

如 54 問所述。

二、中國中觀
1.漢魏、西晉

漢代支婁迦讖的道行般若經、般若三昧經；東吳支謙的般若思想（大明度無極經）；西晉竺法護的光讚般若經、竺叔蘭的放

光般若經。

2.東晉

-清談佛學（支道林講說小品般若經）。

-格義佛學（竺法雅以老莊詮釋空）、道安的道行經序、慧遠以引莊子解釋實相；僧叡以莊子解釋般若；僧肇的般若無知論；竺道生的註維摩詰經。

-般若思想：六家七宗論。鳩摩羅什的注維摩詰經；僧肇的不真空論。

3.南北朝

毗曇宗、俱舍宗、成實宗。

4.隋唐：三論宗（吉藏五四九-六二三）

54.印度中觀的時期及派別為何？

（1）時期

初期：二-五世紀。龍樹、提婆、羅喉羅

中期：五-七世紀。應成（佛護、月稱）及自續派（清辨）

後期：八-十一世紀。中觀瑜伽行派（寂護、蓮花戒）

（2）派別

1.應成：佛護、月稱、寂天

2.自續：清辨

2.1.隨瑜伽行：寂護

A.隨順真相唯識中觀派：寂護、蓮花戒、聖解脫軍

B.隨順假相唯識中觀派：師子賢、傑大里、喇瓦巴

B1.有垢假相唯識派：傑大理

B2.無垢假相唯識派：喇瓦巴

2.2.隨經行：清辨、智藏

55.西藏佛教的中觀思想為何？

（1）西藏佛教是以中觀思想爲主流。前弘期的寂護、蓮花戒，傳入印度的中觀自續派的思想。後宏期的阿底峽及宗客巴，以弘傳中觀應成派的思想爲主。

（2）西藏佛教的中觀思想：

一、

1.我：不以分別心所安立，而以自相存在的自性。

以下爲我之同義字：

自相有：我以自相存在。

自性有：我以自性存在。

諦有：我以自體存在、眞實存在。

勝義有：我以勝義存在。

實物有：我以眞性存在、實質存在、從自方存在。

世俗我：在世俗分別心所安立的我，是存在的。

2.無我

a.指不以自相、自性、自體等存在；非眞實、非眞正、非勝義、非眞性、非實質、非從自方等存在。

b.補特伽羅無我：在補特伽羅上非有我。

人無我：我在人上非有。

法無我：我在眼、耳、色、受、想等法上非有。

3.無我與空性、法界、眞如、勝義諦、等是同義字。

4.安立所依事及遮所依事：

安立所依事：補特伽羅是在五蘊或四蘊上安立，此中五蘊或四蘊稱爲安立所依事。

安立法：補特伽羅稱作安立法。

遮所依事：在人無我及法無我中，所遮（排斥）是「我」，而「遮所依事」是人及法。

二、

1.人無我：在「遮所依事」的人上，將所遮的我完全排除。人無我成立的基本原因是離一多因及緣起正因。

離一多因：因世俗我及五蘊不是以自性存在的一，也不是以自性存在的異。

緣起正因：人不以自性存在，因為人是依緣起而生。

2.法無我：在遮所依事的蘊上，將所遮的法我完全排除。

成立理由為遮法是自生、他生、共生、無因生；遮法是從有生、從無生、從亦有亦無生、從非有非無生；遮一因生一果、一因生多果、多因生一果、多因生多果；遮法是以自性存在的一及以自性存在的多皆不成立；法是緣起生而非自性生。

（3）中觀應成派的重要思想：請參閱本書 P55-57、P59-60

1.勝義及名言均不許諸法以自相存在。

2.粗品、細品二種無我的想法。

3.唯分別心安立，許為緣起的意義。

4.假名我可受業果。

5.外境以自相空的假名存在。

6.不許阿賴耶識、自證分、自續。

7.所知障為煩惱障的習氣及其果業，及對二諦之執。需菩薩八地才能斷所知障。

8.先證無餘涅槃才能後證有餘涅槃。

9.許異生有瑜伽現量。

10.已滅許為有為法。

11.佛了知萬有的不共方式。

12.只許法的自體空，而安立法的假名存在、因果、輪迴。

13.並非只破不立。

56.宗喀巴之中觀思想為何？

宗喀巴於「入中論釋」中將歸謬派的特色有八項：

1.與六（識）聚不同的自性的阿賴耶識。

2.否定自證的想法不是共通的（即否認自認分）。

3.不承認自立派的論式能對敵人之心相續生起真實之見解。（即否定自立派的立論方式）。

4.像承認知識的那個樣子，對於外界的對象也有承認的必要（即承認外境）。

5.聲聞獨覺也會悟到事物的「無自性」（認為二乘也有法無我）。

6.把法執設定為煩惱障。

7.會滅的東西是事物。

8.三時的方式不是共通的。過未是有為法，是「非」的否定，現在是已成立的東西，同時是事物。（即否認過去、未來，承認現在）。

宗客巴認為緣起即是「無自性」，即是「空性」。

無自性只是事物的自體或自相無，而非事物是「無」（不存在），事物仍有「作事能力」，故雖否定自性、但事物仍然是「幻有」，仍是虛妄存在，因為事物有作用力，故仍有因果、輪迴及涅槃。

所以「有自性」與「有」不同。「無自性」也與「無」不同。

有的認識有三種，諦有執、虛有執、唯有執。

現量（即言說智、五根智）可認「唯有」；比量（正理智）

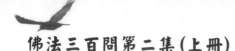

否定諦有，承認虛有。

　　「無自性」是「空」，而不是「無」，兩者不同。

57. 中觀與唯識之關係如何？

（1）對抗關係

　　1.唯識說依他起與圓成實有自相說，月稱認為是不了義；清辨則徹底加以否定。

　　2.月稱的「四百論釋」，糾正護法的曲解。

　　3.安慧的弟子月官到那爛陀寺，與月稱作了七年的長期論辯。

　　4.清辨弟子三缽羅多陀與德慧作了長期論辯。

　　5.中觀者說一切法無自性空，是究竟了義的；而瑜伽者卻認為一切法無自性空是不了義。

　　6.中觀派與瑜伽行派論諍不已，而形成當時佛教界的四大思想：有部見、經部見、唯識見、中觀見。

　　有部是無形象知識論（形象在外界而非在心識內），經部是有形象知識論（心識認識的是外界形象在心識內的投影）

（2）合流關係

　　1.安慧著中論注釋，漢譯名「大乘中觀釋論」。護法為「四百論」作注釋，玄奘譯名「大乘廣百論釋論」。護法的弟子提婆設摩作中論注釋。

　　2.聖解脫軍的「現觀莊嚴論」是「中本般若經」的論。弘揚般若，調和中觀與唯識的論諍。

　　3.綜合中觀與瑜伽的是寂護（靜命）。主張依他緣生法在世俗諦中是自相有，繼承清辨學風。弟子蓮花戒，著中觀莊嚴論精

釋。西元七四七年，寂護應西藏王乞栗雙提贊王的禮請，偕蓮花戒到西藏，尊定了西藏佛教的初基。寂護以為，世俗唯識而勝義皆空，調和唯識與中觀。其實龍樹本意也是以「世俗唯心、勝義心空」綜合瑜伽行與中觀。

4.寂護是隨瑜伽行中觀派，對法稱的七部量論相當推崇，而法稱是唯識有相派，即瑜伽行「隨理行」者，法稱從量論（認識論）論定唯識是究竟的。寂護深受其影響。

58.中觀與如來藏之關係如何？

（1）和流關係：勝鬘經的空如來藏。如來藏本身即是自性空。

楞伽經的無我如來藏。如來藏本身即是自體無（無我）。

（2）對抗關係：涅槃經我是如來藏。

涅槃經的前段強調「我」即是如來藏，但後段涅槃經則主張「大我」的如來藏（常樂我淨）。

59.蓮華戒與摩訶衍的見解有不同嗎？

（1）蓮華戒：與寂護同是中觀自續瑜伽行派之有相派。主張有自認分而不承認外境。

摩訶衍：是中國禪宗神會大師的弟子。荷澤神會主張佛性的寂知，本寂而知。不承認「識」的自認分，認為識的本體是本寂的佛性，其知的作用非識知，也非識的自認分，而是智的知。

（2）摩訶衍師的「禪定頓悟文」，不同於蓮花戒的漸悟思想。

（3）蓮花戒誤解摩訶衍是「不可作任何思」的人及「不可行布施等行」及「捨棄熟慮教養及大乘」。

60.中觀如何修行？及對於涅槃及佛色身的看法為何？

（1）中觀如何修行

蓮花戒的「修習次第」：要致力於慈悲、菩提心、實踐行。

菩薩的實踐行是般若知與方便行兼具。方便是指般若波羅密之外的布施等五波羅密，並包含四攝法爲首的一切善巧。

般若知指聞思修所成三慧。

思慧是由經典與論理，思惟勝義的不生。

修慧是依修習所生的般若知實踐行有止和觀。止是心一境性，觀是眞理之妙觀察。

止有四禪定，四無色定及八解脫等。

觀是由外界實在論，到有形象唯識論，到無形象唯識論，到悟入中觀眞理的法無我觀。

最後須止觀雙運。

即使見勝義時，也不要捨棄世俗。

（2）涅槃

涅槃是指已解脫煩惱，再也不受煩惱之苦。涅槃即是空性，屬於勝義諦。

涅槃有有餘涅槃、無餘涅槃、無住涅槃。

有餘涅槃是指尙有剩餘的身心苦蘊尙未斷盡。小乘如一切有部及經部均主張三乘究竟，在二乘超三界僅得有餘涅槃，須入菩薩初地得意生身，斷盡苦蘊煩惱，才能得無餘涅槃，而三乘究竟之二乘未能入初地，故僅得有餘涅槃。

應成派認爲所知障是煩惱障的習氣及其果業及對二諦之法執等才是所知障，不同於自續派之所知障爲法執。故應成派主張必須先得無餘涅槃才能得有餘涅槃，此不同於自續派以下各宗之須先斷有餘涅槃，才能斷無餘涅槃。

應成派認爲菩薩八地才能斷所知障。小乘無所知障，修道位斷煩惱障。自續派修道位即開始斷所知障，不同於應成派必須八地才斷所知障。

佛是指無住涅槃。

（3）佛色身

唯識及中觀認爲佛身是智慧的化現，並非單由四大所聚合而成的身體，所以佛身具有殊勝的功德。

有部認爲佛陀的身體不是佛，只是色身。經部則認爲佛陀的身體也是佛，因爲已苦修了三大阿僧祇劫。

61.中觀的因明及量爲何？

（1）因明

因明爲古印度發展的佛教邏輯學和認識論，是一種思考方法，也是探索眞理的工具之一，爲五明之一。佛教、耆那教與印度教都受到它的影響。

印度有相唯識派陳那的因明學傳入西藏，已成爲西藏佛教採用因明論式來探討佛學義理的一種特色。

有五支作法：
古因明立宗、因、喻、合、結五支作法。
有三支作法：
新因明立宗、因、喻三支作法而爲言論之法。例如「聲無常

（宗），為所作性故（因），如瓶等（喻）。」此三支中，以因支最重要，故云因明。

　　1.宗與宗依

　　宗是立論者提出的主張，由前陳（自性、有法、所別）、後陳（差別、法、能別）組成。前陳、後陳稱為宗依，均須滿足立敵共許。

　　小前提是「有法」（前陳）與「因」之間構成。小前提不成立即因不成（理由不成立）。

　　大前提是「所立法」（後陳）與因之間構成。大前提不成立，則回答不週遍、不一定。

　　在辯論中，問方不斷提出宗、因來徵詢。答方回答不外：贊成、為什麼、因不成、不遍。

　　若答方的回答，前後矛盾，則答方落敗。

　　若問方問不倒對方，則自己落敗。

（2）量

　　量的分類有多種：

　　1.龍樹迴諍論的量種類。現量（感官知覺）、比量（邏輯推論）、譬喻量（即比較）、阿含量（聖言量，權威人士所說的話）。龍樹因量的內在矛盾而否定了正理學派所提的「量」及「所量」的真實存在性，主張一切皆空。

　　2.集量論略解的量分類。

　　3.宗義寶鬘的量分類：

　　毗婆沙宗

　　認知有：量知、非量知。

　　量知：現量、比量。

　　現量：根現量、意現量、瑜伽現量。

　　非量知：邪知等。

經部宗

認知及量同上。

現量有四種，多自證現量。

非量知：再決識、邪知、疑、伺意、現而未了之知。

唯識宗：量及現量同經部。

中觀宗

自續派：知、量、現量同唯識。自證及瑜伽現量是沒有錯覺的認知。不許外境實有，故青與持青現量二者同體。

應成派

知、量同自續派，但不承認自證現量。有情生命之相續根識都是錯誤認知。瑜伽現量有錯及沒有錯二種。

比量有四：事勢比量、極成比量、度喻比量、信許比量。

4.因明學的量分類：

第一種：

覺知：現識、比推、決斷識、意伺、猶疑、顯而未定、顛倒識。

現識：根現識、意現識、自證現識、瑜伽現識。

比推：信許比推、極成比推、事勢比推。

決斷識：現識決斷識、分別決斷識。

意伺：無理由意伺、理由未定意伺、理由相違意伺。

猶疑：義已轉之猶疑、義未轉之猶疑、等分之猶疑。

顯而未定：根現識顯而未定、意現識顯而未定、自證顯而未定。

顛倒識：分別顛倒識、無分別顛倒識。

第二種：

量：現量、比量。

非量：決斷識、意伺、猶疑、顯而未定、顛倒識。

62.中觀的我、無我、及二諦是什麼？

（1）我
瑜伽行自續中觀派：

粗品補特伽羅我：補特伽羅常、一、自主。

細品補特伽羅我：

補特伽羅能獨立之實體。

一切有及經部之粗細品補特伽羅我，同上。

瑜伽行自續中觀，自續許外境有自相，但瑜伽認外境由心現。

當存有能所（能所異體），是粗品法我。

當沒有能所，則以般若經所說的「光輝的心靈」去現觀法的空性。

（2）無我
（我空即是無我，但成實論認為法空不見得是法無我）

2.1.瑜伽行自續派

粗品補特伽羅無我：補特伽羅常、一、自主空。

細品補特伽羅無我：

補特伽羅能獨立之實體空。

粗品法無我：色（所）與持色之量（能）異體空。

細品法無我：一切法真實存在空。

2.2.經部行自續：許外境，不承認自證分。同一切有部。

2.3.應成派

聲聞只有煩惱障（我執），沒有所知障（法執）。

但緣覺仍有粗品所知障，故其修道是斷粗知所知障；而聲聞修道是斷煩障（我空）。聲聞沒有法執可斷，所以沒有法空。

（3）二諦

-應成：勝義及名言均爲自相或自性空。

-自續：勝義爲自相或自性空，名言爲自相或自性有。

-瑜伽行自續：

A.勝義諦：「主客（能所）消失」的清況下，直觀現量所通達的對象。看到對象的空性。

B.世俗諦：：帶有「主客二顯」的清況下，直觀現量所通達的對象。有正世俗，如水；倒世俗，如陽焰。凡認知都是正世俗。

-應成中觀派：

A.勝義諦：以觀擇「究竟之量」所量得的任何事物。究竟之量即二顯消失的直觀現量。如瓶無自體。

B.世俗諦：以觀擇「名言之量」所量得的任何事物。名言之量即帶有二顯的直觀現量。如瓶。正世俗是色，倒世俗是鏡中色。但應成派名言中自相空，所以凡世俗都是假有，所以都是倒世俗。

唯識（63-69 問）

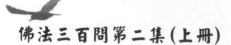

63.唯識學與原始佛教、部派佛教及中國八宗之關係？

一、唯識學與原始佛教、部派佛教之關係

（一）唯識學與原始佛教之關係

1.原始佛教的緣起論確有重視心及由心所造的的傾向。

十二因緣的惑是無明、愛、取等一切煩惱，是內心所有的作用。行及有之業，是屬於色法或非色非心法或思心所的作用。

雜阿含經二六七經：「比丘！我不見一色種種如斑色鳥，心復過是否。所以者何？彼畜生心種種故色種種，是故比丘，當善思惟觀察於心。……譬如畫師、畫師弟子，善治素地，具眾彩色，隨意圖畫種種像類。」

色法的種種，就是由於內心的種種。尤其畫師畫圖的比喻使我們聯想到華嚴經的「心如工畫師，畫種種五蘊……」。可見阿含經的思想對華嚴經的唯心論確有深切的影響。

2.原始佛教的解脫論如四聖諦，主要是從內心滅苦集而證滅。

所以解脫是隨心滅苦所變。

故「由心所造」、「隨心所變」的唯識思想，是啓源於原始佛教的緣起論。

（二）唯識學與部派佛教之關係

1.部派佛教的緣起無常的思想和唯識學的本識、種子、習氣、變現等的無常變化有密切關係。

2.阿育王時代的第三次結集確定了上座部爲正統純潔的佛教。在他們的論典中，在心的方面，有「有分心」，後來被唯識學者當成阿賴耶識。

在大眾部有部的大毗婆沙論中，有「根本識」的說法，這根本識在唯識學者看來，就是阿賴耶識。

有部的發智論，六足論，由五位七十五法發展到心本色末的

諸法唯心論，後來發展成唯識的轉變說。

經部的色心互熏、細意識、種子說。

犢子部的非即蘊非離蘊我。

正量部的不失法。化地部的窮生死蘊等。

這些思想都與日後的唯識學有著密切關係。

二、唯識學與中國八大宗之關係？

（1）俱舍宗

1.俱舍的法相如五位七十五法（唯識是五位百法），及修證斷行位等都是唯識所依。

2.俱舍論的作者世親也是唯識二十論及三十論的作者。

3.具舍論的一些學理為唯識所破。如三世實有，法有我無，三科皆實，中有身等皆為唯識所批評。

（2）成實宗

二重二諦與唯識論的三性二諦，互相發明。

（3）禪宗

楞伽經的「五法三自性，八識二無我」是唯識學上有系統的幾個原理。

（4）淨土宗

唯心淨土：自性彌陀及極樂淨土都不離心。

極樂國土是阿彌陀佛四十八願所造成，此中的願心即是心。

西方淨係土是佛與菩薩等之清淨八識所變現。

觀無量壽經的十六觀想也是心的力量。

古今唯識常教發大乘心者，都發願上生內院，再隨彌勒下生。

（5）律宗

道宣依大乘唯識學上阿賴耶識有受熏持種之義。而唯識所以說十一種色法之受所引色，這受所引色的「戒體」即是阿賴耶識

中的眞淨種子。

（6）天台宗

天台判教中的化法四教之「通」教即指唯識宗。

天台一心三觀與三性之關係：

遍計所執性-空觀-眞諦

依他起性-假觀-俗諦

圓成實性-中觀-中諦

一念三千與萬法唯識

性具與賴耶緣起

六即與唯識位

（7）華嚴宗

賢首十宗與唯識八宗的關係

華嚴宗學者多習唯識

華嚴「三界唯心所作」是唯識要義

唯識之十地菩薩行是依華嚴十地品而建立。

華嚴性起與唯識緣起法相之理相通。

法藏的「一乘教義章」有談及所依心識，種性差別義，行位差引，斷惑分齊義等，均有引據瑜伽唯識諸論。

（8）三論宗

又名破相宗，即破法相唯識教的不了義處，如二諦中道之說，立場不同，稍有屹異。

三論說緣起性空，說空。雖說法的自性空，但不礙法的世俗的緣起假有。

唯識說賴耶緣起，說有。但也說唯識無境，更追求識的唯識性，即我法二空的眞如性，轉識成智。

（9）密宗

一切事相都是象徵物，都是心識所變現。

六大（地水火風空識）緣起，前五大是色，後一大是心識。

身口意三密，意密是觀想本尊或種子字，是一種心力。

兩部曼陀羅，金剛界代表三論般若之佛智。胎藏界代表唯識法相之眾生本具性德。

密宗十住心判教，其中他緣大乘心即是唯識。

64.什麼是解深密經、攝大乘論、瑜伽師地論與成唯識論的心識說？

（1）解深密經

解深密經卷一：「於六趣生死，彼彼有情墮彼彼有情眾中。……於中最初一切種子心識，成熟展轉和合、增長、廣大，依二執受：一者、有色諸根及所依執受，二者、名相分別言說戲論習氣執受。……此識亦名阿陀那識，何以故、由此識於身隨逐執持故。亦名阿賴耶識，何以故？由此識於身攝受、藏隱、同安危義故。亦名爲心，何以故？由此識，色聲香味觸等積集滋長故。」

一切種子心識，成熟增長，因有二執受而稱阿陀那識，亦名阿賴耶識。

（2）攝大乘論

依大乘，諸佛世尊有十相殊勝殊勝語：一者、所知依（阿賴耶識）殊勝殊勝語；二者、所知相（即三性）殊勝殊勝語；三者、入所知相（即唯識性）殊勝殊勝語；四者、彼入因果（即六波羅密多）殊勝殊勝語；五者、彼因果修差別（即十地行法）殊勝殊勝語；六者、即於如是修差別中增上戒（依止持戒）殊勝殊勝語；七者、即於此中增上心（依心修禪定）殊勝殊勝語；八者、即於此中增上慧（依止智慧生無分別智）殊勝殊勝語；九

者、彼果斷（斷二障）殊勝殊勝語；十者、彼果智（得三身四智及無分別智）殊勝殊勝語。

阿賴耶識（所知依）：「由攝藏諸法，一切種子識，故名阿賴耶。……一切有生雜染品法，於此攝藏爲果性故。又即此識，於此攝藏爲因性故，是故說名阿賴耶識。或諸有情攝藏此識爲自我故，是故說名阿賴耶識。」

阿賴耶識可以攝藏萬法的一切種子。一切有生的雜染法都是由阿賴耶識內的因性種子所現行而生的果法。或說有情攝藏識中的我執種子。

「復次，此識亦名阿陀那識。……，執受一切有色根故，一切自體取所依故。」

阿陀那是執持之意，阿賴耶識執受一切有色根，及執持一切法的自體取的種子。

「此亦名心，如世尊說：心、意、識三。此中意有二種：第一、與作等無間緣所依止性，無間滅識能與意識作生依止；第二、染汙意，與四煩惱恒共相應：一者、薩迦耶見，二者、我慢，三者、我愛，四者、無明，此即是識雜染所依。識復由彼第一依生，第二雜染。了別境義故，等無間義故，思量義故，意成二種。」

意二種，其一是六識的等無間緣之所依，其一是有污染意，是雜染所依，因帶有四煩惱。

「阿賴耶識用異熟識、一切種子爲其自性，能攝三界一切自體，一切趣等。」

阿賴耶識有異熟種子，及一切法的種子，及其自體種子。能攝三界一切法的自體，及一切趣生的異熟種子。

（3）瑜伽師地論

瑜伽師地論就是論明三乘行人修習境、行、果相應的境界，本論依次論述了十七種境地界，因此又稱為「十七地論」。

此處僅討論第二地「意」地。

意地有五種體相，即意的自性、意的所依、意的所緣、意的助伴、意的作業。

意的自性，即心、意、識。

「心，謂一切種子所隨依止性、所隨依附依止性、體能執受、異熟所攝阿賴耶識。」

心即阿賴耶識，是一切種子所隨逐的依止體。所隨依附是指無漏種子，阿賴耶識所能攝持只是依止它的有漏種子，而無漏種子只是「依附」於它，所以非它所可攝持。阿賴耶識的體能執持根身器世界及種子，以及支配六道輪迴的異熟種子。

「意，謂恒行意及六識身無間滅意。」

意有二種，一種是恒行意，即恒審思量意；另一種是六識身無間滅意，即可以在六識中無間斷的等流傳遞意，永遠不會滅止。

「識，謂現前了別所緣境界。」

識指可對所緣境現前現量加以了別。

（4）成唯識論

依據唯識三十頌與八識規矩論。

1.阿賴耶識

又稱名為本識（萬法的本體）、種子識（含藏萬法的種子）、阿陀那識（執持根身器世界及種子）、所知依（染淨諸法之所依）、異熟識（引六道生死善不善的異熟果報）、無垢識（入菩薩八地轉為無垢識）、藏識（能藏：含藏種子、所藏：受前七轉識之熏習、執藏：第七識執第八識之見分為我）、三能變識（異熟

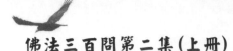
能變）、無覆無記、相應心所有五偏行心所（作意、觸、受、想、思）、三界九地業力受報體。

2.末那識

三能變之恒審思量變、爲帶質境（錯認第八識之見分爲實有自我之認識）、有覆無記（有覆指帶有四煩惱即我貪、我癡、我見、我慢）、三量是非量（誤執第八識見分爲實自我）、具有十八個心所（包括八大隨煩惱、五遍行、別境的慧、四煩惱）、前六識以第七識爲染淨依、入菩薩初地初步轉爲平等性智。

3.第六意識

所對境爲宇宙萬法之法境、三性（善惡無記）都有、三量（現量、比量、非量）都有、三境（性境、帶質境、獨影境）都有、相應心所有五十一種、性界受（性是三性、界是三界、受是五受）恒常轉變更易、根隨性（根是根本煩惱、隨是隨煩惱、性是十一善）相牽連、受引滿業（引業是六道四生業、滿業是個人的富貴壽命）

4.前五識

三性皆有、三境是性境、三量是現量、三界之色界初禪沒有香味二識、二禪以上眼耳鼻三識也沒有了、有 34 個相應心所、六根都有扶塵根及淨色根。眼識需九緣具足，耳識不需「明」緣，鼻舌身識不需「空」及「明」緣。

請參閱《佛法三百問》155 問、156 問、157 問。

《佛性辨正》P315-321。

65.印度瑜伽行派之發源、萌芽、長成、及建立與弘傳，與中國唯識宗之建立、宏傳與實踐為何？

一、印度瑜伽行派

（1）發源

唯識思想的源泉，應從「阿含經」去探索。四阿含是第一次所結集的佛經，約處根本佛教時代，約自佛陀證正覺（紀元前四三一年）至第一代諸弟子末年（約紀元前三五〇年）。

唯識思想起源於阿含經的緣起思想所顯示的「由心所造」及「隨心所變」的重心傾向。

大乘唯識思想大概可以歸納為五類：

a.華嚴經十地品：「三界虛妄，但是一心作。」

b.解深密經卷三：「我說識所言，唯識所現故，……此中無有少法能見少法，然即此心如是生時，即有如是影像顯現。」

解深密經卷一：「於六趣生死，彼彼有情墮彼彼有情眾中。……於中最初一切種子心識，成熟展轉和合、增長、廣大，依二執受：一者、有色諸根及所依執受，二者、名相分別言說戲論習氣執受。……阿陀那識為依止為建立故，六識身轉。」

c.楞伽阿跋多羅寶經、卷四：「如來之藏，是善不善因。……為無始虛偽惡習所熏，名為藏識，生無明住地與七識俱。」

d.阿毗達摩大乘經：「菩薩成就四法，能隨悟入一切唯識，都無有義。……四者，成就三種勝解隨轉妙智。何等為三？一、得心自在一切菩提薩，得靜慮者，得勝解力，諸義顯現。二、得奢摩他，修法觀者，才作意時，諸義顯現。三、已得無分別智者，無分別智現在前時，一切諸義皆不顯現。」

從止觀可以推論「隨心所變」的唯識。

（2）萌芽

部派佛教的小乘諸派因為只有六識說，為建立可以前後代承續及輪迴的主體，以資取代阿賴耶識，遂紛紛提出一些心（上座部的有分心及九心輪義）或識（大眾部的根本識、經部的細意識）、或補特伽羅我（犢子部的非即蘊非離蘊不可說我）、種子說（經部）等，這些說法正孕育了日後唯識有相派或隨教行派的阿賴耶識的建立。

（3）長成

大乘佛教起於佛滅後五百年，約公元一世紀前後，有大乘經的發現及大乘論的創造。

唯識學相關的經有六種：華嚴經、解深密經、楞伽經、如來出現功德經、密嚴經、大乘阿毗達摩經。其中如來出現功德經及大乘阿毗達摩經未譯成漢文。此六經均說到第八阿賴耶識及賴耶緣起論，是唯識的重要思想。

大乘論創作的時代，這是彌勒、無著（公元三一〇年-三九〇年）的時代。

彌勒重要著作：瑜伽師地論、大乘莊嚴論頌、辨法法性論、辨中邊論頌。

無著重要著作：顯揚聖教論、攝大乘論、大乘阿毗達摩論、辨中邊論、大乘莊嚴經論、金剛般若經論。

建立（紀元三二〇-四〇〇年）

建立唯識學是世親菩薩，此時唯識學的思想與組織系統才算完成。世親有千部論主之稱。最重要的著作是唯識二十論與三十論。

（4）宏傳

世親後的著名學者有：陳那（集量論、世親弟子）、德慧（世親弟子、攝大乘論釋）、安慧（德慧弟子、唯識三十論釋）、護法（大乘廣百論釋，弟子戒賢）、難陀、法稱（集量論釋）、寂

天（公元六五〇-七五〇、入菩薩行論頌、攝眞實義論）。

二、中國唯識宗

（1）玄奘的唯識宗

玄奘傳唯識學於中國，成立唯識宗。

玄奘傳與慈恩（窺基），唯識學之研究，慈恩大師之功績最爲偉大，因此又有稱爲「慈恩宗」，其著作爲「成唯識論述記」六十卷最爲出名。

同時期有「唐時六家」：慧觀、立範、義寂、普光、圓測。

同時有「唯識三大部」：窺基之成唯識論述記、慧沼之成唯識論了義燈、智周之成唯識論演祕。

（2）攝論系之唯識學

唯識學之經論，遠在唐以前就有翻譯了。唐以前傳唯識者，首推眞諦，弘揚無著的「攝大乘論」，尤其它的八識說、阿賴耶識爲宇宙萬有的本體、唯識無塵等。

眞諦譯有：無著的攝大乘論釋、決定藏論、大乘起信論。

（3）地論系之唯識學

中國在南北朝時，另有地論派討論世親所造之「十地經論」，以阿賴耶識爲如來藏緣起。此派有南道及北道二派。南道主張阿賴耶識即爲如來藏，爲純淨織。以勒那摩提、慧光爲首。北道受攝論之影響，主張阿賴耶識爲污染識，另立第九識阿摩羅識爲淨識。以菩提流支、道寵爲主。後被併入攝論派。

（4）宏傳

唯識學自唐以後，即成絕學。但宋朝時，有永明延壽禪師作宗鏡錄，廣明唯識教理。明朝時有蕅益大師作唯識心要，亦闡揚唯識。

因唐朝之疏漸失，絕學難以復興。至民國初年楊文會仁山居士自日本取回唐人疏，翻刻流通，唯識才有復興之兆。

　　民初，尚有太虛大師、歐陽竟無居士、韓清淨居士等，設立佛學院，大開講席，絕學才漸漸恢宏，迄今不墜。

　　台灣唯識目前也有人弘揚，然仍難敵淨土宗及禪宗之興盛。

（5）實踐

　　1.成唯識論的修行五位：資糧位、加行位、通達位、修習位、究竟位。

　　2.莊嚴論的瑜伽五階梯：第一階梯（持）資糧道、第二階梯（作）加行道、第三階梯（鏡）見道、第四階梯（明）修道、第五階梯（轉依）究竟道。

　　3.阿毘達摩的五道：順解脫分、順抉擇分、見道、修道、無學道。

　　請參閱《佛法三百問》99 問：「各宗的修行位階有不同嗎？」

　　《佛性辨正》P144-145、341-347。

66.西藏之唯識學有何特色？

一、西藏與中國之唯識所承傳自印度之流派不同

　　中國的唯識宗是唐玄奘所創，而玄奘是傳承自印度的護法、智賢及陳那的一派，是偏於有相唯識派，但陳那的因明及量論在中國並未受到大力弘揚。

　　西藏的唯識及中觀瑜伽行是直接傳自印度中期及後期的大乘佛學，包括印度中觀瑜伽行派及古唯識派。故西藏的唯識較偏向於印度後期的難陀，安慧的無相唯識派及寂護、蓮花戒的中觀自續隨瑜伽行派。直至黃教宗客巴改革派興起，才偏重中觀應成派。

二、西藏的唯識瑜伽行派的根道果

一切法都只是心的體性而已，又稱唯心宗。又此派從瑜伽行的觀點確立修道的實踐，所以也稱瑜伽行派。

主張依他起眞實存在，而不承認外境。

（一）根

（1）所知境

A.一切所知概括爲三性，一切有爲法是依他起性、一切法性是圓成實性、其餘諸法是遍計所執性。

這三種法都是以三自性存在，然而遍計所執無實，依他起及圓成實是眞實存在。

遍計所執：勝義上不存在，以概念性質存在的法。有假立名言遍計（如所知）及不得義相遍計所執（如人法兩種我）。

依他起：依託其他因緣而生，並且又是圓成實所依的法。有清淨依他起及不清淨依他起。前者如聖者的後得智、佛的相好。後者如有漏取蘊。

圓成實：空掉我法二執的眞如性。有不顚倒圓成實及不變易圓成實。前者如聖者的三摩四多智。後者如法性。

B.所知分世俗諦、勝義諦。

世俗諦：觀察思擇「名言」的理智量緣得之境。

勝義諦：觀察思擇「勝義」的理智量緣得之境。

遍計所執不以自相存在。依他起及圓成實均以自相存在。

隨教行主張色等五塵不成其爲外境，因爲五塵是藉著阿賴耶識中的不共業種子，從內識的體性上所生起的現行。

眞相唯識派認爲色等五塵雖非外境，仍可成立相分上的立體物象。

假相唯識派則認爲相分上無法成立其立體物象。

（2）能知心（有境）

隨教行主張八識，阿賴耶識是補特伽羅。

隨教行認為阿賴耶識緣其識內的種子，但不辨其行相，本身屬無記，而且是無覆無記，三界均有阿賴耶識，有善法也有不善法，所以是無覆無記。而且染汙意的末那識則緣阿賴耶的見分為我，故是有覆無記。阿賴耶識是持久堅固的主體意識，具有五遍行心所。

隨理行主張六識，意識是補特伽羅。

唯識宗的「量」看法，量分現、比二量。現量有四量（根、意、自證、瑜伽），其中後二量都是沒有錯誤的認知，

真相唯識派認為，持青眼識中，現分所現青色映相是沒有錯誤的認知（即有立體形相）；假相唯識派則認為相分的映相是假的，而且凡夫的根現量都是錯覺，而意現量則有錯及非錯。

（二）道

（1）修道之所緣

粗品補特伽羅無我：

a.四諦的差別法-非常等十六行相。

b.補特伽羅常、一、自主之我空。

細品補特伽羅無我：

補特伽羅能獨立之實體空

粗品法無我：由無方分極微所合集之外境空。

細品法無我：

a.色（所取）與持色之量（能取）異體空，即有能所。

b.分別心所執境之自相空。

二種細品無我都是指空性。唯識宗主張滅諦和涅槃二者都是空性。

並主張有為諸法（所量）即所持彼法之量是同質；而無為諸

法（所量）與其量爲同體，即能所無分。

（2）修道之所斷

所斷有煩惱障與所知障兩種。

煩惱障指粗細補特伽羅我執及種子，及六根本煩惱及二十隨煩惱。

所知障即法我執及其習氣。

菩薩眾以所知障爲修道所斷主體，不同於小乘以煩惱障爲修道所斷主體。

（3）修道之性質

三乘有五道（資糧、加行、見、修、無學）。大乘則在五道之上更有十地的建立。

（三）果

隨教行者主張，專趨寂滅的小乘羅漢不能轉入大乘道（屬於五種性之聲聞緣覺性），菩提圓轉的羅漢可以轉入大乘道（屬於五種性之不定、菩薩種性）。

轉入大乘是從有餘涅槃轉入，不是從無餘涅槃，因爲此派主張究竟三乘。

隨理行者主張究竟一乘，所以所有小乘羅漢均可轉入大乘道。

具有大乘種性者，以屬於法無我的圓成實性爲所修主體，依五道、十地循序漸進，約需修三大阿僧祇劫。

佛經有了義及不了義之差別。

解深密經所說之空、有二法輪是不了義經，中道法輪是了義經。

涅槃有二種，即有餘、無餘、無住涅槃。

佛身有三身，法、報、化身。法身又有體性身與智法身二種。體性身又包含法爾清淨及忽爾離垢兩類。

67.有相唯識與無相唯識有何不同？

一、唯識宗的分派

真相唯識派與假相唯識派。

隨教行唯識派（尊奉瑜伽師地論）與隨理行唯識派（尊奉七部量論）。

（1）真相唯識派

能取所取等數派、半卵對開派、摻雜無二派。

如眼識攝取蝶翅花紋時：

能取所取等數派：能取的心可以「如實」生起蝶翅花紋的各種不同青黃色的映相，此映相與所取境的境相一樣。

半卵對開派：

能取的心只能「渾然」生起蝶翅花紋的各種不同青黃色的映相，此映相與所取境的境相渾然類似。

摻雜無二派：

能取的心只能「渾然」生起蝶翅的「花紋」映相，所取境的境相也只是花紋，沒有各種青黃色。

（2）假相唯識派

有垢（心體受到無明習氣的染汙）、無垢（心體絲毫不受無明習氣的染汙）。

二、世親以後的大乘學派

世親學派傳承瑜伽行

學派-難陀、安慧的無相唯識說-陳那與護法有相唯識說-量論的組織-戒賢、親光的佛地學說-堅慧對如來藏思想的發展-清辨與中觀學派。

三、有相唯識與無相唯識

玄奘譯傳的是有相唯識說，名曰新譯。他之前所傳譯的是無相唯識說，屬於舊譯。

（1）有相唯識

1.陳那：除相見二分外，另有自證分。當見分去認知相分時，自證分便給以證知。

陳那主要弘揚「瑜伽師地論」及因明（陳那八論）及量論（集量論）。

認為境不在心外，在心的相分，相分是實在的，而見分也有其行相，這種唯識無境說稱為「有相唯識說」。認為阿賴耶識內的種子與相分「相互為因」。見分帶行相之說在「經部」可以找到淵源，所以是隨順經部的，也是隨理的，而非隨教的。

見分是能量，相分是所量，自認分自己認識自己叫「量果」，所以是三分說。

陳那的量：

當時印度各派對量的種類，說法極多，約可分為六種：現量（感性的）、比量（推理所得）、聲量（聖教量或聖言量，各自信仰的聖教）、喻量（類推）、義準（舉一個準知另一個）、隨生（一個跟隨一個出現）。後三類屬於直接推理。

陳那將六種簡別為二種，即現比二量。

現量是離開概念。比量是運用概念。

概念是由否定一方的遮，來表示另一方的詮。如青是非「非青」。

陳那對「過類」（過失的一類）作了特別的簡別。

2.護法

入陳那之門，弟子是戒賢。對世親的二十論、三十論均有作注。

玄奘有他「三十論釋」的手稿，回國後吸收其他九家之注，

編譯為「成唯識論」。

護法主張四分說。再多「證自證分」。見相分是外圍的，心的核心部分屬於內緣，自證分是所緣，證自證分是能緣。

關於種子說，難陀主張新熏，護月主張本有，護法則主張既有新熏也有本有。

護法重視「密嚴經」，密宗已有在那爛陀寺萌芽，當然另有佛護、清辨的中觀。

（2）無相唯識

1.難陀：主張見相分二分說。相分是無體的，見分也無其行相。後世稱為「無相唯識說」。

2.安慧：雖說有三分，只承認自認分。見相二分是二取，是遍計所執，是不實在的，所以謂之「二取無」（這與難陀說法不同），只有自證分才是實在的，屬於依他起的性質。所以三分說反而變成一分說。

《佛性辨正》P351-353。

68.唯識與中觀的關係為何？

中期中觀學派由於論證方法的不同而分裂為「歸謬論證派」與「自立論證派」。

此時期對於瑜伽行唯識學派，仍持有強烈的對抗意識。

直至後期中觀派寂護時代（西元七二五-七八四），才將瑜伽行派學說評價為比「有部」或「經量部」高，而開始將瑜伽行派的學說吸收入中觀體系中，成為所謂的「瑜伽行中觀派」的一種綜合學說。

寂護的中觀學派老師「智藏」著有「瑜伽修習道」，開始融合瑜伽行派。寂護，是住那爛陀寺的學僧，著有「真實要義」、

「中觀莊嚴論」。

　　寂護認爲中觀是以直觀「空性」爲最高眞理，但在世間的眞理應以「唯識無境」爲立場，可謂是「瑜伽行中觀派」的人。同時，他也贊成清辨的由定言的推論式來論證中觀的眞理，所以他是「中觀自續派隨瑜伽行」人。

69.唯識與如來藏的關係爲何？

一、印度中期如來藏系的興起

　　對於晚出的如來藏系經如大般涅槃經、勝鬘經，無著的著作中對此如來藏思想並沒有多少發揮。而世親雖著作「佛性論」，但玄奘一系並不太信用它。

　　世親之後，堅慧則就如來藏作了進一步的研究。留傳的著作有「法界無差別論」、「究竟一乘寶性論」（藏譯本認爲是彌勒所著）。

二、唯識與如來藏結合的經典

　　我們要談「阿賴耶識」與「如來藏」的關係，就要依據如來藏體系的經論，比如說「楞伽經」、「密嚴經」、「大乘起信論」、「楞嚴經」等。

　　唯識學的本義，是以「唯識性」的我法兩空的眞如空性來解說「如來藏我」。

　　（1）楞伽經

　　阿賴耶識與如來藏結合即稱「藏識」。

　　「如來之藏，是善不善因。……爲無始虛僞惡習所熏，名爲藏識，生無明住地與七識俱。」

（2）密嚴經

「諸仁者。一切眾生阿賴耶識。本來而有圓滿清淨。出過於世同於涅槃。譬如明月現眾國土。世間之人見有虧盈。而月體性未嘗增減。藏識亦爾。普現一切眾生界中。性常圓潔不增不減。」

「世尊說此識，爲除諸習氣，了達於清淨，賴耶不可得
　賴耶若可得，清淨非是常，如來清淨藏，亦名無垢智
　常住無終始，離四句言說，佛說如來藏，以爲阿賴耶
　惡慧不能知，藏即賴耶識，如來清淨藏，世間阿賴耶
　如金與指環，展轉無差別。」

（3）大乘起信論

-摩訶衍體相用：

心眞如相即示摩訶衍體。即是如來藏。

心生滅因緣相能示摩訶衍自體相用。心生滅即是阿賴耶識的體相用整體表現。

-心生滅者依如來藏故有生滅心。

阿賴耶識的緣起須依賴如來藏本體的啓動。

-阿賴耶識是不生滅與生滅和合。

阿賴耶識的體是不生滅的如來藏；生滅是阿賴耶識體相用的整體表現。

-阿賴耶識有覺及不覺二種表現。

覺有本覺及始覺。本覺即是眞如、如來藏。始覺是由阿賴耶識的不覺修成始覺，始覺即同本覺。

阿賴耶識的不覺有根本不覺及枝末不覺。

根本不覺是根本無明；枝末不覺是枝末無明。

-眞如熏習：眞如與無明可以互熏。

眞如熏無明，可以使阿賴耶識往不生滅的始覺走。

無明熏眞如，可以使阿賴耶識往不覺的生滅走。

　　請參閱「大乘起信論義記別記研究」P121-155、P419、
P438、P439-443。
　　（4）楞嚴經
　　「阿難！汝猶未明一切浮塵諸幻化相，當處出生隨處滅盡，
幻妄稱相，其性真為妙覺明體，如是乃至五陰、六入，從十二處
至十八界，因緣和合虛妄有生，因緣別離虛妄名滅，殊不能知生
滅去來，本如來藏常住妙明，不動周圓妙真如性，性真常中求於
去來、迷悟、死生，了無所得。」

三、唯識派可分成順真相唯識派

　　如來藏思想從印度傳入西藏後，藏傳佛教學者傳統上認為，
根據對如來藏的見解，唯識派可分成順真相唯識派，又稱真心
派，認為如來藏實有，主張他空見（覺朗派）。另一派為順假相
唯識派，又稱妄心派，主張如來藏緣起，持自性空見，認為阿賴
耶識即是如來藏。

如來藏（70-74 問）

70. 如來藏思想是什麼？

如來藏梵文是 tathagata-garbha，tatha 是「如」，gata 是「去」，Farnham 是「胎」，簡言之，即藏起來的如來，是一種潛能，將來可成就如來。

如來藏思想有五方面的意義：

其一、如來藏是成佛的潛能。

其二、如來藏是一種超越的主體或本體。

其三、如來藏是常住的大我。

其四、眾生悉具如來藏。

其五、如來藏雖無實體，但有「實在」的功能體。

寶性論之如來藏，依四義有四名：法身、如來、聖諦、涅槃。

依勝鬘經：「如來藏者，是法界藏、是法身藏、出世間藏、性清淨藏。」

71. 如來藏系有哪些經典？

早期：

華嚴經、如來藏經、勝鬘經、涅槃經、大法鼓經、不增不減經、央掘摩羅經、無上依經。

中期：佛性論、大乘莊嚴經論、攝大乘論釋。

晚期（400-650）：大乘起信論、楞伽經、密嚴經、寶性論（五世紀）。

72.如來藏思想的起源及心性本淨說如何形成？

（1）如來藏思想的起源

大約興於西元三世紀，盛弘於四、五世紀中葉。

晉末宋初傳入中國的如來藏思想，由竺道生將它與儒、道兩家學說結合起來。

世親於十地經論中承認有清淨心。「十二因緣分，皆依一心」「此是二諦差別，一心雜染和合因緣集觀」此一心有點類似起信論的真妄和合的阿賴耶識。

佛性論主張本有清淨識。「佛性者，即顯此人、法二空真如」。由真如發菩提心，成就法身（應得因）；由菩提心而向於修行（加行因）；由修行而成就智、斷、恩三德（圓滿因），這就是有名的三因佛性說。世親的佛性論已比「阿賴耶緣起」更甚，而趨向於「如來藏緣起」之傾向。

華嚴經已主張一切眾生具有「如來智」，而明確表示眾生具有「如來藏」的是如來藏經、勝鬘經、涅槃經前分、大法鼓經、不增不減經、央掘摩羅經。

（2）心性本淨說

1.原始佛教的自淨其意

2.此心極光淨

增支部、一集：「比丘眾，此心極光淨，而客隨煩惱雜染，無聞異生不如實解，我說無聞異生無修心故。」

此句，無聞異生指無聞眾生，因被客隨煩惱所雜染，而無法如實了解「此心極光淨」。

「比丘眾，此心極光淨，而客隨煩惱解脫，有聞聖弟子能如實解，我說有聞聖弟子有修心故。」

此句指，有聞聖弟子因已經解脫客隨煩惱，所以能如實了解

「此心極光淨」。

3.心性本淨說

A.部派佛教的心性本淨說

在部派佛教中，大眾部及分別說部均主張「心性本淨」。

異部宗輪論：「大眾部、一說部、說出世部、雞胤部本宗同義者，……心性本淨，客隨煩惱之所雜染，說為不淨。」

印度的分別說部，如化地部（說一切有部稱其為分別論者）。

阿毘達摩大毘婆沙論」卷二七：「有執心性本淨，如分別論者。彼說心本性清淨，客塵煩惱所染汙故，相不清淨。」

一心相續論者也主心性本淨。

但說一切有部及犢子部、經部，認為分別論者所誦的經是「非經」、「非了義經」，否定了「心性本淨」的理論。

成實論也是不同意心性本淨說：「心性非是本淨，客塵故不淨。但佛為眾生謂心常住，故說客塵所染則心不淨。又佛為懈怠眾生，若聞心本不淨，便謂心不可改，則不發淨心，故說本淨。」

B.大乘初期的心性本淨說

大乘初期的般若經也談到了「是心非心，心相本淨」。

小品般若波羅密經卷一：「菩薩行般若波羅密時，應如是學！不念是菩薩心，所以者何？是心非心，心相本淨故。」

所說的非心是心空、心不可得之意。心性寂滅不可得，所以說心本性清淨。

非心是超越了有與無的概念。心不可得是指不壞、不分別。也即是真如。

般若經的「心」，是從「菩薩心」（其心不當念我是菩產，而且不會執著），進展到「菩提心」，即能觀心的本性清淨，到菩提心是本性清淨。

再演變到所觀一切法是清淨，諸法實相常淨，一切法本性淨，已涉及諸法的本體論（法本性），可說般若經的心性本淨。引發了自性清淨如來藏說。

般若經說一切法本性淨，又說本性空，空與淨有何不同？

大智度論卷六三：「畢竟空即是畢竟淨，以人畏空，故言清淨。」

「思益梵天所問經」也說：「……是以說一切諸法性常清淨」、「何謂一切諸法性淨？謂一切法空相，……無相相，……無作，是名性常清淨。以是常淨相，知生死性即是涅槃性，涅槃性即是一切法性，是故說心性常清淨。」

由法清淨說到心性清淨，已有法即是心的傾向。而心性本來清淨，故修行可以達成心淨解脫。

「持世經」更提出心淨相是超越淨相及垢相。

「阿闍世王經」提出悟解罪性本空，因此可以懺除罪業。

「大淨法門經」更提出煩惱即菩提的說明。

一切法本來清淨，故若能分別貪瞋癡也是本來清淨，則菩薩可求佛道。

但早期人乘經，只說及一切法本淨，但是尚未探討這「本淨」具有清淨莊嚴功德，直到勝鬘經，才有不空如來藏的無量性功德。

73.印度如來藏說如何孕育、完成及如來藏在中國如何宏傳？

一、印度

（1）孕育

1.般若經以一切法性空為門，主張一切無二，無分別，畢竟

不可得。但尚未觸及華嚴以如來甚深果德爲用。

2.如來藏思想事，隱約出現於「華嚴經」中，以譬喻的、象徵的而表示出來。

A.寶王如來性起品：「無有眾生，無眾生身如來智慧不具足無有眾生，但眾生顛倒不知如來智。」

眾生皆具如來智慧，這如來智慧即示如來藏。

B.十地品：在十地品中，本品以鍊金喻，分散在十地品中，鍊金喻即以金藏在礦中，以金喻如來藏。

C.盧舍那品：「此香水海，有大蓮花，名種種光明蕊香幢，華嚴莊嚴海住在其中。」

「……是梵天王坐在蓮華上，是故諸佛隨世俗故，於寶華上結跏趺坐。」

佛與世界都安住在蓮華上，蓮實在蓮花內生長，等到葉瓣脫落，蓮實即完全呈現。以此喻如來藏。

D.十地品：「若人欲了知，三世一切佛，應觀法界性，一切唯心造。」

這心即喻菩提心、如來智慧，暗喻如來藏。

（2）完成

「如來藏經」繼承華嚴經的「如來性起品」，首度提出「如來藏」三字。

「一切眾生，貪欲恚癡諸煩惱中，有如來智、如來眼、如來身，結跏趺坐，儼然不動。……有如來藏常無染污，德相備足，如我無異。」

「佛藏在身，眾相具足。」

「彼如來藏清涼無熱，大智慧聚，妙寂泥洹，名爲如來應供等正覺。」

如來藏經是晉惠帝法矩譯出「大方等如來藏經」。經中使用九種譬喻來比喻眞如、佛性、如來藏。

如來藏經造就了中國佛教的通俗化及大眾化。

二、中國

　　如來藏經是晉惠帝法矩譯出「大方等如來藏經」，約在西元二九○-三○六年，法矩本已佚失，現在存有東晉佛陀跋羅的「大方等如來藏」，及唐不空所譯「大方廣如來藏經」。

74.中國八宗與如來藏之關連？

（一）如來藏的異名同義詞

　　如來藏與佛性、真如、法身、如來性（佛種性）、如來、涅槃、一心、真性、法界、實相、真神、大我、真心、本覺真心、本性、自性、中道佛性等，皆是異名同義詞。

　　請參閱《佛性辨正》P14-26。

　　宗密、原人論：「一切有情皆有本覺真心，……亦名佛性，亦名如來藏。」

（二）中國東晉的涅槃思想

　　1.鳩摩羅什：「涅槃常寂滅相，無戲論緒法。」

　　「若能隨佛所說，與禪定智慧和合行者，得入涅槃。」

　　涅槃不只本性寂滅相，已開始注入「禪定智慧」的概念。

　　2.僧肇：「涅槃非有，亦復非無，言語路絕，心行處滅。」

　　「觀生死同涅槃。」

　　「是以處中道而行者，非在生死，非住涅槃。」

　　涅槃非只「本性寂滅」之意，已延伸到「中道」意。

　　3.竺道生：「般尼涅者，正名云滅，取其義訓，自復多方。」

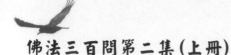

「後佛出世，說真常耶。」

竺道生之涅槃觀已進入真常概念。

（三）南北朝的涅槃思想

竺道生：首先主張凡眾生悉有佛性，包括一闡提也有佛性。

道生著泥洹義疏立頓悟成佛

慧觀主張漸悟。

寶亮：大般涅槃經集解，集宋齊梁間涅槃學說之大成

道朗：「涅槃義疏」強調涅槃與法性為一

地論南道慧光：弘揚涅槃學說

（四）隋唐的各宗

隋朝：

（1）法慈：涅槃眾主

（2）三論宗

1.佛性思想

吉藏大乘玄論：佛性十二家。

「離斷、常二見，行於中道，見於佛性。」

「中道佛性，不生不滅，不常不斷，即是八不。」

「非真非俗中道為正因佛性。」

「非因非果，即是中道，名為正因，故以中道為正因佛性。」

2.中道實相

吉藏大乘玄論：「二（有、空）是假名，不二（非有、非空）為中道，中道即是實相。」

「此由是不壞假名，而說實相。」

唐朝：

（3）天台宗

1.性具思想

慧思、大乘止觀法門：「如來藏（佛性）……一一時中，俱染淨二事」，智顗繼承師說，發展爲「性具善惡」說。

觀音玄義：「闡提斷修善盡，但性善在；佛斷修惡盡，但性惡在。」

「闡提既不達性善，以不達故，還染善因，得起修善，廣治諸惡；佛雖不斷性惡，且能達惡，以達惡故，於惡自立，故不染惡因，不得起修惡，故佛永不復惡。」

知禮、觀音玄義記：「夫一切法不出善惡，皆性本具。」

元代懷則：「今家性具之功，功在性惡。」。

2.無情有性

湛然、金剛錍：「余患世迷，恒思點示，是故攄言，無情有性。」

「應知萬法是眞如（佛性），由不變故；眞如是萬法，由隨緣故。」

智顗、摩訶止觀：「三止、三觀，在一念心，不前不後，非一非異。」

3.定慧雙開

智顗、摩訶止觀：「三止、三觀，在一念心，不前不後，非一非異。」

（4）華嚴宗

1.法界緣起、四法界

宗密、註華嚴法界觀門：「統唯一眞法界，謂總該萬有，即是一心，然心融萬夯，便成四種法界。」

2.十玄無礙

法藏、華嚴經探玄記：「此十門同一緣起，無礙圓融，隨爲一門，即具一切。」

「所以說十者，欲應圓教顯無盡故。」

3.心造萬法

法藏、修華嚴奧旨妄盡還源觀：「知諸法唯，便捨外塵相，由此息分別，悟平等眞如。」

宗密、圓覺經大疏釋義鈔：「唯心者，眞是眞如之心。無為、無相，離諸緣慮分別。緣慮分別，亦唯一心。」

「畢竟平等，無有變異，不可破壞，唯是一心，故名眞如。」

宗密、原人論：「一切有情皆有本覺眞心，……亦名佛性，亦名如來藏。」

4.性起思想

智嚴、華嚴五十要問答：「佛性者，是一切凡聖因，一切凡聖皆從佛性而得生長。」

「如來藏是一切諸佛、菩薩、聲聞、緣覺，乃至六道眾生等體。」

智儼、華嚴經旨歸：「如來藏佛性體，唯是普法，唯是眞法，於中無有邪魔得入其中，是故不問邪人正人，俱得眞正。」

（5）禪宗

1.禪宗：神秀一系（息妄修心宗）和洪州、荷澤一系（直顯心性宗）。

2.心性思想

二祖慧可、楞伽師資記慧可傳：「天下有日月，木中有炭火，人中有佛性。」

景德傳燈錄：「是心是佛」、「本迷摩尼謂瓦礫，豁然自覺是眞珠。」

三祖僧璨、信心銘：「一心不生，萬法無咎。」

四祖道信、景德傳燈錄：「一切戒門、定門、慧門，種通變化，悉自具足，不離汝心。」

五祖弘忍、最上乘論：「三世諸佛，皆從心性中生。」

　　楞伽師資記：「我印可汝，了了見佛性處也。」

　　六祖慧能、壇經般若品：「本性是佛」、「當知愚人智人，佛性本無差別。」

　　壇經行由品：「人雖有南北，佛性本無南北，獦獠與和尚不同，佛性有何差別。」

　　神會、南陽壇語：「一一身具有佛性」、「自身中有佛性」、「無漏智性本自具足。」

　　3.自性空寂

　　慧能、壇經定慧品：「眞如自性起念，非眼耳鼻舌起念。」

　　4.迷悟之別

　　慧能、壇經般若品：「佛性本爲差別，只緣迷悟不同，所以有愚有智。」

　　定慧品：「迷人漸修，悟人頓契；自識本心，自見本性，即無差別。」

　　神會語錄：「眾生雖有自然佛性，爲迷故不覺。」

　　馬祖道一：「迷即迷自家本心；悟即悟自家本性。」

　　5.無念爲宗

　　慧能、壇經定慧品：「心不住法，道即通流」、「念者念眞如本性。眞如即是念之體，念即眞如之用」、「無念是眞如自性起念；眞如有性，所以起念」。

　　神會語錄：「有無雙遣，中道亦亡者，即是無念。」

　　6.頓悟法門

　　慧能、壇經般若品：「我於忍和尚處理，一聞言下大悟，頓見眞如本性。」

　　壇經機緣品：「勸一切人，於自心中，常開佛知見。」

　　神會語錄：「即心無所得者，爲頓悟。即心是道，爲頓悟。即心無所任，爲頓悟。存法悟心，心無所得是頓悟。……不取不空是頓悟。……不取無我是頓悟。」

（6）法相宗

唯識性：

菩薩初地斷分別性我法二執，證我法二空眞如。

（7）淨土宗

淨土宗有三派：自力派、他力派、禪淨雙修派。

盧山慧遠主張自力派，念佛要念到「念佛三昧」之定力，才能生西。

禪淨雙修，如宋永明延壽、宋靈知元照、明雲棲袾宏（蓮池大師）等提倡禪淨雙修。

（8）藏密紅教

大圓滿

紅教認爲中觀宗有內宗及外宗。外宗有自續派及應成派，而內宗則是「大中觀」見。

清辨、中觀寶燈論：「應成自續二派中觀，爲粗品外中觀。善知識爲辯破外道，或因著述大論，或因建立殊勝義理教導，是故說此。若欲體悟細節品內中觀，行者則應於瑜伽行中觀自性中修止觀。」

釋：了義大中觀，即瑜伽行中觀，即所謂「大圓滿」法門，此即遮遣一切相對法，而赤裸直證絕對。由是「他空」、「自空」皆相對法，僅絕對始爲「不二」（相對即爲二），故此即「不二法門，亦是不可思議法門。」

此不二法門雖說如來藏，但非「他空」所指的如來藏爲不空（眞有）。如來藏本身已超越「他空」及「自空」。爲絕對不二法門。

藏傳密宗中，無論是舊譯派的大圓滿傳承，或是新譯派的大手印傳承，都是以人人本具如來藏爲教義核心。透過藏傳密宗的影響，如來藏學派也在藏傳佛教中立定根基。

如來藏（75-79 問）

75.如來藏學派與瑜伽行派及中觀學派之關係為何？

（一）如來藏學派與瑜伽行派

自唯識學派部分論師例如護法，引入《楞伽經》等形成唯識今學和唯識古學分野之後，如來藏學派與唯識學派之間就有了錯綜複雜的關係。

（1）二派的合流

1.1.合流的源流

1.瑜伽行派由「眞如平等性」契入如來藏的「眞如無差別性」。

依寶性論，如來藏有三種義：佛法身遍滿（如來法身遍在一切眾生身）、眞如無差別（如來眞如無差別）；皆實有佛性（一切眾生皆悉實有眞如佛性）。

瑜伽行派主要在實證「唯識性」即眞如平等性。這與如來藏三義之「眞如無差別」契合，而且眞如是遍於一切法的，於是演變成「一切法有如來藏」。

2.唯識以眞如空性來解釋如來藏我。

唯識的「我」是諸佛我淨的「大我」，而涅槃經說，我即是如來藏義。

唯識的「大乘莊嚴經論」卷三：「清淨空無我，佛說第一我；諸佛我淨故，故佛名大我。」

寶性論及佛性論均引用此偈。

3.唯識有與如來藏相同「心性本淨」的看法。

大乘莊嚴經論卷六：「已說心性淨，而爲客塵染，不離心眞如，別有心性淨。」

4.楞伽經的五法、三自性、八識、二無我即是唯識的重要觀念。尤其藏識說，更說阿賴耶識即是如來藏。

5.眞諦的「攝大乘論釋」的特色：

a.將「寶性論」的如來藏與瑜伽派的阿賴識說結合起來。

b.阿梨耶識有二分，通「果報種子持種依」及「解性梨耶迷悟依」二分：

果報種子持種依是諸染淨法之所依，阿梨耶識可以「攝持」一切法的有漏種子及異熟種子。這是印度南方以阿賴耶識爲生死雜染依的觀點（其實是阿賴耶緣起）。

解性梨耶迷悟依是依附於阿梨耶識的無漏種子，爲如來藏所依止（其實是如來藏緣起），這是印度南方及「勝鬘經」、「不增不減經」的觀點。「解性梨耶」即有如來藏之意涵，類似於大乘起信論謂阿梨耶識有覺、不覺之本覺義。

c.依眞如之平等無差別說如來藏。

攝大乘論釋卷六：「由是法自性本來清淨，此清淨名如如，於一切眾生平等有，以是通相故。由此法是有故，說一切法名如來藏。」

依「佛性論」及「寶性論」，如來藏經九喻，初三譬法身，次一譬眞如，後五譬佛性。

d.依「界」說如來藏。

攝大乘論釋卷一：「界以解爲性，此界有五義。」

五義通勝鬘經之五藏：如來藏、法界藏、法身藏、出世間藏、自性清淨藏。

e.依他起通二分：

瑜伽行以阿賴耶識爲一切法的所依，如來藏學以如來藏爲所依。

眞諦則以阿賴耶種子界及心眞如界爲依止。

作者以爲佛是「如來藏緣起」，其他九界眾生均以「如來藏緣起」加「阿賴耶緣起」，兩者同時爲所依。

6.另立阿摩羅識爲無垢識。

轉識論:「此境識俱泯,即是實性,實性即是阿摩羅識。」

眞諦爲不抵觸唯「識」義,所以立第九識,仍符合唯識義。

作者認爲,阿摩羅識既是實性,即是如來藏。唯識學的萬法唯識,其實是不了義。如前所說,萬法的生起是依止如來藏及阿賴耶識一起作用,如來藏是體,阿賴耶識是體相用的整體表現。

1.2.楞伽經的如來藏說

楞伽經有三譯本,宋元嘉年間(約西元四四〇)求那跋陀羅所譯「楞伽阿跋多羅寶經),而無著生於約西元二七〇年,世親生於約西元四一〇年,所以二人還沒有引用過上部經。

楞伽經的特色如下:

A.如來藏無我

如來藏是無我,而非外道所說之我(神我)。

楞伽阿跋多羅寶經卷二:「大慧!我說如來藏,不同外道所說之我。有時說空、無相、無願、如、實際、法性、法身、涅槃……如是等句說如來藏已。如來應供等正覺,爲斷愚夫畏無我句故。……爲離外道見故,當依無我如來之藏。」

其實如來藏是無我,但佛怕外道認爲有神我而不相信無我,於是又說如來藏我,但這我不同外道之神我,而是空、無相、無願的大我。

B.如來藏與藏識

楞伽阿跋多羅寶經卷四:「大慧!善不善者,謂八識。何等爲八?謂如來藏名識藏心、意、意識,及五識身。」

第八識稱爲識藏心,如來藏等同於第八識。如此演變成南道地論派。

但同時,大乘入楞伽經又說:「如來藏不在阿賴耶識中」。意指阿賴耶識非如來藏,爲污染識。這種觀念演變成北道地論學派。

1.3.寶作寂之結合如來藏與唯識

寶作寂是無相唯識派，也被歸類為中觀瑜伽行者，主張一清淨而光耀的心靈，無執的智慧心，有明覺的作用，能見到形象的虛假性及空性。

（2）二派的不同
1.種性說的不同
A.種子與種性不同
B.唯識學立五種性說
2.熏習說的不同
3.八識的分類及第七識的見解不同
請參閱「大乘起信論義記別記研究」P437、P439-441。

（二）如來藏學派與中觀學派

中觀派之宗義基本上不採納如來藏，其中，順瑜伽行中觀派主張有如來藏，但他們主張如來藏緣起性空，反對如來藏實有（即他空覺朗派之觀點）。

般若學派主張一切法空為了義，因此中觀派學者多認為如來藏為非了義說，反對如來藏實有，但也受到如來藏學派的許多影響。瑜伽行唯識學派與中觀學派的現代承襲者，皆認為如來藏學派為不了義說。

其實如來藏是無我、空性、非實有。

76.如來藏與佛性、真如有不同嗎？如來藏如何現起？

（一）如來藏與佛性、真如都是異名同義詞

如來藏指法身被煩惱所纏，如果能出藏即是法身，即指如來藏在煩惱裡面。

真如側重萬法具有真實而且如常不變的本性。

佛性意指眾生將來能成佛的潛能。

佛教各宗或各經論使用三者之習慣或有不同。

如華嚴經少用佛性；如來藏經多用如來藏；勝鬘經多用如來藏；涅槃經多用涅槃及佛性；佛性論多用佛性；大乘起信論多用真如及如來藏；楞伽經少用佛性；唯識宗多用真如；天台宗多用佛性；禪宗多用佛性或本性、自性。

請參閱《佛法三百問》145 問。

（二）如來藏現起即是如來藏緣起，也即是真如緣起。也類似於性起及法界緣起，只是論述所持角度略有不同而已

請參閱《佛法三百問》137 問、150 問。

77.華嚴經、如來藏經、楞伽經、勝鬘經、涅槃經等之大綱為何？

一、早期

華嚴經

-寶王如來性起品：

1.若能修持「普賢行」之因行，則能感得如來之出現。

2.如來是藉由「性起」而出現或頓現萬法。

法藏說性起有三種：

因性起（本具之理性，即性起之起）、行性起（以修行開發本有之理性而感得佛果，稱爲起）、果性起（修行完成顯現清淨佛果，即爲性起）。

本品如來自眉間之白毫相放大光明，自口中放大光明如來之白毫，即性起之象徵。

3.如來自身本具如來智慧，如來音聲本爲一，卻因聽聞者不同而有差異。如來之智慧無量，遍滿一切處，眾生顛倒不具正知正見，不能睹見如來廣大無邊之智慧。

4.眾生身中本具足如來智慧，卻因愚痴所迷，不知不見如來智慧。

5.一切眾生即爲如來之境界。如來之行廣大無邊，遠離一切束縛，自在無量。

6.如來菩提無增減，與眾生之悟否無關，佛之悟廣大無量。

如來說法之時間性、空間性，皆爲無量無限。

7.如來之涅槃不生不滅，且清淨無染。如來之死爲不滅，肉身雖死，法身不死或肉身無常。

對於如來之教法能生信心，則爲眞佛子，能與如來同入一境界。

8.窮盡生涯讀誦性起品，會承菩薩現身，且蒙菩薩讚歎守護。是故離放逸一心，常奉持乃菩薩示現之關鍵。

二、中期

（1）如來藏經

「一切眾生皆有如來藏」是此經主旨。

如來藏有三義：法身遍滿，眞如無別、佛種性實有。並以九種譬喻說明之。

九種譬喻：

1.萎花有佛喻：花內化佛喻如來藏，萎花喻煩惱。

2.群蜂繞蜜喻：蜜喻如來藏，群蜂喻煩惱。

3.糠糩粳糧喻：粳糧喻如來藏，糠糩喻煩惱。

4.金墮不淨處喻：金喻如來藏，不淨處喻煩惱。

5.貧家寶藏喻：寶藏喻如來藏，貧家喻煩惱。

6.奄羅果種喻：果種喻如來藏，奄羅果喻煩惱。

7.弊物裹金喻：金喻如來藏，弊物喻煩惱。

8.貧賤醜女懷輪王喻：懷輪王喻如來藏，貧賤醜女喻煩惱。

9.鑄模內金係喻：內金喻如來藏，鑄模喻煩惱。

（2）楞伽經

1.有三譯本

2.統合大乘佛教的空有二宗及如來藏與唯識之結合

A.五法、三自性、八識

B.二無我

C.藏識

3.融會性相

有相：小乘

無相：中觀、般若

法相：唯識、解深密經、瑜伽師地論

實相：天台、華嚴、密嚴經、寶性論

4.融攝佛性及五種性說

5.言說法（語）與如實法（義）

6.後期禪宗的「揚眉瞬目」「棒喝」等機鋒教法

7 禪宗始祖達摩的印心經

（3）勝鬘經

3.1.一乘章

本經宗旨即是明乎一乘，即佛乘也。有二義：一切乘皆攝歸一乘、一乘能生一切乘。此與畢竟空建立一切法，一切法皆歸畢竟空，是同樣道理。故一乘即是畢竟空義。

3.2.如來藏章

經：「……如來藏者，是如來境界，非一切聲聞緣覺所知。如來藏處，說聖諦義，如來藏處甚深故。說聖諦亦甚深，微細難知，非思量境界，是智者所知，一切世間所不能信。」

從空如來藏，說苦集二諦。苦集二諦，妄本空也。從不空如來藏，說滅道二諦，滅道二諦，真本具也。

3.3.法身章

「世尊，過於恆沙不離不脫不異不思議佛法成就說如來法身。世尊，如是如來法身不離煩惱藏，名如來藏。」

如來法身就是：不離不脫不異不思議佛法，不離煩惱藏。

3.4.空義隱覆真實章

「世尊，有二種如來藏空智。世尊，空如來藏，若離若脫若異一切煩惱藏。世尊，不空如來藏，過於恆沙不離不脫不異不思議佛法。」

空如來藏就是：若離若脫若異一切煩惱藏。

不空如來藏就是：過於恆沙不離不脫不異不思議佛法。

3.5.顛倒真實章

「世尊，生死者依如來藏。以如來藏故，說本際不可知。世尊，有如來藏故說生死，是名善說。」

此文在說如來藏緣起。所有生死都是如來藏緣起。而如來藏緣起即是性起。

所有生死萬法都是起自「性起」加「緣起」。也可以說是起自「如來藏緣起」加「阿賴耶緣起」。

3.6.自性清淨章

「世尊，如來藏者，是法界藏、法身藏、出世間上上藏、自性清淨藏。此性清淨，如來藏而客塵煩惱上煩惱所染，不思議如來境界。」

如來藏本身是自性清淨，但不會被客塵煩惱及上煩惱所染，這是不思議的佛境界。

（4）涅槃經

4.1.一切眾生悉有佛性

4.2.如來常住

4.3.涅槃四德：常樂我淨

4.4.前分與續分的不同

a.前分說一闡提不能成佛，但仍暗示一闡提若生淨信，則非不能成佛，於如來性品及壽命品均有暗示，但法顯本則認為一闡提不能成佛。

後分更多的章節說一闡提也有佛性而「日後」也能成佛。

b.「眾生本來具有佛性」，前分強調這佛性現時被煩惱所蓋，否定眾生已成正覺，仍次修行持戒才能證見佛性。後分則認為眾生「並非」本來就自有佛性，而是須加上條件才能隨緣而起。並且提出必須靠「正因」及「緣因」才能成佛。如眾生本身只是正因，仍須依實踐六度的「緣因」才能成佛。佛指出「眾生有佛性」的「有」是指經過修行後之「未來有」，而非「過去有」。後分指出，佛陀宣說，「眾生有佛性」是為了鼓勵眾生，令他們不懈怠，才能努力修行。

78.大法鼓經、不增不減經及央掘摩羅經、無上依經等之大綱為何？

（1）大法鼓經

劉宋求那跋陀羅譯。

大法鼓者，以喻立題，意謂佛將擊大法鼓，宣講一乘大法。波斯匿王欲觀世尊，擊鼓吹貝往詣佛所，世尊以鼓聲為喻，說此大法鼓經。

「一切眾生有如來藏。」

「唯說如來常住及有如來藏，而且不捨空，亦非身見空，空彼得一切有為自性。」

（2）佛說不增不減經

譯者為菩提流支，於西元 525 年所譯。

主旨在表明眾生界在聖不增，在凡不減。眾生界即法界。

不增不減者，即是法性空寂，諸法空相，中道實相之理。

不增不減，即一切諸法，本來即不增不減，十分三世，一切平等如如，即是一真法界，即是第一義諦、眾生界、如來藏、法身。

經：「甚深義者，即是第一義諦。第一義諦者，即是眾生界。眾生界者，即是如來藏。如來藏者，即是法身。」

「眾生界中示三種法，皆真實如不異不差。何謂三法，一者如來藏本際相應體及清淨法。二者如來藏本際不相應體及煩惱纏不清淨法。三者如來藏未來際平等恒及有法。」

（3）央掘摩羅經

宋求那跋陀羅譯。

本經內容是在敘述央掘摩羅歸依佛陀的事蹟，及如來對於此

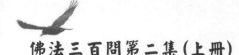

事件所作種種說法。本經之教旨謂一切眾生皆有如來藏佛性。佛法為唯一究竟乘,其餘都是方便法門。

「一切眾生皆有如來藏我。」

「一切眾生,雖在諸趣煩惱身中,有如來藏常無染汙。」

「云何名為一,謂一切眾生,皆以如來藏,畢竟恒安住。」

「云何名為八,所謂八聖道……,如來常及恆,第一不變易,清淨極寂靜,正覺妙法身,甚深如來藏,畢竟無衰老,是則摩訶衍,具足八聖道。」

(4)無上依經:真諦譯

此經指出如來界,即是法身、如如、寂滅、第一義。

如來界等同於如來藏。

「阿難!我今說如來性,過恒沙數一切如來不共真實,從此法出而得顯現,名如來界。信樂正說深味愛重,一切聖賢人戒定慧身即得成就,是故此法名為法身。是法者相攝、不相離,不捨智、非有解,是依、是持、是處,若法不相攝相離、捨智有解,亦是依是持是處,是故我說,一切法藏無變異故名為如如,無顛倒故名為實際,過一切相名為寂滅,聖人行處無分別智之境界故名第一義。阿難!是如來界,非有非無、不染不淨,自性無垢、清淨相應,汝當知!」

79.佛性論、大乘起信論及寶性論之大綱為何?

一、大乘起信論

請參閱「大乘起信論義記別記研究」第三部分 P407-542。

二、佛性論

2.1.佛性的體性

「體」有三因、三性、如來藏。

-佛性三因：應得因、加行因、圓滿因。

應得因有三種佛性：住自性性、引出性、至得性。

-三性所攝：

三自性：分別性、依他性、真實性。

三無性：無相性、無生性、無真實性。

-如來藏：有五藏：如來藏、正法藏、法身藏、出世藏、自性清淨藏。

2.2.佛性十相

十相：自體相、因相、果相、事能相、總攝相、分別相、階位相、遍滿相、無變異相、無差別相。

請參閱《佛性辨正》P29-30、37-38、41、44、52、67。

三、實性論

3.1.藏譯本內容：帕滇卓瑪譯。依西藏，論本偈爲彌勒所造，釋論爲無著所造。

七金剛論題：

1.佛

佛的功德：非造作（無爲）、任運而顯（離作意）、非依外因而悟（不依他覺）、具大智慧、具大慈悲、具大能力（具力用）、

2.法

有二種：佛陀親口宣說或直接給予的法教、「釋多羅」；闡明及揭顯佛陀言說之眞正意義的「論注」

3.僧

有三種智慧功德：如實了知本性的智慧（如實見智）、見到一切存在現象的智慧（盡眞實智）、覺知內在的智慧（內自證

智）

4.佛性

（1）爲何眾生從未與佛性分離：

a.因全然證悟之身無處不在（法身遍在）

b.因如如本性圓融不可分離（眞如無差別性）

c.因原本即具此潛能之緣故（眾生悉有佛性）

d.一切眾生皆恒常具佛本質（佛性常住）

（2）佛性可以十種方式描述（如來藏十義）

1.本性（其性）

2.因（其因）

3.果（其果）

4.作用（其用）

5.功德（其相應）

6.漸及（其行相）

7.階段（差別）

8.遍在（遍一切處性）

9.不變（不變性）

10.不可分（無二）

證悟：

可分八點解釋：

本性（圓滿離棄、圓滿證知）、因（無概念造作、辨識的智慧）、果（煩惱和所知二障全然淨除）、作用（證悟有同時得到自利和利他二種成就的作用）、功德（具有恒常、持續不斷、平靜、不變四種功德）、示現（藉法身、報身、化身三身示現）、恆常（法身本質恒常、報身具有恒常的連續性、化身具有無間的恆常性，利益眾生不間斷）、不可思議（證知一般眾生尚未證知的究竟本性）。

-功德

圓滿智慧的十力、四種無畏（漏永盡無畏、正等覺無畏、說出道無畏、說障法無畏）、十八種不共功德、三十二相好。

佛行事業有二個層面：任運自然、無間。

3.2.漢譯本內容：依中國，為堅慧所造，譯者為元魏勒那摩提。

A.一切眾生悉有如來藏

B.自性清淨心

C.如來藏不離煩惱藏所纏

D.信與如來藏法門

E.轉依

請參閱《佛性辨正》P38-39、42-43、49-51、52-54。

中國各時期之佛學

東漢魏晉佛學（80-92 問）

80.東漢時代，安世高、支婁迦讖譯出什麼經？

初入中國的佛學大體分為安世高的小乘禪學系統及支婁迦讖的大乘般若系統。

（1）安世高：精通禪觀、阿含、阿毗曇學

禪觀：安般守意經、陰持入經。

阿含：普法義經、四諦經、八正道經。

阿毗曇：阿毗曇五法經、阿毗曇九十八結經。

（2）支婁迦讖

支婁迦讖的「道行般若經」開啟了般若經的流行，並開拓了西晉以後的玄學性佛學。

譯經有：道行般若經、首楞嚴經、般若三昧經（竺佛朔譯般舟三昧經）、阿閦佛國經。

81.魏晉時代的西僧譯經師有哪些人？

一、曹魏佛教

1.曇柯迦羅：僧祇戒本、曇無德羯磨，立十人羯摩受戒法。

2.朱士行：於于闐獲放光般若經，由竺叔蘭譯出放光般若經。

二、東吳佛教

1.支謙

支謙認為般若思想的特質為「無受」、「無滅」。

注大明度經：「無受者，不受五陰也；無滅者，不捨生死求

減滅之想也。能持明度教照，菩薩也。」

不去執受五陰而生五蘊熾盛煩惱苦，也不捨離世間，一味追求涅槃。如果能用「明」，即般若智慧去「度」化眾生，用「教」，即般若教學去「照」導眾生，就是菩薩。

他主張不滯於名色雙遣及五蘊皆空的境地，也不厭生死，不樂涅槃，進而救度眾生。

譯經有：維摩詰經、大明度無極經（道行般若經的同本異譯）、大阿彌陀經、大般泥洹經、法句經、首楞嚴經。

2.康僧會

法鏡經序：「夫心者，眾法之原，臧否之根。」

心生眾法，心造禍福，宇宙萬物皆由心造，一切都以心為本。這種看法可以說是中國佛學史上「萬法唯心」觀點的先導。

康僧會也弘揚安世高一系的禪法，為安世高譯出的「安般守意經」及「法鏡經」撰序並加注釋，並繼承了後漢以來的禪觀佛學傳統。

康僧會兼有佛、儒、道三家思想。

譯經有：六度集經、鏡面王經，注安般守意、法鏡、道樹三經。

3.安玄：譯法鏡經

4.帛延：譯首楞嚴經

三、西晉佛教：主要是譯經

1.竺法護

譯出正法華經，由此產生了許多研究「法華經」的專家。

光贊般若經的譯出，也使得西晉佛學界展開了研究「般若經」的全盛時期。

譯經有：維摩詰經、首楞嚴經、光贊般若經、正法華經。

2.竺叔蘭

與無羅叉共同譯出放光般苦經，對西晉般若思想的傳播和般若學的研究有重大貢獻。當時的學者有：帛法祚、竺法蘊、康僧淵、竺法汰、于法開等。當時研習「放光般若經」已成定局爲時代顯學。

譯經有：放光般苦經、異維摩經、首楞嚴經。

82.東晉、五胡十六國時代的佛教為何？

東晉佛學的主要思想有清談佛學（支道林、康僧淵、殷浩、王導、康法暢）、格義佛學（竺法雅、慧遠、支道林、竺道潛、于法蘭、于道邃、僧叡、僧肇、竺道生）、般若思想（六家七宗）、禪觀思想（道安、慧遠、鳩摩羅什、僧叡）、涅槃思想（鳩摩羅什、僧肇、竺道生）。

1.佛圖澄：無著作也不譯經。精通神異道術，長於咒術和預言，修正戒律的持律僧，享壽 117 歲。門徒近萬人，有名弟子如道安、竺法雅、僧朗。興建佛寺八百九十三所。

2.僧朗：佛圖澄弟子，法術神通廣大，精「放光般若經」，弟子有僧叡。

3.道安：培育弟子數千人，成爲一世之師表。精於般若經及禪觀。在校訂和注釋及作序佛典（注釋光贊般若經、放光般若經、道行般若經）、編纂經錄（眾經綜理錄，即道安錄）、制定儀軌（僧尼軌範、法門清式二十四條、四時禮文）等留下巨大的功績。

尤其可以說是佛典注釋之祖。

並首先提出「凡佛門弟子，均以釋爲姓」。

是彌勒信徒，祝願兜率往生。

道安的「本無宗」，據吉藏、中觀論疏：「釋道安明本無義，謂無在萬化之前，空爲眾形之始。……安公明本無者，一切諸法，本性空寂，故云本無」。

文中仍示有老莊氣味。

慧遠及僧肇都贊同「本無說」。不過道安的「本無」似乎只在「本性空寂」的認知，尚未進一步認知，本寂是空寂之外，尚有不空的靈知功能，即由空如來藏進入不空如來藏。

道安弟子數百，著名者有慧遠、慧持、曇翼……等。以慧遠爲眞正繼承人。

4.竺道潛：見下面 86 問。

5.支遁：見下面 86 問。

6.竺法雅：格義佛教。

高僧傳、竺法雅傳：「雅乃與康法朗等，以經中事數，擬配外書，爲生解之例，謂之格義。」

事數是指有數字的佛學專有名詞如五蘊、六入、四諦、十二因緣、五根、五力、七覺支等，必須比配中國傳統典籍如道、老、莊、儒等佛教以外的典籍（外書）來解說佛學義理，即是「格義」。

東晉時代的早期，除竺法雅外，尚有許多高僧大德們，包括道安、竺法汰、慧遠、支道林、竺道潛、于法蘭、于道邃、僧叡、僧肇、竺道生等都或多或少採用格義佛學，直至鳩摩羅什來華弘傳龍樹中觀學後，中國佛學才漸漸脫離「格義的色彩」，自成一家之學。

7.六家七宗。

七宗如下：

本無宗：道安。萬物本性空寂。

本無異宗：與本無不同之宗，竺道潛（法琛）。萬法由無出有。

　　心無宗：竺法溫。萬物是實有，但心不執著萬物，空心但不空境。

　　-即色宗：支道林。即色是空，色本身無自性，但不壞假名而說實相。色是「心計」而有，色實是假名有，而心計爲實有。

　　此說同本無說，但「本無說」未再進一步探討「空」本身爲「不空」，即本雖寂，而能知能照。

　　-識含宗：于法開所立。萬有都是心識所現，如夢似幻。心識所現即識含之意。

　　此說錯認心識息滅即一切皆空，其實心識滅是心相滅，而非心體滅，心體不生不滅。

　　-幻化宗：道壹法師所立。世諦之法，皆如幻化，而眞諦猶不空。此說錯在「眞諦也是空」。

　　-緣會宗：于道邃立。

　　緣合會即有，緣散即無。此說否認會合的法是「假有」，不明白萬法的非無（假有即非無）。

　　8.鳩摩羅什：見 83 問。

　　9.道生：見 88 問。

　　10.僧肇：見 84 問。

　　11.慧遠：見 87 問。

83.鳩摩羅什的佛學思想是什麼？

（1）譯經

　　鳩摩羅什於 402-413 年間所翻譯的經典，據「出三藏記集」有 35 部、294 卷；據「開元釋教錄」有 74 部、384 卷。所譯重要經典有：大品般若經、妙法蓮華經、阿彌陀佛經、思益經、佛藏經、維摩經、金剛經等大乘經；坐禪三昧經、禪祕要法經、禪法

要解等禪經典；十誦律、十誦比丘戒本等律典；及中論、十二門論、百論、大智度論、成實論等。

（2）對中國大乘宗派的影響

羅什實是將印度中觀派及主要大乘經典傳譯到中國來的最有功勞的人。

羅什所譯經對中國大乘宗派的影響如下：

a.中論、百論、十二門論三論，由道生等傳到南方，經僧朗、僧詮、法朗，再由吉藏作爲三論宗而集大成，還有大智度論，它和三論一起而產生了「四論學派」。

b.四論與「法華經」一起提供了開創天台宗的根據。

c.「成實論」成了成實宗的基礎。

d.「阿彌陀經「及「十住毗婆沙論「成爲淨土宗所依據的經論。

e.「彌勒成佛經」促使了彌勒信仰的發展。

f.「坐禪三味經」促使菩薩禪的流行。

g.「梵網經」傳播了大乘戒；「十誦律」提供律研究的重要資料。

（3）弟子

羅什號稱門下有三千人，著名者有「關內四聖」：僧肇、僧叡、道生、道融。

「八宿」：上四人，加道恒、曇影、慧觀、慧嚴。

此外有僧導系，產生成實宗。

僧嵩系產生南方新三論。

（4）主要佛學思想
A.般若思想
注維摩詰經：「無常則空」、「畢竟空即無常之妙旨也」、「法不可得，空之至也」、「有無二法俱盡，乃空義也」。
B.涅槃思想
注維摩詰經：「佛法中以涅般甘露，令生死永斷，是眞不死藥也。」
「煩惱即涅槃，故不待斷而入也。」
鳩摩羅什法師大義：「涅槃常寂滅相，無戲論諸法」、「若能隨佛所說，與禪定智慧和合行者，得入涅槃」、「若以三解脫門觀涅槃法，知斷如是結使，得如是涅槃」。
「煩惱即涅槃，故不待斷而入也。」
C.禪觀思想
注維摩詰經：「當其入觀，則心順法相，及其出定，則情隨事轉。」
「其心常定，動靜不異」、「安心眞境，識不外馳」。
「身心俱隱，禪定之極也。」

84.僧肇的佛學思想是什麼？

（1）僧肇早期也受格義佛教的影響，但之後受鳩摩羅什弘揚龍樹中觀的影響，即能運用自己文字闡述般若中觀思想，正式擺脫格義的方式。

（2）著作
有：肇論（非親撰，是後人將其所著如下四論合而冠名，四論爲不眞空論、物不遷論、般若無知論及涅槃無名論）、維摩詰

經注、百論序、長阿含經序、寶藏論、梵網經序、金剛經注、鳩摩羅什法師誄（遺囑、祭文）。

（3）主要佛學思想

A.般若思想

注維摩詰經：「色即是空，不待色滅，然後爲空」、「即有而自空，豈假屏除然後爲空乎。」

不眞空論：「非有、非眞有；非無、非眞無耳」、「象形不即無，非眞非實有，然則不眞空義顯於茲矣」、「非無幻化人，幻化人非眞人也。」

B.涅槃思想

注維摩詰經：「夫涅槃者，道之眞也，妙之極也。」

高僧傳、僧肇傳：「涅槃非有，亦復非無，言語路絕，心行處滅。」

不眞空論：「中論云：諸法不有不無者，第一眞諦也。……誠以即物順通，故物莫之逆；即僞即眞，故性莫之易。性莫之易，故雖無而有；物莫之逆，故雖有而無。」

有只是「緣起」而生的有，而非「自性」而生的有，故雖有而無。

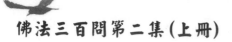

東晉佛學（西元三一七-四二○年）

85.帛尸梨蜜多羅和咒術經典的流行是什麼？

　　東晉初期，西域人帛尸梨蜜多羅帶給建康佛教的影響很大。
丞相王導拜他爲師，因而在名士間頗受尊敬。

　　帛尸梨蜜多羅善於咒術，翻譯了「大孔雀王神咒經」、「孔雀
王雜神咒、「大灌頂神咒經」。最早將密教傳到建康。據說他還擅
長梵唄。正當康僧會推行梵唄聲明之時，他加速了梵唄的流行。

86.什麼是竺道潛和支遁（支道林）的清談及玄學性貴族佛教？

竺道潛（276-374）

　　字法琛，是華北名族琅琊王氏出身。

　　二十四歲講解法華經及大品般若經，聽眾經常有五百多人。

　　深受元帝、明帝、宰相王導等人之尊敬。明帝及王導死後，
即隱居在會稽的剡山達三十餘年之久。其中，曾應哀帝之請講
「放光般若經」，並接受會稽王昱（即後來的簡文帝）的歸依，
並與清談界名士劉惔結交。

　　被孫綽在「道賢論」中比作「竹林七賢」之劉伶。

　　竺道潛於般若六家七宗中屬於「本無異派」。意指與本無宗
不同。本無是指本體是空寂（無是指空，而非斷滅無）；而本無
異派認爲從無出有，有生成論之意。

　　吉藏中觀論疏：「琛法師云：本無者，未有色法，先有於

無，故從無出有，即無在有先，有在無後。」

此處的無即使是指「空」，空也不是有的直接生因，空（性空，即佛性、眞如、如來藏）只是有的「依止因」，而非直接生因。有的直接生因是「根本無明」。

支遁（字道林，314-369）

愛好「道行般若經」及「慧印三味經」，並有所了悟。

不僅精通老莊，還擅長清談，與當時一代名流大家王洽等人均有往來。

也發表「莊子、逍遙篇」之新見解。也曾在會稽剡山建造寺院，教導僧眾百餘人。後遷居石城山進行修禪和著述。

著作有「即色遊玄論」、「聖不辨知論」、「道行旨歸」等。

支遁和江南諸名士往來，在貴族上層社會弘傳佛教。並樹立了般若六家七宗的「即色宗」。

吉藏、中觀論疏：「支道林著即色遊玄論，明即色是空，故言即色遊玄論，此猶是不壞假名而說實相，與安師本性空故無異也。」

支道林以爲「色不自有，雖色而空」。

故認爲色所以「有」是因爲「心計」（起心計度），而其他三家，如于法開認爲色有是「識含」；道壹認爲是「幻化」；于道邃認爲是「緣會」，故上三家可歸類爲支道林的「即色派」。

支道林對禪觀及戒律也很注意。並以「莊子」的思想去理解佛教的般若「空」的思想。

87.慧遠的佛學思想是什麼？

（1）慧遠的生平（334-416）

聽道安的般若經講學後，放棄儒道二教而出家。住於廬山達三十餘年，從不出山。

於前秦建元年間迎僧伽提婆到廬山，譯了「阿毗曇心論」及「三法度論），慧遠為二論寫序。

慧遠於東晉隆安五年（410）寫信給鳩摩羅什要求結交，並提出疑問，羅什作答即是「大乘大義章」。

被羅什排斥的佛馱跋陀羅同慧觀一起到廬山，慧遠向他請教了坐禪經典的翻譯及禪的思想。

羅什有破戒的情事，而慧遠堅持持律，派弟子曇邕去懇求曇摩流支譯完「十誦律」的剩餘部分。

元興元年（402）和一百二十三同志在般若台上的阿彌陀像前宣誓念佛，依「般舟三昧經」主張念佛三昧，創建廬山白蓮社，被推崇為蓮宗之祖。白蓮社下有「東林十八賢」包括道生、慧持、佛馱跋陀羅等人。

以「沙門不敬王者論」回駁桓玄太尉所發布的「沙門應盡敬王子者」的詔書，認為沙門沒有必要向王者敬禮。

提出「神不滅論」，主張法身絕對常在之學說。

慧遠學了「禪經」、「阿毗達摩」、「般若經」、「中論」等，並受格義佛教的影響，可以說其思想是處於過渡性質的特性。

東晉義熙一二年八月（416）逝世。

（2）慧遠的著作

法性論、釋三報論、大智度論抄、沙門不敬王者論、慧遠文集等。

（3）慧遠的思想

　　a.般若思想

　　贊成道安之般若六宗七家的「本無宗」，但二者稍有不同。慧遠認為現象之差別相中即有本體流露，而道安之「無」只有本體之義。

　　b.禪觀思想

　　主張淨土自力派的淨土念佛三昧，被尊崇為蓮宗之祖。

　　c.主張神不滅論。神指法身，法身是常住不滅。慧遠早期認為法性是實有，是不滅之神，但經羅什、僧肇的般若空之影響，後期即淡化「不滅之神」的實體性，而走向般若空及法身無形。

　　d.慧遠早期也受「格義」的影響。引莊子解釋實相。

　　請參閱《佛性辨正》P470。

　　e.主張小頓悟，即菩薩七地可以見性。

　　f.禪智雙修：其相濟也，照不離寂，寂不離照。

　　「禪智之要，照寂之謂」禪是寂，智是照。

88.道生的佛學思想是什麼？

（1）道生的生平（355-434）

　　從竺法汰出家，十五歲即登上講台，二十歲演講已揚名。

　　隆安年間進盧山，隱居七年，為白蓮社一員。公元四〇九年回建康，提但善不受報說及頓悟成佛說。研究六卷「泥洹經」後，提倡闡提成佛說，被視為叛經邪說，直至北本涅槃經傳到建康，人們才嘆為高見。

（2）道生的著作

維摩經義疏、泥洹經義疏、妙法蓮華經義疏（現存）、竺道生答王問一首、小品經義疏、頓悟成佛義、二諦論、佛性當有論、法身無色論、佛無淨土論、應有緣論、涅槃三十六問、釋八住初心欲取泥洹義、辯佛性義。

（3）道生之思想

1.頓悟成佛說

主張大頓悟，十住（十地）後之「金剛後心（即十地之出心）才能豁然大悟，將一切結惑斷盡，得正覺，證法身。

支遁及道安主張七住（七地）可頓悟之「小頓悟」。

慧遠、僧肇也主張小頓悟。

參閱《佛性辨正》P472-474。

2.悉有佛性說

法華疏：「一切眾生莫不是佛，亦皆泥洹。」

道生認為佛性是中道義，非生死我，是佛性我，但眾生仍未悟，淨悟成果是將來之果。故以眾生言是始有，是當果之義。

3.闡提成佛義

「一闡提者，不具善根，雖斷善，猶有佛性。」

請參閱《佛性辨正》P475。

4.般若掃相義

道生也贊成道安之般若「本無宗」。

5.涅槃思想

維摩詰經注：「既觀理得性，便應縛盡泥洹」、「不見泥洹異於煩惱，則無縛矣。」

由上知欲得性，即欲見性，須縛盡泥洹。而如何能縛盡泥洹，即須「不見泥洹異於煩惱」，也就是說要能作到「煩惱即涅槃」，則能縛盡泥洹而見佛性。

6.道生之判教

立四種法輪：

a.善淨法輪：謂始說一善，乃至四空，令去三塗之穢，故謂之淨。即人天乘。阿含時。

b.方便法輪：謂以無漏道品，得二涅槃，謂之方便。即聲聞、緣覺乘。初期方等教。

c.真實法輪：謂破三之僞，成一之美，謂之真實。即菩薩乘。法華時。

d.無餘法輪：斯則會歸之談，凡說常住妙旨，謂之無餘。即究竟佛乘。涅槃時。

道生之判教實爲中國佛教之最早的判教。

慧觀立頓漸二教及漸教五時（三乘別教、阿含爲第一時；三乘通教、般若經爲第二時；抑揚教、維摩、思益爲第三時；同歸於盡教、法華經爲第四時；常住教、涅槃經卷爲第五時。

5.道生之佛無淨土、善不受報義：

立法身無色義，因法身無淨土而立佛無淨土論，菩薩隨所化眾生而取淨土。

善行受報義亦爲方便之權教。凡人必有業報，而得道之賓，則不受報。

維摩經注：「無爲是表理之法，無實功德利也。」

無爲法是沒有功德利益可受，得道是無爲法，故得道之賓不受報。

89.曇無讖什麼時候翻譯涅槃經？

曇無讖（385-433）中天竺人。初學小乘，後向白頭禪師學涅槃經，遂歸依大乘。

　　由曇無讖譯，慧嵩、道朗擔任筆受，進行了涅槃經、大集經、大雲經、金光明經等二十部經典之翻譯。

　　後又至于闐取得「涅槃經」之剩餘部分，從玄始三年（414）開始，至玄始十年才譯完，這就是四十卷的北本涅槃經。這一年是法顯譯成六卷「泥洹經」後的第四年。

　　外國沙門曇無發指摘北本的品目尚不足，於是曇無讖就出國求此經的後品，不料在途中被刺客所殺。

　　慧觀欲繼其遺志取得後品，於宋元嘉年間（424-453）派遣道普去取後品，但船行至廣郡而船破了，道普腳受傷，最後死去，仍未能完成曇無讖的遺志。

　　曇無讖博通多識，擅長咒術，可匹敵佛圖澄。但曾以男女交接之術教授婦人，私通鄯善王之妹妹才會被途中刺殺。

　　四十卷「涅槃經」於宋元嘉七年（430）傳至建康時，南方早已流傳法顯六卷本的「泥洹經」。

　　經慧觀、慧嚴、謝靈運等人的改定，於公元四三六年完成了南本「涅槃經」

　　其後尚有約七世紀時的「大般涅槃經後分」若那跋陀羅譯。

　　演講涅槃經最早者是南朝竺道生，至南朝陳代已漸衰退，及至唐代則更少矣。

　　請參閱《佛性辨正》P443-444。

90.佛陀跋陀羅什麼時候翻譯華嚴經？

　　佛陀跋陀羅受西行求法的智嚴之邀請，來東土弘法。

　　先至長安，受道恒等排擠，和弟子慧觀等四十餘人一起逃至南方，於西元四○一年前後，由慧遠迎入廬山。在廬山翻譯禪經及進行講授。

　　譯經有達摩多羅禪經、摩訶僧祇律、大般泥洹經（和法顯合譯）、大方廣佛華嚴經（西元四一八-四二○年）、無量壽經、大方等如來藏經、文殊師利發願經等共十一部。

　　其中，以華嚴經最為重要。與慧嚴、慧義等百餘人一起譯出了支法領在于闐所取得的「華嚴經」胡本三萬六千偈。

　　於唐朝時創立的華嚴宗，即以華嚴經為本。

　　然華嚴經有三漢譯本，分別為東晉佛陀跋陀羅（359-429）所譯的六十卷華嚴經，三十四品，稱為晉譯或舊譯；唐朝實叉難陀（652-710）所譯的八十卷華嚴經，三十九品，為唐譯或新譯；另有唐、般若所譯（八至九世紀）之四十卷華嚴經，共一品，稱四十華嚴。

　　西藏的 Jinamitra（九世紀左右）等譯，共四十五品，簡稱「藏譯華嚴」。

91. 西行求法的取經僧有哪些？

（1）法顯

　　三歲即成沙彌，二十歲受具足戒，常慨嘆缺乏律藏，發誓要尋求經論，終於在東晉隆安三年，和慧景、道整、慧應、慧嵬等一起從長安出發，渡沙河，歷盡山路艱險。在摩竭提國停留三年，取得「摩訶僧祇律」、「薩婆多律抄」、「雜阿毗曇心論」「方等泥洹經」。在師子國停留二年，到師子國同行十一人只剩法顯一人。取得「彌沙塞律」、「長阿含經」、「雜阿含經」、「雜藏經」。

　　於義熙八年（412）回到青州，前後歷 14 年。後到建康，和佛馱跋陀羅同譯了六卷「泥洹經」、「摩訶僧祇律」、「大般涅槃經」、「雜阿毗曇心論」。八十六歲死於荊州，六十餘歲才從長安

出發，回建康時已七十餘歲。著有「法顯傳」及「佛國記」。

（2）智嚴

曾在烏夷國遇見法顯。周遊西域後到罽賓，跟佛馱跋陀羅學了三年禪法，並邀請他來中國傳法。宋元嘉四年和寶雲合譯「普曜經」。其後再至天竺，死於罽賓。

（3）寶雲

東晉隆安初（397）和法顯、智嚴先後赴西域，回長安後，拜佛馱跋陀羅為師學習禪法。譯有：無量壽佛、佛本行經。

（4）法勇

宋永初年間（420-322）和僧猛、曇朗等二十五人一起去西方，失十二人。至罽賓，得「觀世音受記經」。再至月氏國，由佛陀多羅投具足戒。後又至中天竺、南天竺，由廣州回國。

（5）智猛

後秦弘始六年（404）和十五人從長安出發，至華氏城，得「泥洹經」、「摩訶僧祇律」。最後回到涼州，同行只剩二人。譯「泥洹經」二十卷。著有「歷國傳」已佚失。

92.「清淨的三聖化現說」是什麼？

「清淨法行經」中，將老子、孔子、顏回看做是菩薩的化現。

背景起源是支謙譯的「瑞應本起經」中所說的本生談。也曾見於道安的「二教論」。

　　佛派三個弟子來教化震旦：儒童菩薩爲孔子，光淨菩薩爲顏回，摩訶迦葉爲老子。在僧祐的「失傳雜經」中也有記載「清淨法行經」。隋朝的彥悰將它視作疑經。

　　東晉佛教迅速發展，使得儒教與佛教對立起來。

　　儒教對佛教大加批判。說僧侶是遊民。也包括佛教思想的批判。

南北朝時代（93-96 問）

93.南北朝時代的譯經、重大事件及形成的宗派有哪些？

南朝（西元四二○-五八八年）：宋齊梁陳四朝
北朝（西元三九六-五八一年）：北魏（東魏、西魏）、北齊、北周

一、譯經及重大事件
（1）南朝
1.宋
a.慧觀、慧嚴、謝靈運，就北本涅槃，增加補充，得南本涅槃。

b.沮渠京聲：譯彌勒上生經。

c.佛陀什：譯五分律。

d.畺良耶舍：觀無量壽經。

e.求那跋陀羅：勝鬘經、楞伽經、雜阿含、涅槃經。

f.小乘：西晉白法祖、佛般泥洹經二卷；東晉法顯、大槃涅槃經三卷、西晉竺法護、佛說方等般泥槃經二卷。

大乘：東晉法顯、大槃泥洹經六卷、北涼曇無纖、大般涅槃經四十卷、後劉宋慧觀、慧嚴、謝靈運、南本涅槃經。

g.夷夏之辨：顧歡著「夷夏論」，批評佛教，認為佛是破惡之方，道是興善之術。佛教是「夷狄」之教，中夏之人不應「捨華」而「效夷」。

袁粲首先為文反駁「夷夏論」。其次明僧紹作「二教論」反駁。

宋明帝時謝鎮之兩次致書顧氏駁「夷夏說」。

蕭齊之世有道士假冒張融作「三破論」攻擊佛教。謂佛教有三破：破國、破家、破身。劉勰作「滅惑論」反駁；沙門僧順作

「釋三破論」反駁。僧祐也駁夷夏問題，以子之矛攻子之盾。

夷夏之辨，其實只是在辯「華夏中心」及「華夏正統」，並沒有深刻的佛教哲學思想論辯。

2.齊（南齊）

a.玄暢、僧慧：黑衣二傑。

b.僧伽跋陀羅：善見律毗婆沙，確定佛滅年代。

c.達摩摩提：法華經提婆達多品，補羅什譯本之缺。

3.梁

a.寶誌禪師：大乘讚、十二時頌、十四科頌。

「終日拈花擇火，不知是道場」、「大道常在目前」。

b.傅翁大士：「空手把鋤頭，步行騎水牛；人從橋上過，橋流水不流」。作心王銘。

齊梁間

c.僧祐：出三藏記集、釋迦譜、弘明集。

弟子寶唱：經律異相、名僧傳、比丘尼傳。

d.慧皎：高僧傳。

e.神滅與神不滅的論爭：

范縝發表「神滅論」，指出形者神之質，神者形之用，二者不得相異，形存則神存，形謝則神滅，豈容形亡而神在？

親王蕭子良發動圍攻，但論戰及收買都未奏效，以失敗告終。梁武即位，讓僧、俗群起反駁，其中以僧法雲為首，共六十多人。

佛教的理論六道輪迴的主體即是不滅的識「神」，而解脫則依據人人有佛性。

故若形亡神滅，則整個輪迴思想將崩解，故親王及皇帝才會出面反對。

f.真諦：十七地論、攝大乘論、攝大乘論釋、俱舍釋論。

涅槃經與成實論研究：齊末由成實轉向三論。

齊：僧淵、道慧、僧柔。

梁三大家：法雲、僧旻、智藏。

僧朗：精究三論。

g.梁代地論宗：十地論。

世親十地經論：元魏菩提流支譯。

h.三論學說的再弘傳：

三論學說在羅什及其門下相繼去世之後，便進入了一段沉寂時期，直至蕭梁，方才又漸漸興起。

僧朗：擅長三論，受梁武帝深見器重，派僧懷、慧令等十僧，詣山受學三論大義。

僧朗傳僧詮-法朗-吉藏。僧詮「惟存中觀」，卻又頓跡幽林，重視禪觀。後來光大三論之學，卻是法朗。

法朗：先從寶誌學禪，後又習律部及小乘成實、毗曇。後從僧詮學智度、中、百、十二門論及華嚴、大品等，從此走入三論大門。法朗學成於梁，弘傳於陳，歷兩朝而成一代名家。宣講三論、大品各二十餘遍。死於陳宣帝太建十三年（581）終年七十五歲。

4.陳

a.智周往印度求經。

b.南期律學：

據梁「僧傳」記載有十一人：僧祐、智稱、慧猷、僧璩、道房等。

據道宣「續僧傳」有四人：法超、道禪、曇瑗、智文。

南朝所傳律學多屬「十誦」。

智稱著「十誦義記」八卷盛行於世，為南朝律學中一位巨匠。

慧猷著「十誦義疏」八卷。

僧祐：偏弘「十誦」，為律學名家，也是「出三藏記集」的

作者。

（2）北朝

1.北魏

a.武帝封法果爲輔國宜城子及忠信侯：

造大同雲岡石窟、洛陽龍門石窟。

b.太武帝第一次滅佛：太平眞君七年。

c.宣武、孝明二帝特勅惠生、宋雲赴印度求法。

d.勒那摩提、佛陀扇多、菩提流支相繼東來：

-勒那摩提：譯出「妙法蓮經」僧朗筆受

佛陀扇多：譯出「金剛上味」等經十部。

-菩提流支：譯出十地論、入楞伽經、淨土論。

菩提流支以「觀無量壽經」授曇鸞，開此後專修念佛的淨土教。

e.惠光：扇多弟子。依十地經研究，成爲十地宗：

惠光又著「四分律疏」，揭起四分律興隆的開始。

華嚴經在北魏盛傳：劉謙之著華嚴論六百卷。靈辯著華嚴論一百卷。（均已佚失）

f.佛陀系禪學：

北魏孝文帝時，佛陀已來到平城（今山西大同），受到皇帝禮敬，國家資供的隆重待遇。

孝文帝蓋嵩山少林寺讓佛陀居住。佛陀一次到洛陽遇到慧光便度之。又傳道房，再傳僧稠。慧光日後弘律學，佛陀禪學，到了僧稠（480-560）而光大。僧稠善於「四念處」觀，觀身不淨、受是苦、心無常、法無我。後經佛陀印可證悟。僧稠歷北魏，直到北齊，仍受文宣帝高洋的恭敬，受高洋菩薩戒法，使成「菩薩皇帝」。僧稠撰「止觀法」二卷。死於北齊廢帝（560）。

g.菩提達摩系禪學：

菩提達摩（？-536）先到南朝，因與梁武帝話不投機，乃又

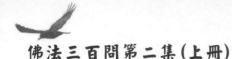

北度至魏，去嵩山面壁禪修（此段有人認爲是無史據的傳說）。

主張理入、行入。理入有藉教悟宗；一切含生皆有眞性，須捨僞歸眞；凝住壁觀。

行入有四行：報怨行、隨緣行、無所求行、稱法行。

h.北魏分裂爲西魏及東魏：北齊滅東魏。

I.北齊開始有僧伽爲國師：

北齊高僧：僧稠、曇顯（與道教徒鬥法獲大勝，道教絕跡）。

j.北周：

北周武帝迷信道教而滅佛，史上三武之難的第二法難。

北朝二武滅佛：魏太武帝及北周武帝。

k.北朝律學弘傳：

據梁、唐二「僧傳」記載有：道儼、法琳、慧光、曇隱

慧光：從佛陀禪師受三歸而出家，鑽研地論，又治律部，大弘「四分」，可說是禪、教、律秉通的一代名家。曾任「僧統」。

二、宗派

（1）六大宗：涅槃宗、成實宗、毗曇宗、俱舍宗、地論宗、攝論宗。

（2）地論宗併入華嚴宗；攝論宗併入唯識宗；涅槃宗併入天台宗。

涅槃宗（94-96 問）

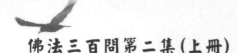

94.涅槃宗的源流及宗義是什麼？

（一）源流

涅槃宗以弘傳、研習「大般涅槃經」而且得名。中心義理是如來常住、一切眾生悉有佛性、涅槃常樂我淨四德。

道生首先研究東晉義熙一四年（418）法顯所譯的六卷「泥洹經」而作「泥洹義疏」反對經中所說，除闡提外，其他眾生皆有佛性。主張一闡提也能成佛。後北本涅槃經於劉宋元嘉七年（430）傳來江南，證實道生一闡提能成佛之說。道生即在廬山講說此經，成為南地最初的涅槃師。

慧觀後與慧嚴、謝靈運等修正四十卷北本，改治成三十六卷的南本。並主張漸悟說，不同於道生的頓悟說。

道生、慧觀以後，南方也出了不少涅槃師，如寶亮、道猷、法朗等。寶亮著「大般涅槃經集解」。

北方則以慧嵩及道朗為最早的涅槃師。道朗著「涅槃義疏」，強調法性也是常樂我淨。

南方三論、成實學者及北方地論學者多半兼通涅槃學。

至隋朝，涅槃學為「五眾」（五個佛學研究領域）之首位。入唐以後，涅槃學派便見衰落。

參閱《佛性辨正》P443-444。

（二）宗義

主要闡述佛身（如來）常住不滅、涅槃常樂我淨及佛性觀，包括佛性的意義、一切眾生悉有佛性、一闡提、聲聞、辟支佛均得成佛，及教相判釋說（本經的半字、滿字、牛乳五味等說法）。

95.大般涅槃經大綱是什麼？

曇無讖四十卷本，共十三品：壽命品、金剛身品、名字功德品、如來性品、一切大眾所問品、現病品、聖行品、梵行品、嬰兒行品、光明遍照高貴德王菩薩品、獅子吼菩薩品、迦葉菩薩品、憍陳如品。

本問擬討論壽命品、金剛身品、如來性品、光明遍照高貴德王菩薩品、獅子吼菩薩品、迦葉菩薩品等。

（1）壽命品：佛陀臨涅槃時，純陀請佛住世，佛為說涅槃法及無常、苦、空、無我義，了知常樂我淨，離四顛倒義。

A.常樂我淨四顛倒義：

1.凡夫的四顛倒是常樂我淨：

眾生將諸行無常視為常；諸受是苦視為樂；諸法無我視為有我，觀身不淨視為淨。

三惡覺（欲覺、瞋覺、害覺乃是四顛倒的因緣，及不見佛性的原因。

「汝等比丘！不應如是修習無常、苦、無我想、不淨想等，以為是實義。」

2.聲聞、緣覺的四顛倒是無常、無樂、無我、無淨。

3.佛的涅槃四德是常樂我淨：

「無我者名為生死，我者名如來。無常者聲聞緣覺，常者如來法身。苦者一切外道，樂者即是涅槃。不淨者即有為法，淨者諸佛正法。」

「是故，如來於佛法中唱是無我，為調眾生故，為知時故，說是無我。有因緣故，亦說有我。……如來亦爾，為眾生故，說諸法中真實有我。」

佛的涅槃四德是超越相對的「絕對」法，所以常是絕對常，是法身。樂是絕對樂見，是涅槃。我是絕對我，是如來。淨是絕

對淨，是正法。

（2）金剛身品：爲迦葉宣說如來法身常住，金剛不壞等義理。

A.如來身是金剛不壞身，也是成就無量功德身：

「善男子！如來身者是常住身，不可壞身，金剛之身，非雜食身，即是法身。……如來之身無量億劫堅牢難壞，非人天身，非恐怖身，非雜食身，非身是身，不生不滅，無知無形，畢竟清淨，非業非果、非心非數、其心平等，無有亦有，非陰界入亦陰界入，非增非損，非行非滅，無受無行，非定非不定，不斷不常，常行一乘，斷一切結，不可宣說，不可思議。」

B.如何因緣可以得金剛不壞身？

1.能護持正法：

「以能護持正法因緣故，得成就是金剛身。」

2.能守戒及師子吼廣說妙法：

「若有比丘，復能護持所受禁戒，能師子吼廣說妙法，……以如是等九部經典爲他廣說，利益安樂諸眾生故。」

3.不爲利養宣說大乘經典：

「迦葉！言護法者，謂具正見，能廣宣說大乘經典，……不爲利養親近國王、大臣、長者，於諸檀越，心無諂曲，……是名持戒護法之師，能爲眾生眞善知識。」

4.當「清淨僧」，能調「破戒雜僧」及「思癡僧」二眾：

「有持戒淨僧利養因緣所不能壞。……云何名清淨僧？有比丘僧，不爲百千億數諸魔之所沮壞。是菩薩眾本性清淨，能調如上二部之眾，悉令安住清淨眾中，是名護法無上大師、善持律者。」

5.常入聚落，不擇時節調伏眾生：

「云何調伏眾生故？若諸菩薩爲化眾生，常入聚落，不擇時節。或至寡婦、婬女舍宅，與同住止，經歷多年，若是聲聞所不

應爲，是名調伏利益眾生。……是律應證者，善學戒律，不近破戒，見有所行隨順戒律，心生歡喜，如是能知佛法所作，善能解說，是名律師。」

（3）如來性品

A.闡述一切眾生同一佛性，無有差別之義理。

B.有四種性差別：

「文殊師利讚言：善哉！誠如聖教。我今始解諸佛、菩薩、聲聞、緣覺亦有差別，亦無差別。……乳牛有種種色……牛色各異，其乳云何皆同一色？佛、菩薩、聲聞、緣覺亦爾，同一佛性，猶如彼乳。所以者何？同盡漏故。……一切三乘同一佛性，猶如彼人悟解乳相由業因緣。」

由上文知，佛、菩薩、聲聞、緣覺雖說譬同乳牛有種種色，外相不同，但其佛性譬同乳色，則一，即一切三乘同一佛性。

故結論是：

佛、菩薩、聲聞、緣覺亦有差別（牛色不同），亦無差別（同具佛性無差別；未來之世皆當歸於大般涅槃，故無差別）。

C.有四種性差別：

「迦葉言：云何性差別？佛言；善男子！聲聞如乳，緣覺如酪，菩薩之人如生熟酥，諸佛世尊猶如醍醐，以是義故，大涅槃中說四種性而有差別。」

上文有四種性，似與「佛性爲一」有矛盾。佛陀以「當有，即未來有」來解釋眾生「有」佛性的「有」是未來有，同時經中也談及佛性有二對因，即正因、緣因及生因、了因。

其實若以智顗的佛性三因（正因、了因、緣因）來解釋，則可完全通達。「佛性爲一」是指佛性的正因爲一，大家的正因都相同。但三乘及佛的緣因及了因則各自不同，因此才有四種不同的「種性」差別。種性是佛性三因的整體外在表現。

所謂「有」是「未來有」，因未來經修行將緣因及了因都轉

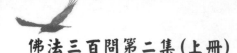

成正因，即是三因一因，即是佛。過去則人人悉有佛性三因。現在則三因並具，但三因有別，所以尚不是佛。

（4）光明遍照高貴德王菩薩品：闡述涅槃、常樂我淨等義理。

「三覺（欲、瞋、害）因緣，乃令無量凡夫眾生不見佛性，無量劫中生顛倒心，謂佛世尊無常、樂、我，唯有一淨，將切來畢竟入於涅槃。一切眾生無常、無樂、無我、無淨，顛倒心故，言有常、樂、我、淨。實無三乘，顛倒心故，言有三乘。」

「滅內外入所生六識，名之為常，以是常，故名之為我。有常、我，故名之為樂。常、我，故名之淨。善男子，眾生厭苦斷是苦因，自在遠處離是名為我，以是因緣，我今宣說常樂我淨。」

常樂我淨的發生順序只先有常，次有我，其次樂，最後由常我樂而有淨。

（5）獅子吼菩薩品：闡述一切眾生悉有佛性、如來常住無有變異等義理。

「善男子！佛性者名第一義空，第一義空名為智慧。所言空者，不見空與不空。智者見空及與不空、常與無常、苦之與樂、我與無我。空者一切生死，不空者謂大涅槃；乃至無我者即是生死，我者謂大涅槃。見一切空，不見不空，不名中道；乃至見一切無我，不見我者，不名中道，中道者名為佛性。以是義故，佛性常恒、無有變易，無明覆故，令諸眾生不能得見。聲聞緣覺見一切空，不見不空；乃至見一切無我，不見於我。以是義故，不得第一義空，不得第一義空故，不行中道，無中道故，不見佛性。」

由上文知，只見一切空（小乘見人我空，大乘見人法二空），不見不空（沒有見不空如來藏），不名中道；乃至見一切無我，不見我者，不名中道。佛性即是中道義，亦是能觀照十二因

緣的觀智。

「復次善男子！眾生起見，凡有二種：一者常見，二者斷見。如是二見不名中道，無常無斷乃名中道。無常無斷，即是觀照十二因緣智，如是觀智是名佛性。二乘之人雖觀因緣，猶亦不得名爲佛性。佛性雖常，以諸眾生無明覆故，不能得見。又未能渡十二因緣河，猶如兔馬。何以故？不見佛性故。善男子！是觀十二因緣智慧，即是阿耨多羅三藐三菩提種子，以是義故，十二因緣名爲佛性。」

「善男子！觀十二緣智，凡有四種：一者下，二者中，三者上，四者上上。下智觀者不見佛性，以不見故得聲聞道。中智觀者不見佛性，以不見故得緣覺道。上智觀者見不了了，不了了故住十住地。上上智觀者見了了故，得阿耨多羅三藐三菩提道。以是義故，十二因緣名爲佛性。佛性者即第一義空，第一義空名爲中道，中道者即名爲佛，佛者名爲涅槃。」

聲聞（下智觀者）、緣覺（中智觀者）均不能見佛性。

十地位階的菩薩（上智觀者）不了了見佛性。

得阿耨多羅三藐三菩提的佛（上上智觀者）才能了了見佛性。

「善男子！佛性者，有因有因因，有果有果果。有因者即十二因緣，因因者即是智慧，有果者即是阿耨多羅三藐三菩提，果果者即是無上大般涅槃。」

因是十二因緣；因因是十二因緣觀智。

果是阿耨多羅三藐三菩提；果果是無上大般涅槃。

「是因非果如佛性，是果非因如大涅槃。是因是果，如十二因緣所生之法。非因非果名爲佛性。非因果故，常恒無變。以是義故，我經中說十二因緣其義甚深，無知無見，不可思惟，乃是諸佛菩薩境界，非諸聲聞緣覺所及。」

非因非果是佛性，佛性爲非是因果，所以常恆不變。

非因非果的不可思議境界，是諸佛菩薩境界，非諸聲聞緣覺所及。

「一切眾生雖與十二因緣共行而不見知，不見知故無有終始，十住菩薩惟見其終不見其始，諸佛世尊見始見終。以是義故，諸佛了了得見佛性。善男子！一切眾生不能見於十二因緣，是故輪轉。善男子！如蠶作繭，自生自死。一切眾生亦復如是，不見佛性。」

十住地菩薩只能見終而不能見始，而諸佛世尊可以見始也可以見終，所以諸佛了了得見佛性。

（6）迦葉菩薩品：闡述佛性、一闡提不斷佛性能成佛之義理。

「善男子！有者凡有三種：一未來有，二現在有，三過去有。一切眾生未來之世，當有阿耨多羅三藐三菩提，是名佛性。一切眾生現在悉有煩惱諸結，是故現在無有三十二相、八十種好。一切眾生過去之世有斷煩惱，是故現在得見佛性。以是義故，我常宣說一切眾生悉有佛性，乃至一闡提等亦有佛性。」

眾生悉有佛性的「有」是指「未來有」。一切眾生「現在」尚有煩惱諸結，故現在尚未成佛。

若一切眾生過去之世有斷煩惱，現在則能得見佛性。以是義，一闡提等無有善法，但以未來可以有善法，故一闡提等悉有佛性。一闡提等未來也定當得成阿耨多羅三藐三菩提。

「善男子！譬如有人家有乳酪，有人問言：『汝有蘇耶？』答言：『我有酪，實非蘇，以巧方便定當得故，故言有蘇。』眾生亦爾，悉皆有心，凡有心者，定當得成阿耨多羅三藐三菩提。以是義故，我常宣說一切眾生悉有佛性。」

只要有乳酪，經善巧方便法，可以由乳酪變成蘇，所以我宣說一切眾生悉有佛性。

「善男子！畢竟有二種：一者莊嚴畢竟，二者究竟畢竟。一

者世間畢竟，二者出世畢竟。莊嚴畢竟者，六波羅蜜。究竟畢竟者，一切眾生所得一乘，一乘者名為佛性，以是義故，我說一切眾生悉有佛性，一切眾生悉有一乘，以無明覆故不能得見。」

「佛性者即首楞嚴三昧，性如醍醐，即是一切諸佛之母。以首楞嚴三昧力故，而令諸佛常樂我淨。一切眾生悉有首楞嚴三昧，以不修行故不得見，是故不能得成阿耨多羅三藐三菩提。善男子！首楞嚴三昧者，有五種名：一者首楞嚴三昧，二者般若波羅蜜，三者金剛三昧，四者師子吼三昧，五者佛性；隨其所作，處處得名。」

「善男子！一切中、下。上定者謂佛性也，以是故言，一切眾生悉有佛性。中者一切眾生具足初禪，有因緣時則能修習，若無因緣則不能修。因緣二種：一謂火災，二謂破欲界結，以是故言一切眾生悉具中定。下定者，十大地中心數定也，以是故言，一切眾生悉具下定。一切眾生悉有佛性，煩惱覆故不能得見，十住菩薩雖見一乘，不知如來是常住法，以是故言十地菩薩雖見佛性而不明了。」

96. 涅槃宗的佛性義是什麼？

佛性是涅槃學派的核心課題。

以下簡列佛性的相關問題，請參閱本人所著《佛性辨正》P12-26、P446-460，均有探討。此處不再贅言。

1. 佛性的意義

佛性簡言之即是成佛的可能性或因性。

2. 佛性與如來藏

佛性同真如、如來藏。

3.佛性與第一義空及中道

佛性同第一義空及中道。

4.佛性與阿耨多羅三藐三菩提

佛性即是性佛，也是阿耨多羅三藐三菩提果。

5.佛性與涅槃

佛性即是無住涅槃。

6.佛性與我

佛性是「大我」，非小我或神我。

7.佛性的三因說

佛性三因是正因、緣因、了因。

正因是非空非假中道，是體。了因是空，是相。緣因是假，是用。佛是即空即假即中，即體即相即用。

8.佛性的因果論

佛性是即因即果。

9.佛性的有無

佛性是離有無四句：有、無、非有非無、亦有亦無。

10.佛性的定與不定

佛性是非定非不定。

11.佛性的本有始有

佛性是非本有非始有。

12.佛性的見與不見

佛是全見佛性，十地菩薩僅少分見佛性，聲聞緣覺及人天均不能見佛性。

13.涅槃四德

「絕對」的常樂我淨。

14.一切眾生悉有佛性

十法界，包括一闡提、有情、無情等，悉有佛性。

成實宗（97-107 問）

97.成實宗的源流為何？

成實宗以弘傳訶梨跋摩所著，鳩摩羅什所譯「成實論」而得名。

南朝宋代的僧導及北魏的僧嵩，均有講習弘傳此論。僧導在壽春形成南「壽春系」；僧嵩在彭城形成北「彭城系」。

梁代有梁朝三大師法雲、僧旻、智藏，梁代是成實論盛行的高潮。隋朝開始衰退，唐代則逐漸消失。

請參閱：《佛性辨正》P401-402。

98.成實宗的教義是什麼？

1.立有二門，一世界門，二第一義門。

世界門即依俗諦；

第一義門即依眞諦。

2.有二種眞俗二諦。

3.立三有及三心：

三有：假名有、實法有、涅槃有。

三心：假名心、法心、空心。

認爲「假」有三種，一因成假：凡因緣所和合之法皆是假。

二相續假：前後相連，斷續存在之法。即斷續有之法皆假法。

三相待假：彼此相對隨待，即相對法皆是假法。

三心如下：

假心（假名心）：將假名之假法視爲實有而生迷妄煩惱之能緣心。此心立假名有。

法心（實心）：視合成諸法之眾緣（極微）及五陰爲實法有

之能緣心。此心立實法有。

空心：視涅槃爲眞實空之心。此心明涅槃眞實空。假名心及法心都是世界門。空心是第一義門。

4.立八十四法。

5.立空無我二種觀以觀人法二空。

6.主張「滅三心」以見滅諦，入無餘涅槃，得聖道。

7.通至滅諦之修道法爲三十七助菩提法、八直聖道及定智二法。

8.成實即，成於釋三藏中之「實」義，即苦集滅道四諦。

99.什麼是八十四法？

八十四法如下：分四位。

（1）色法：有 14 種。五根、五塵、四大。

唯識百法是 11 種。

（2）心法：有 50 種。心王、49 種心數。唯識百法是心法 8 種、心所 51 種。

（3）非色非心法：17 種。唯識百法是 24 種。

（4）無爲法：3 種。唯識百法是 6 種。

各派所有的法分類數目如下：

綜之，阿毗達摩有 67 法；俱舍宗有 75 法；成實宗有 84 法；唯識宗有 100 法。

請參閱：《佛性辨正》P403-404。

100.成實宗的我法二空觀是什麼？

（1）人我空觀

觀五蘊之中無人我。

不見眾生相，是名人空觀。

（2）法我空觀

觀五蘊諸法、四大、五根及人我等，但有假名，並無實體，不見有法相，是名法空觀。

但本宗的法空觀並不徹底，極微及五蘊之「實法有」並未完全空，尤其比對涅槃真諦時，被視為俗諦。

以上述之二空觀可以斷除煩惱障及所知障之二障。

惟俱生我執須八地菩薩方斷；俱生法執須成佛才斷。

此觀點與唯識宗相近，但唯識宗認為十地斷俱生法執及習氣。

101.人法二空、真俗二諦、四聖諦是什麼？

（1）人法二空

以空無我二種觀，以觀二空。

有二行，空行及無我行。於五陰中不見眾生，是名空行。見五陰亦無，是無我行。

又二種觀，空觀及無我觀。

空觀者不見假名眾生，如人見瓶中無水故空，同理見五陰中無人故空。

若不見法是名無我，空觀者，人空觀也；無我觀者，法空觀也，即觀五陰諸法，非真實有，觀色知虛誑敗壞之相；受如泡；想如野馬；行如芭蕉；識如幻。此五喻皆示空義。

是故，不但是人我空，即五陰亦如幻如化，非眞實有。

（2）眞俗二諦

第一種二諦：

俗諦：四大、五根及人我等（假名有）

眞諦：有二種

a.五陰及極微等（實法有）

b.涅槃（眞實空）

第二種二諦：

世諦：五陰及極微

第一義諦：涅槃

故，「五陰及極微」是第一種二諦的「眞諦」，卻是第二種二諦的「世諦」，也即是說，「五陰及極微」，對「四大、五根及人我等」是眞諦，是實法有；但對涅槃而言，卻是世諦。又是眞諦，又是世諦，可見「五陰及極微」之法空並不徹底。

（3）四聖諦

-苦：五受陰是苦，諸業及煩惱是苦因，苦盡是苦滅，八聖道是苦滅道

-集：產生苦果的原因是業及煩惱

-滅：見滅諦爲得聖道。以滅三心才能得聖道。

從多聞因緣智（聞慧）及思惟因緣智（思慧）滅「假名心」；以修慧（空智、空無我智）滅「法心」；後於滅盡定或無餘涅槃中以重空義滅「空心」，達眞空無相。重空即是空空（將五陰空之空再空掉），三心皆滅，則入無我，離言絕相之眞空，唯歸一滅諦，即以定慧得解脫，名俱解脫。滅諦者，涅槃之異名也，而涅槃即無相、無所有。以二十七賢聖之四行四得，而得此涅槃果。

四行是行

須陀洹、行斯陀含、行阿那含、行阿羅漢）；

四得是得

須陀洹、得斯陀含、得阿那含、得阿羅漢。

-道：是修三十七助菩提法，修八直聖道（八正道：正見、正思惟、正精進、正語、正業、正命、正念、正定）

八正道即是修定與智，及修戒定慧。戒是正道：正語、正業、正命；定是正念、正定；慧是正見、正思惟。

正精進遍三學。

請參閱《佛性辨正》P404-408。

102.成實論的佛性思想為何？

南北朝的成實宗大師有僧旻、僧柔、智藏、法雲、寶亮等五大師提出正因佛性的主張。

僧旻：眾生為正因佛性。

僧柔：六法（五陰及假人我）為正因佛性。

智藏：心為正因佛性。

法雲：避苦求樂為正因佛性。

寶亮：真諦為正因佛性。

吉藏將十一家正因佛性總結為「假實」、「心識」、「理」三種正因佛性。

僧旻的眾生及僧柔的六法（五陰及假人我）二者歸於「假實」。

智藏之心及法雲之避苦求樂，歸於「心識」。

寶亮之真諦，歸於「理」。

吉藏認為正因佛性是：非眾生、非六法、非真非俗。

請參閱《佛性辨正》P408-413。

103.成實宗聲聞四果所斷的見思惑有哪些？

聲聞四果（須陀洹、斯陀含、阿那含、阿羅漢），各斷其所應斷的見惑及思惑，凡未斷盡者皆爲向，已斷盡者則爲果。

三界爲欲界、色界、無色界。

九地：欲界之欲界五趣地；色界四地之初禪離生喜樂地、二禪定生喜樂地、三禪離喜妙樂地、四禪捨念清淨地；無色界四地之空無邊處地、識無邊處地、無所有處地、非想非非想處地。

見惑有三界八十八結使；思惑有三界八十一品思惑。

（1）須陀洹：斷三界所有見惑。

（2）斯陀含：斷欲界前六品思惑。

（3）阿那含：斷欲界後三品思惑。

（4）阿羅漢：斷色界、無色界七十二品思惑。

斯陀含斷欲界前六品思惑，須經過六生，故每品或需二生、一生、半生、不定，合之爲六生。

阿那含斷欲界後三品思惑，須經過一生，故每品僅需半生或四分之一生、不定，合之爲一生。

104.什麼是俱生法執？

人我執及法我執都有俱生及分別二種。

執五蘊假和合身之見聞覺知作用，認爲此中常有一主宰的人我者，名爲我執或人執。先天法爾而有者，爲俱生我執；後天由分別力所生者、名分別我執。

無始時來，熏習成性，常於一切法，妄生執著者，名俱生法執。此種法執，非由分別而起，乃有生俱來者，故曰俱生法執。八地菩薩可斷俱生我執，須成佛才能斷俱生法執。

斷我執即斷煩惱障，煩惱障是見思惑的總稱。斷法執即斷所知障，所知障是行者對於世出世法，認其為有，執之太過，成為法塵，障菩提智，故名所知障。

105.修行位階有哪些？

修行位階有二十七聖賢位，如下所述。

聖賢位階：有學、無學

（1）有學

1.預流向：隨信行（聞思）、隨法行（煖頂忍世第一法）、無相行（斷見惑入見道位）

2.預流果：斷三界見惑

3.一來向：斷欲界思惑前五品

4.一來果：斷欲界思惑第六品

5.不還向：斷欲界思惑七八二品

6.不還果：斷欲界思惑第九品：中般、生般、有行般、無行般、樂慧、樂定、轉世、現般、信解、見得、身證

7.阿羅漢向：斷色無色界七十一品思惑

（2）無學

阿羅漢果：斷非想天第九品絕頂思惑：

退法相、守護相、死相、住相、可進相、不壞相、慧解脫、俱解脫、不退相。

參閱《佛性辨正》P148-149。

106.成就果德是什麼？

本宗以灰身滅智，入無餘涅槃，成就阿羅漢果為目的，出離三界，不受後有，惟住於滅諦之中，也具有十力、四無畏、大悲三念位與五分法身，但上述功德僅能今證少分，不能與佛相等。

以四諦之見滅為見聖道，以見滅諦為得聖道。所言滅者，即是滅三有（假名有、實法有、涅槃有），立三心（假心、法心，空心）。

107.成實宗是小乘或大乘？

依小乘之部派如多聞部、經部、曇無德部、化地部等說為小乘。

依梁朝三大法師，法雲、智藏、僧旻等說為大乘。

依天台智顗、三論吉藏二人皆判為小乘。

作者的看法贊成道宣之一分通於大乘。可視為大小乘之過渡位階。

請參閱《佛性辨正》P402。

南北朝佛教（108-149 問）

毘曇宗（108-116 問）

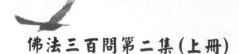

108.毘曇宗的源流為何？

以講習說一切有部阿毘曇義學而得名。

傳入中國約在前秦至南北朝初期，「阿毘曇宗八犍度論」（即發智論）、「阿毘曇心論」、「雜阿毘曇心論」相繼譯出，流傳日廣。諸師皆以「雜阿毘曇心論」為要典。

僧伽提婆受到盧山慧遠之請，重譯「阿毘曇心論」，對南地義學影響尤大。後僧伽提婆與寶雲重譯「雜阿毘曇心論」，僧鏡曾參加求那跋摩「雜心論」譯場並作序。毘曇學遂蔚為興盛。而以梁代慧集最有成就。

道安是北方最先重視。

毘曇學的高僧。

北方最著名的毘曇學者為慧嵩，有「毘曇孔子」之美稱。志念也從其學毘曇，為陳隋間毘曇學之一代專家。其後漸衰微，至隋末唐初，專業名師幾無了。

唐玄奘對小乘有部經論之翻譯，可算是最多之第一人，包括「阿毘達摩大毘婆沙論」二百卷、「阿毘達摩六足論」，玄奘譯了五足。

請參閱《佛性辨正》P433-434。

109.雜阿毘曇心論的大綱是什麼？

雜阿毘曇心論的作者法救，一切有部的著名僧人。大約生活在公元四世紀前半葉之前。漢譯本有前後五次譯出。現僅存第五次僧伽跋摩的譯本。

本論的新主張包括：阿羅漢有退、中陰有、三世實有、四諦漸次現觀、佛不在僧數。

（1）界品：五陰、十二入、十八界。

（2）行品：五位六十七法、六因四緣。

（3）業品：身口意三業、表業、無表業、三有、五作業。

（4）使品：三有（三界）、五種煩惱、七使、五見、十纏、六垢。

（5）賢聖品：四念處、六界、三解脫門、涅槃、無相三味、三道。

果：一二三四五種斷、四向四果、阿那含果（五種、六種、七種）、六種阿羅漢（四解脫阿羅漢）。

三無漏根（未知根、已知根、無知根）。

（6）智品：四倒、四念、四識住、十六行、十種智：世俗智（等智）、聖智（苦智、集智、滅智、道智）、二種智（法智、比智）、（盡智、無生智）、他心智。

（7）定品：十使、十六心、三種禪定（不淨觀、安般念、界方便觀）、十一地禪（欲界地、色界四禪、未至禪、中間禪、四空處地）、禪定的功德（三種三摩提、六種神通、四種無量、十種一切處、八種勝處、八種背捨學道）。

（8）修多羅品：三界、緣起（煩惱、業、事）、十二支、八大地獄、四天下、六欲天。

（9）擇品：中陰、四種薩婆多、因明五支、為有中陰為無、為有一切有為無、此說有，云何無有、七士夫趣。

110.五位法是什麼？

色（11）：眼耳鼻舌身五根、色聲香味觸五境及無作假色（同唯識百法）。

心（1）：即意入。意入者是心意識。心義：有集起、遠知、過去世。思量是「意」之義，思量有前知、過去世。別知是「識」義，有現在世、續生。

在十八界中說七心界（意根及眼耳鼻舌身意等六識）。

心所：

大地法（4）：善、不善、隱沒無記、不隱沒無記。

善大地（10）：慚、愧、不貪、不恚、信、猗息（身心離惡）、不放逸、不害、精進、捨（心平等）。

煩惱大地（10）：邪解、不正憶、不順智、失念、不信、懈怠、亂、無明、掉、放逸。

不善大地（2）：無慚、無愧。

小煩惱大地（10）：忿、恨、誑、慳、嫉、惱、諂、覆、高、害。

心不相應行：四相（生住異滅）、四因（所作因、共有因、自分因、報因）。

無爲法：虛空、數滅、非數滅。

所作因存於三世及涅槃無爲中；自分因及一切遍因存於過去及現在，不在未來；其他三因通三世。

請參閱《佛性辨正》P434-436。

111.什麼是輪迴說？

本宗認爲眾生按照自身所聚業感自性的不同，感得之世間及出世間之罪福果報即有差別，以及眾生有生死，業報不失的輪迴思想。

本論以十二因緣支的「惑業苦」來說明三世的因緣關係。前世因是無明惑，今世因是愛取惑。前世「行」是業，今世「有」

是業。今世果是「識、名色、六入、觸、受」，後世果是「生老死」。

　　並以「四有」來呈現輪迴現象。四有是中有（中陰身）-生有（入胎）-本有（出生至死）-死有（死時）。

112.什麼是五位實有、三世實有？

　　即我空法有說。

　　五位實有、三世實有都指法有。而五蘊法也是實有，但五蘊中並無一個實有的自性我，故說我空。五位色心諸法及五陰、十二入、十八界，皆各有自性，都是實法，而三世也是實有。

　　以六因、四緣論證一切法皆由自性藉因緣和合所生，因緣和合法必然會有生滅變化，即是無常空或因緣空。

　　請參閱《佛性辨正》P436。

113.什麼是六因、四緣、五果？

　　（1）六因：所作因、共有因、自分因、一切遍因，相應因、報因。

　　（2）四緣：次第緣、緣緣、增上緣、因緣。

　　（3）五果：增上果（作因）、依果（自分因、遍因）、報果（報因）、功用果（相應因、共有因）。

　　請參閱《佛性辨正》P437-438。

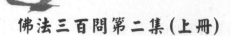

114.煩惱、五業及四有為何？

（1）煩惱：共九十八使。七使（貪欲 5、恚 5、有愛 10、慢 15、無明 15、見 36、疑 12）、五種煩惱（見苦斷煩惱、見集斷煩惱、見滅斷煩惱、見道斷煩惱、修所斷煩惱）、上煩惱纏（十纏）：無慚、無愧、睡、悔、慳、嫉、掉、眠、忿、覆。

六煩惱垢：害、恨、諂、高、五邪見、取見見。

（2）五業：身作業、身無作業、口作業、口無作業、意業

（3）四有：本有、死有、中有、生有。

請參閱《佛性辨正》P438-439。

115.如何修行及解脫？

修行有「定」及「智」二種。

如何修行：

受戒持戒-修習禪智-修習三種禪定（不淨觀、安般念、界方便觀）-觀思四諦-修行四念處（觀身不淨、受是苦、心無常、法無我）-別相四念處-總相四念處-煖頂忍世第一法-見道-見道十五心（苦法智忍、苦法智、苦比智忍、苦比智、集法智忍、集法智、集比智忍、集比智、滅法智忍、滅法智、滅比智忍、滅比智、道法智忍、道法智、道比智忍）-隨信行及隨法行-修道（第十六心道比智）-須陀洹向、果-斯陀含向、果-阿那含向、果-阿羅漢向-無學道（阿羅漢果）。

（1）定

定品：十使、十六心、三種禪定（不淨觀、安般念、界方便觀）、十一地禪（欲界地、色界四禪、末至禪、中間禪、四空處地）、禪定的功德（三種三摩提、六種神通、四種無量、十種一

切處、八種勝處、八種背捨）。

一一三昧說三種：味、淨、無漏。

若味相應者，名味正受。若不味著者，名淨正受。若無漏思惟五陰無常等行，當知是無漏正受。

-初禪

五支：覺觀喜樂一心。

三受：喜、樂、捨。

-二禪

四支：內淨、喜樂一心。

二受：喜、捨。

-三禪

五支：念、正知、樂、行捨、一心。

二受：樂、捨。

-四禪

四支：不苦不樂、行捨、淨念、一心。

-四無色定：不立支

-三三摩提：空、無願、無相

九空：內空、外空、內外空、有為空、無為空、有為無為空、無事空、第一義空、空空。

無願：五種：內無願、外無願、內外無願、有為無願、無為無願。

無相：有四種：內無相（內指自身之內的事物）、外無相（外指身外的事物）、內外無相、無相無相（無相本身也無相）。

-六通：六神通

-四無量：四無量心，慈悲喜捨

一切處：十遍一切處

-勝處：八勝處

-背捨：八背捨

（2）智

有十智：等智、法智、比智、苦智、集智、滅智、道智、盡智、無生智、他心智。

法智：住智境界於「欲界」之苦集滅道。

比智：住智境界於「色界、無色界」之苦集滅道。

盡智：法、比二智對所認識的眞理已完全認識清楚。

無生智：修行者以法智及比智認識到自己以後不再轉生。

（3）修多羅品

三界：欲界、色界、無色界。

欲界二十種處所：八大地獄、畜生、惡鬼、四大部州、六欲天。

色界十六種眾生：梵眾天、梵輔天、少光天、無量光天、光音天、少淨天、無量淨天、淨遍天、無蔭天、福生天、果實天、無煩天、無熱天、善見天、善現天、色究竟天。

無色界四種眾生：空無邊處、識無邊處、無所有處、非想非非想處。

三分緣起支：煩惱、業、事。

三分緣起說十二支：

三有支：無明、愛、取，是煩惱（惑）。行及有是業。其他支是事（苦果）。

八大地獄：等活地獄、黑繩地獄、眾合地獄、號叫地獄、大叫地獄、炎熱地獄、大熱地獄、無間地獄

四天下：即四大部州。南贍部州、東勝身州、西牛貨州、北俱盧州。

六欲天：三界之欲界存在的六種天：四天王天、忉利天（三十三天，以帝釋爲了中心，四方各有八天）、夜摩天（時分天）、兜率天（喜足天）、樂變化天、他化自在天。

（4）擇品

中陰當廣說，提出中陰十問。及四種薩婆多（說一切有部）。

4.1.中陰

1.中陰為定為不定？中陰身如果由業力牽引至六趣中，即以該趣身固定在該趣中了，不會再以中陰身在不同界或趣中跨越。

2.中陰幾時住？中陰存在七天或七七四十九天或不定。

3.中陰有衣無衣？欲界菩薩及清淨比丘尼有穿衣服，其他眾生的中陰無衣裸形。

4.中陰何食？中陰以香為食。食有四種，搏食、樂食、念食、識食。欲界中陰有四種，色界中陰沒有搏食。

5.中陰具諸根否？中陰具眼耳鼻舌身意六根。

6.中陰形為云何？中陰身形與所入六趣之身形相同。

7.中陰云何行？身量云何？中陰行量不定，地獄中陰頭下腳上行走，天為中陰向上行走，其餘的中陰身體側立，左右行走。身量大小與「本有」位的身量相等。中陰入胎時，心念是顛倒的。

8.中陰為相見不？中陰不能看見一切中陰，只能看見部分中陰。

9.中陰自何處入胎轉生？

從眾生出生的地方進入母胎。

10.中陰入胎時有什麼想法？

或生顛倒想，除菩薩。

4.2.四種薩婆多

一切有部提出四種關於三世的不同學說。

1.一種異分別

從現在到過去，從未來到現在，所變化的只是三世的分位，其自身不會改變，是永遠存在的。

2.相異

三世的變動原因在於「相」的不同，而且當與三世中的一世之「相」結合時，不能離開其他二世之「相」。

3.分分異

諸法在三世間運動之時，所不同的只是諸法的「分分」，不是諸法自身。分分是指業力的作用分位不同。業力尚未作業是未來世，正在作業是現在世，作業之後是過去世。

4.彼異

三世間的運動是前後「相待」有所不同，而非諸法自身有變化，也不是分位有差別。例如一個女人「相對於」女兒，她是母親；「相對於」母親，她是女兒。

認為在過去世一刹那之間仍有三世，對於以前所起諸相來說是未來，對於以後將起的諸相來說是現在。

請參閱《佛性辨正》P439-441。

116.毘曇宗的佛性思想是什麼？

法藏指出小乘教除佛一人外，其餘一切眾生皆不說有大菩提性，即不具佛種性。即使佛也非如大乘所言，具無量功德，能起大用。

本宗認為如來佛天生如實而來即是佛，佛並在僧數之內，即佛不是依靠修行而覺悟的人，他天生就是佛法的體現及真理的化身。而大乘認為眾生悉有佛性，但是「有」是「未來有」，是經修行而有，非天生即是佛。

整本雜心論並未述及佛性思想，而且主張我空法有，承認緣起法，我只是五蘊合和的假立我，所以是我空，但五蘊法卻是實有，所以法有。這與大乘「性空緣起」的「自性空」不同，

　　本宗主張自性有，五蘊也是有，但五蘊中的我只是假安立的
我。

　　請參閱《佛性辨正》P441-443。

俱舍宗（117-133 問）

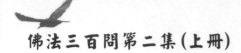

117.俱舍宗的源流為何？

俱舍宗以研習弘傳世親的「俱舍論」而得名。

眞諦於陳文帝天嘉五年，在廣州傳譯此論，題名爲「阿毗達摩俱舍論」。

眞諦譯出「俱舍釋論」後，弟子慧愷加以弘傳，記錄眞諦的講解，作成「義疏」五十三卷。陳天嘉七年，眞諦又重譯，即現行的「阿毗達摩俱舍釋論」，通稱舊論。唐玄奘回國後又重譯，世稱新論。

眞諦弟子中弘傳俱舍學說的，以慧愷最爲著名。玄奘門下有俱舍三大家：神泰作疏、普光作記、法寶作疏。

請參閱《佛性辨正》P413-414。

118.俱舍宗的根本學說是什麼？

俱舍宗大體上是傳承二十部派中上座部的說一切有部。

其根本中心思想如下：

1.我空法有。

.2 將萬有分爲三科（五蘊、十二處、十八界）及五位七十五法（色法、心法、心所法、不相應法、無爲法）。

3.主張三世實有，法體恒存。

4.同一切有部主張六因、四緣、五果之因緣說。

5.注重業，煩惱、十二因緣及輪迴之思想。

6.提出賢聖之修行位階，並以定及智之修行方法及所修成之四果果位。

7.破斥小乘犢子部之我執說及外道數論及勝論之我論。

119.俱舍論之組織大綱為何？

俱舍論之內容有：界品、根品、世間品、業品、隨眠品、賢聖品、智品、定品、破我品。

壹、萬有假實論
一、界品：明諸法之體

貳、因果理法論
二、根品：明諸法之用
（一）四諦與無我
（二）五位七十五法
（1）色法
（2）心法
（3）心所法
（4）不相應法
（5）無爲法
（三）三科
（1）五蘊
（2）十二處
（3）十八界
（四）四大極微
（五）本體恒有、三世實有
（六）本相隨相

參、輪迴轉生論
三、世間品
世間品：

肆、修行階位論
六、賢聖品
（一）修道位階
（1）賢位
A.三賢位
五停心觀
四念住觀
B.四善根
四諦觀
四根位
（2）聖位
A.見道
B.修道
四向四果
六種阿羅漢與二證
C.無學道
（二）三乘行果
a.聲聞
b.緣覺
c.菩薩
七、智品
諸智種類
諸智果德
八、定品
諸定種類
諸定果德

伍、實我否定論
　　九、破我品

120.什麼是七十五法？

　　七十五法：

　　（1）色法（十一）：五根（眼耳鼻舌身）、五境（色聲香味觸）、無表色。同唯識之色法。

　　（2）心法（一）：六識合爲一心王（眼耳鼻舌身意等六識）。唯識宗有八識各別。

　　（3）心所法（四六）：

　　大地法（一〇）

　　作意、觸、受、想、思、勝解、欲、念、慧、三摩地（同唯識五遍行及五別境）。

　　大善地法（一〇）

　　慚、愧、無貪、無瞋、信、勤、捨、不害、輕安、不放逸。

　　大煩惱地法（六）

　　痴、放逸、懈怠、不信、惛沉、掉舉。

　　大不善地法（二）

　　無慚、無愧。

　　小煩惱地法（一〇）

　　忿、覆、嫉、慳、惱、害、恨、諂、誑、憍。

　　不定地法（八）

　　悔、眠、尋、伺、貪、瞋、慢、疑。

　　（4）不相應法（一四）：得、非得、命根、同分、無想果、無想定、滅盡定、生、住、異、滅、名、句、文。

　　（5）無爲法（三）：虛空無爲、擇滅無爲、非擇滅無爲。

請參閱《佛性辨正》P414-415。

121.什麼是三科：五蘊、十二處、十八界？

（1）五蘊：色蘊、受蘊、想蘊、行蘊、識蘊。參閱《佛法三百問》76 問。

（2）十二處：眼根處-色處。耳根處-聲處。鼻根處-香處。舌根處-味處。身根處-觸處。意根處-法處（46 種心所法、14 種不相應法、1 種無表色、3 種無為法）。

（3）十八界：十二處，加六識：眼耳鼻舌身意六識。

請參閱《佛性辨正》P418-419、《佛法三百問》77 問。

122.什麼是諸義門分別？

諸義門分別
（1）三性分別
（2）漏無漏分別
（3）界繫分別分別
（4）熟非熟分別
（5）三斷分別
（6）根非根分別

（1）三性分別
A.七種善
善：有漏、無漏
1.有漏：生得、加行

加行：聞、思、修

2.無漏：有爲、無爲

有爲：學、無學

無爲：勝義

B.七種無記

無記：有覆、無覆

無覆：有爲、無爲

1.有爲：異熟、威儀、工巧、通果、自性

2.無爲：勝義

C.順正理論的四善、四不善：

四善：勝義、自性、相應、等起

四不善：勝義不善、自性不善、相應不善、等起不善

（２）漏無漏分別

1.有漏：43 種。色法十、六大煩惱、二大不善、十小煩惱、六不定、九不相應。

2.通有漏無漏：19 種

無表、心法、十大地法、尋、伺、得、四相。

3.無漏：3 種。三無爲。

（３）界繫分別

界：三界。欲界、色界、無色界。

繫：繫屬。界繫即被界地所繫屬。

以界繫分別七十五法，如下：

1.只有「欲界繫」者：

色法之香味二境（色界已無此二境）、心法中之鼻舌二識。心所中之大不善之二。小煩惱中除憍諂誑外之七。不定中之惡作、睡眠、瞋。

五根、色、聲、觸之三境、無表，通於欲、色二界。

意識、大地之十、大善之十、大煩惱之六、小煩惱之憍、不定之貪慢疑、不相應之得、非得、同分、命根、四相等，乃通於「三界」。

無想定、無想果爲色界之第四禪；滅盡定爲無色界之第四有頂地。

二禪以上無前五識。

小煩惱之諂誑只通於欲界及初禪。

大不善之二與不定中之瞋及小煩惱之七，只局限於欲界，不通於上二界。是因上二界沒有不善業。

上二界無惡作，因無憂根故。

（4）熟非熟分別

-熟：異熟。善惡因而成就的三界之無記果報。善業得人天果，惡業得三惡趣果。

有命根及無想果。

-非熟：異熟。指異熟之外的善、惡、無記法。除熟及通外，均爲非熟。

-通於熟非熟：色法之五根、色香味觸四境、心法、十地法、不定之尋伺睡眠、不相應之得、同分、四相等。

（5）三斷分別

A.有漏法

見所斷：斷迷惑於四諦之理的見惑。由邪師、邪教、邪思惟三緣之分別而起，謂分別起。不定地之疑，唯見斷。

修所斷：斷迷惑於事相之修惑。於數數修習道中任運而起，謂俱生起。五根、五境、小煩惱、不定之惡作、不相應中除得、四相以外之九種，唯修斷。

B.無漏法

非所斷：非斷之法。三無爲爲非斷。

（6）根非根分別

6.1.根：二十二根

1.流轉門（14 根）

a.眼根、耳根、鼻根、舌根、身根、意根及男女根

b.命根。

c.五受根：憂喜苦樂捨。

2.還滅門（8 根）

a.五善根：信勤念定慧。

b.三無漏根：未知當知、已知、具知。

6.2.非根：除上述二十二根以外之其餘 62 法

色 6、大地 6、大善 8、大煩惱 6、大不善 2、小煩惱 10、不定 8、不相應 13、無爲 3。

見《佛性辨正》P418。

123.什麼是四諦十六行相？

（1）四諦十六心

見道-見道十五心有：

苦法智忍、苦法智、苦類智忍、苦類智、集法智忍、集法智、集類智忍、集類智、滅法智忍、滅法智、滅類智忍、滅類智、道法智忍、道法智、道類智忍

修道，即第十六心道比智。

忍是正認可四諦之理。

智是既知四諦之理，能解脫惑體。

法指下界（欲界）；類指上界（色、無色界）

參閱《佛性辨正》P425。

124.四生四有、十二緣起、六因四緣五果是什麼？

（一）四生四有
四生：胎生、卵生、濕生、化生
四有：死有、中有、生有、本有

（二）十二緣起
無明-行-識-名色-六處-觸-受-愛-取-有-生老死
參閱《佛法三百問》78 問。

（三）六因四緣五果
六因：能作因、俱有因、相應因、同類因、遍行因、異熟因。

四緣：因緣、等無間緣、所緣緣、增上緣。

五果：士用果、等流果、異熟果、增上果、離繫果。

請參閱《佛性辨正》P419。

《佛法三百問》148 問。

125.什麼是有漏因果與無漏因果？

（一）有漏因果
（1）有漏因

A.惑（見惑：苦諦所斷煩惱、苦諦所斷煩惱、集諦所斷煩惱、滅諦所斷煩惱、道諦所斷煩惱）、修惑（修道所斷煩惱）。

B.業：十一種業：三性業、三福業、三受業、三時業、身心
受業、曲穢濁業（依諂、瞋、貪分別所起的身口意三曲、三穢、
三濁業）、黑黑業、三牟尼業、三惡業、十業道、三邪業。

C.無表業。

（2）有漏果：有情世間、器世間（參閱《佛性辨正》P423-
424）。

（二）無漏因果

（1）無漏因：智，無漏緣-定。

（2）無漏果：四果（預流果、一來果、不還果、阿羅漢
果）。

A.有學：預流果（須陀洹）、一來果（斯陀含）、不還果（阿
那含）、阿羅漢向。

B.無學：阿羅漢果

請參閱《佛性辨正》P420-426。

126.什麼是法體恒有論、三世實有？

俱舍論有關「法體恒有論、三世實有」之觀點同一切有部，
因此與「雜阿毗曇心論」之觀點相同。

請參閱上面 112 問。

127.什麼是隨眠論（本惑與隨惑、見惑與修惑、煩惱的種類）？

隨眠論

（一）本惑與隨惑

（1）本惑：10 種

貪、瞋、癡、慢、疑、身見、邊見、見取見、戒禁取見。

（2）隨惑：19 種

1.大煩惱地法：放逸、懈怠、不信、昏沉、掉舉。

2.大不善地法：無愧、無愧。

3.小煩惱地法：忿、恨、惱、覆、誑、諂、憍、害、嫉、慳。

4.不定地法：睡眠、惡作。

（二）見惑與修惑

（1）見惑

A.欲界：

苦諦：貪、瞋、痴、慢、疑、身、邊、邪、見、戒……十

集諦：除身邊戒……七

滅諦：同上……七

道諦：除身邊……八

B.色界：

苦諦：除瞋……九

集諦：除瞋身邊戒……六

滅諦：同上……六

道諦：除瞋身邊……七

C.無色界：

苦諦：除瞋……九

集諦：除瞋身邊戒……六

滅諦：同上……六

道諦：除瞋身邊……七

共八十八結使。

（2）修惑

A.欲界：貪瞋痴慢。五趣雜居地……九品

B.色界：貪痴慢

離生喜樂地……九品

定生喜樂地……九品

離喜妙樂地……九品

捨念清淨地……九品

C.無色界：貪痴慢

空無邊處地……九品

識無邊處地……九品

無所有處地……九品

非想非非想處地……九品

共八十一品。九品是上上、上中、上下、中上、中中、中下、下上、下中、下下。

請參閱《佛性辨正》P420。

（三）煩惱的種類

三縛：貪、瞋、痴。

三漏：欲漏、有漏、無明漏。

四暴流：欲暴流、有暴流、見暴流、無明暴流。

四軛：欲軛、有軛、見軛、無明軛。

四取：欲取、我語取、見取、戒禁取。

五蓋：貪、瞋恚、惛眠、掉舉、疑。

五順上分結：

色貪、無色貪、掉舉、慢、無明。

五順下分結：

身見、戒禁取見、疑、貪、瞋。

六垢：

惱、害、恨、諂、誑、憍。

九結：

愛、恚、慢、無明、見、取、疑、嫉、慳。

十纏：

三纏是貪瞋癡；八纏是無慚、無愧、嫉、慳、惡作、睡眠、掉舉、昏沉；十纏是八纏再加忿、覆。

（四）斷惑要旨

要斷見修二惑，須知依斷惑四因，即遍知所緣斷、能緣斷、所緣斷及對治斷。

前三斷見惑，後一斷修惑。

見惑有「苦集」之自界緣（身見、邊見）及他界緣。

修惑有「滅道」之有漏緣及無漏緣（邪見、疑、無明）。

遍知所緣斷：斷苦集之自界緣及滅道之無漏緣。

能緣斷：斷苦集之他界緣。

所緣斷：斷滅道之有漏緣。

對治斷：斷修道惑。有四種過程：厭患對治、斷對治、持對治、遠分對治。

（1）諸惑無再斷：以無漏智一旦斷除煩惱，則無須再斷。

（2）九遍知：遍知即斷之意。斷三界的見修二惑，有九種之別，稱九遍知，前六遍知即斷「三界見惑」，後三遍知即斷「三界修惑」。

請參閱《佛性辨正》P420-424。

128.什麼是業感論？

業有五種：思業（即意業）、思已業（有身表業、身無表業、語表業、語無表業）。

（一）十業道
（1）十善
身業：離殺生（放生）、離偷盜（佈教）、離邪淫（梵行）。
口業：誠實語（離妄語）、質直語（離兩舌）、柔軟語（離惡口）、和淨語（離綺語）。
意業：不淨觀（無貪）、慈悲觀（無瞋）、因緣觀（無痴）。
（2）十惡
身業：殺生、偷盜、邪淫。
口業：妄語、綺語、惡口、兩舌。
意業：貪、瞋、痴。

（二）無表業
（1）不律儀無表：以「要期心」所行惡業所起的不善無表，名惡戒無表。
（2）律儀無表：受戒時在內心生起的精進心、勤發心，一名善戒無表。
1.靜慮律儀
2.別解脫律儀
a.比丘律儀：二百五十戒
b.比丘尼律儀：五百戒
c.正學律儀：六法
d.勤策律儀：十戒
e.勤策女律儀：十戒

f.近事律儀：五戒

g.近事女律儀：五戒

h.近住律儀：八齋戒

3.無漏律儀

（3）處中無表：即是非律儀，非非律儀的無表，即沒有「要期心」而隨時應緣所起的善業或惡業。一名非律儀非非律儀無表。

（三）業的種類：定業、不定業

（1）定業：順現法受業、順次生受業、順後次受業。

三種定業均有「報定」、「報不定」二種。報定指時報俱定；報不定指時定報不定。

（2）不定業：即順不定受業。有報定（報定時不定）及報不定（時報俱不定）二種。

參閱《佛性辨正》P421-423。

129.修行位階為何？

賢聖的位次：

一、有學

（一）賢位

A.三賢：四念處、總相念處、別相念處

B.四善根：煖、頂、忍、世第一法

（二）聖位

A.見道：

預流向：前十五心

B.修道：

預流果：第十六心「道類智」及一來向及果、不還向及果、阿羅漢向

二、無學

C.無學道：阿羅漢果

1.六種阿羅漢：

退法、思法、護法、安住法、堪達法、不動法

2.慧解脫及俱解脫

3.二證：次第證及超越證

請參閱《佛性辨正》P427-429。

130.諸智有哪些種類及其果德？

一、諸智種類

（一）忍、智、見：忍是認可，智是智証，見是見解。

（二）十智：世俗智（等智）、聖智（苦智、集智、滅智、道智）、二種智（法智、比智）、盡智、無生智、他心智。

（三）十智的行相

十六行相：

苦諦：觀無常、苦、空、無我。

集諦：觀因、集、生、緣。

滅諦：觀滅、淨、妙、離。

道諦：觀道、如、行、出。

二、諸智果德

（一）不共功德

（1）十力：處非處智力、業異熟智力、靜慮解脫等持等至智力、根上下智力、種種勝解智力、種種界智力、遍趣行智力、宿住隨念智力、死生智力、漏盡智力。

（2）四無畏：正等覺無畏、漏永盡無畏、說障法無畏、說出道無畏。

（3）三念住：緣順境而不生歡喜之念住、緣逆境而不生憂戚之念住、緣順違境而不生歡喜之念住。

（4）大悲：資糧大（福德智慧資糧）、行相大（能拔苦苦、壞苦、行苦三苦之行相）、所緣大（以三界有情為所緣）、平等大（怨親平等）、上品大（此為最上品之大悲）。

（二）共功德

（1）共聖功德

有無諍行（能止息他有情生起貪瞋等心）、願智（依至誠心發願，求能知境，入第四靜慮，依願與定之力而起者）、四無礙解（法、義、詞、辯無礙）

（2）共凡功德

有六通（神境通，有運身、勝解、意勢三種）、天眼通、天耳通、他心通、宿住通、漏盡通）、四靜慮、四無色、八等至、三三摩地、八解脫、八勝處、十遍處等共「凡夫」之功德。

請參閱《佛性辨正》P425-426。

131. 諸定有哪些種類及其果德？

一、諸定種類

（1）七種定（定的七種名稱）

三摩地（等持）、馱那演那（禪那、靜慮）、三摩鉢底（等至）、三摩四多（等引）、質多翳迦阿羯羅多（心一境性）、奢摩多（止）、現法樂住（住於現前的法樂，即四禪的根本定）。

（2）四靜慮

有第一第二第三第四等四種。第一種尋、伺、喜、樂均俱。第二種不具尋伺。第三種不具尋伺喜，唯存樂。第四種等，尋伺喜樂均離。

（3）四無色定

（4）八等至

1.以上四靜慮及四無色定，合而為八等至。

有三種：味等至、淨等至、無漏等至。

2.三三摩地：有尋有伺（未至定及初禪根本定；無尋唯伺（中間定）；無尋無伺（第二禪-第四禪）。

3.三種等持：空、無相、無願。

4.三重等持：空空等持、無相無相等持、無願無願等持。

5.四修等持：住現法樂、得勝知見、得分別慧、諸漏永盡。

參閱《佛性辨正》P426-427。

二、諸定果德

（1）四無量心

慈無量心（對治瞋）、悲無量心（對治害）、喜無量心（對治嫉）、樂無量心（對治欲界之貪瞋）。

（2）八解脫

內有色想觀外色解脫

內無色想觀外色解脫

淨解脫身作證具足住

空無邊處解脫

識無邊處解脫

無所有處解脫

非想非非想處解脫

滅受想定解脫

（3）八勝處

內有色想觀外色少

內有色想觀外色多

內無色想觀外色少

內無色想觀外色多

內無色想觀外色青

內無色想觀外色黃

內無色想觀外色赤

內無色想觀外色白

（4）十遍處

地大遍一切處

水大遍一切處

火大遍一切處

風大遍　·切處

青色遍一切處

黃色遍一切處

赤色遍一切處

白色遍一切處

空無盡遍一切處

識無盡遍一切處

八解脫、八勝處及十遍處，爲之三法，是遠離三界的「貪

愛」之出世間定。

八解脫是遠離三界的貪愛；八勝處是制伏所緣之境，使煩惱不起；十遍處是取六大及四顯色，而觀其遍滿於一切處。

三者是依八解脫，而入八勝處，最後入於十遍處，是依漸進的順序而成。

請參閱《佛性辨正》P426-428、《佛法三百問》214-3問P278-282。

132.二種涅槃是什麼？

（1）有餘依涅槃

已證無學果的聖者，但尚有宿業所感的依身之意。已成就三明、六通、四無礙等法，並能教化眾生。

（2）無餘依涅槃

滅盡身心空空寂寂的境界，叫做灰身滅智。

參閱《佛法三百問》143問、146問。

133.本宗的破我論為何？

（一）實我、假我、真我

實我：五蘊中有一常、一、主宰的存在。即蘊就是如靈魂、數論的神我諦、勝論的實句之我。

離蘊即猶太教的耶和華神。

及佛教犢子部的非即非離蘊我。

假我：五蘊為五蘊和合產物，其中之我為無定實之我，只指

五蘊相續之一身，即假我。如是我聞、我聞如是，均是假我。

眞我：具涅槃殊勝四德常樂我淨之絕對法之「大我」或「眞我」。

涅槃經：「涅槃無我，大自在故，名爲大我。云何名爲大自在耶？有八自在，則名爲我。」

（二）破犢子部之我執

犢子部是佛滅三百餘年，由有部分出，主張有一往來諸趣（數取趣）的「補特伽羅我」，是一種「非即蘊非離蘊我」，不可說的勝義我，等於是輪迴的主體，不是有爲，也不是無爲，屬於不可說藏。

世親以理破的「假實」以破斥之。若補特伽羅我爲實，則與蘊有異，而且實物必有生因，即是有爲法。所以是「假」說。又以世尊之教破之。認爲若是實我，與世尊所說：「五蘊諸法皆無我」及「識之起，乃由根與境之二緣」之無常有爲之教說不合。

（三）破語典派或數論之我

數論立二十五諦以說明萬有之生起及展開，並以「自性諦」爲物的原因，即作者；「神我諦」爲心的原因，即受者。

世親即破「神我諦」之說法。

（四）破勝論派之我論

勝論派主張萬有分爲「六句義」，即實、德、業、大有性、同異、和合。

萬有的實體的本質有九種：地、水、火、風、空、時、方、我、意。其中之「我」即是世親所破之（找乃周遍體，並無分限，怎說兩者相合呢）。

請參閱《佛性辨正》P430-431。

地論宗（134-140 問）

134.地論宗的源流為何？

　　地論宗是以研習及弘揚世親的「十地經論」而得名。

　　「十地經論」的翻譯，若據列席於是譯場擔任筆受的侍中崔光所寫的「十地經論序」，是由菩提流支、勒那摩提、佛陀扇多三人同在一譯場-太極殿所譯出，但因菩提流支與勒那摩提的教義見解不同，也有可能產生了分別翻譯的說法，大約於北魏永平四年譯出來。

　　地論宗分為「相州南道」及「相州北道」二系，南北之名也有二種說法，一說是從相州進洛陽有二條道路，道寵住北道，所以叫北道派，慧光住南道，所以叫南道派。

　　另一說是北道菩提流支住永寧寺，在洛陽城西第三門的道北。

　　南道勒那摩提住白馬寺，在洛陽城西郊第二門的道南。

　　北道道寵師事菩提流支，弟子中之僧休與南道慧遠可以匹敵。

　　南道慧光是四分律宗的始祖，也是北齊的僧統，所以叫光統律師。曾參加譯經，也作了注釋。弟子有十哲，以法上為最傑出。其次是僧範和道憑。靈裕是道憑之出名弟子，著「大乘義章」四卷。法上之弟子中，以淨影寺慧遠最為出名，著「大乘義章」十四卷。

　　南道派以宋譯四卷「楞伽經」為主，主張如來藏即是阿賴耶識，所以阿賴耶識是淨識。

　　北道以魏譯十卷「楞伽經」為主，認為如來藏不在阿賴耶識中，所以阿賴耶識是真妄和合識，另立第九識阿摩羅識為淨識、真識。

135.十地經論的大綱為何？

壹、十地經論十二卷大綱

十地經論爲世親著，後魏菩提流支、勒那摩提譯。共有十二卷。

1.卷一：初地所攝八分。一序分、二三昧分、三加分、四起分分、五本分、六請分、七說分、校量勝分。

2.卷二：請分：此菩薩前同生眾上首請，次大眾請，復待諸佛法王加請，何以故？爲增敬重法故。

3.卷三：論已顯說分，次說校量勝分。菩薩住此地中，勝聲聞辟支佛故，校量勝有三種，一願勝、二修行勝、三果利用益勝，何者願勝，所謂十大願。

4.卷四：第二菩薩離垢地：此清淨戒有二種淨，一發起淨、二自體淨。發起淨說十種直心：直心、柔軟心、調柔心、善心、寂滅心、眞心、不雜心、不悕望心、勝心、大心。

自體淨說離戒淨、攝善法戒淨、利益眾生戒淨。

5.卷五：第三明地差別有四分，一起厭行分、二厭行分、三厭分、四厭果分。

起厭行分者，謂十種深念心；厭行者，觀一切行無常乃至未入禪；厭者，四禪四空三摩跋提；厭果者，四無量等淨，深心應知。

6.卷六：第四焰地，依彼淨三昧聞持，如實智淨顯示故。

此地差別有四分，一清淨對治修行增長因分、二清淨分、三對治修行增長分、四彼果分。

清淨對治修行增長因者，謂十法明入（思量眾生界明入、思量山界明入、思量法界明入、思量虛空界明入、思量識界明入、思量欲界明入、思量色界明入、思量無色界明入、思量勝心決定信界明入、思量大心決定信界明入。

7.卷七：第五難勝地中分別有三，一勝慢對治、二不住道行勝、三彼果勝。

8.卷八：第六地現前地，如第五地有三分。云何勝？第四地中已說眾生我慢解法慢對治；第五地中已說身淨分別慢對治；今第六地中說取染淨法分別慢對治，以十平等法故。

9.卷九：第七遠行地中，有五種相差別，

五種相差別。一樂無作行對治差別、二彼障對治差別、三雙行差別、四前上地勝差別、五彼果差別。

10.卷十：第八不動地中有七種相差別，一總明方便作集地分、二得淨忍分、三得勝行分、四淨佛國土分、五得自在分、六大勝分、七釋名分。

11.卷十一：第九善慧地中有四分差別。一法師方便成就、二智成就、三入行成就、四說成就。

第八地但淨佛國土教化眾生，此第九地中辯才力故，教化眾生成就一切相，能教化故此勝彼故。

12.卷十二：第十法雲地中修行令智覺滿足，此是勝故，此地中有八分差別。一方便作滿足地分、二得三味滿足分、三得受位分、四入大盡分、五地釋名分、六神通力無上有分、七地影像分、八，地利益分。

貳、擇論第一地、第六地、第八地、第十地

以下，選擇第一地、第六地、第八地、第十地等，分別申論之。

一、第一地

（一）如是法名住菩薩歡喜地

1 即時過凡夫地，入菩薩位、生在佛家種性尊貴無可譏嫌、過一切世間道、入出世間道、住菩薩法中、住在菩薩正處、入三世真如法中、入如來種中、畢竟究竟阿耨多羅三藐三菩提。

（二）住初地歡喜地，能生如下歡喜心

九種念佛心（念佛、佛法、菩薩摩訶薩、菩薩所行、諸波羅密清淨相、諸菩薩地校量勝、諸菩薩力不退、諸如來教化法、能利益眾生、入一切如來智行）、我轉一切世間境界、近入如來所、遠離凡夫地、近到智慧地、斷一切惡道、與一切眾生作依止、近見一切諸佛、生諸佛境界、入一切菩薩真如法、離一切怖畏毛豎等事。

（三）如何安住菩薩歡喜地

求一切智地、求諸佛力無畏不共法、求諸波羅密無著法、離諸諂曲、如說能行、常護實語、不污諸佛家、不捨菩薩戒、不動如大山王生薩婆若心、不捨一切世間事成就出世間道、集助菩提分法無厭足、常求上上勝道。

（四）菩薩發十大願

一切無餘者（佛、供養、恭敬）、三種（一切諸佛所說法輪皆悉受持、攝受一切佛菩提、一切諸佛所教化法皆悉守護）、受行一切菩薩所行教化心得增長、教化眾生、無餘一切世界有三種相（一切相、真實義相、無量相）、淨佛國土七種相（同體淨、自在淨、莊嚴淨、受用淨、住眾生淨、果淨）、不念餘乘一切菩薩同心同行十種菩薩行、顯不空行菩薩行，顯乘不退輪行菩薩行、於一切世界處成阿耨多羅三藐三菩提。

（五）以十盡句來成就十大願

眾生界盡、世界盡、虛空界盡、法界盡、涅槃界盡、佛出世界盡、如來智界盡、心所緣界盡、佛境界智入界盡、世間轉法轉智轉界盡。

（六）初地有八分

（1）序分：講此經之時、處及集會之眾菩薩名稱。

（2）三昧分：金剛藏菩薩入三昧。

（3）加分：諸佛加於金剛藏菩薩之威神。

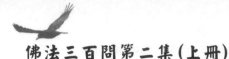

（4）起分：金剛藏菩薩出離三昧。

（5）本分：略說十地。經文述說菩薩修行十地之願善決定，同時略舉十地之名。

世親之論則歸納出六種善決定

並列舉十地所相應對治的十種障蔽。又對十地諸名稱之由來一一作解釋。

（6）請分：菩薩懇請金剛藏說經。

（7）說分：正說十地。

1.厚集九種善根

2.得九種佛智

3.因九種大悲而生無上菩提心

4.發起念佛、念佛法等九種念心

5.生成轉離一切世間境界等九種轉離心

6.成就九種歡喜

7.遠離五種畏怖

8.日夜修集善根無厭足

9.求一切智地

（8）較量勝分：菩薩住初地中勝聲聞、辟支佛。

二、第六地現前地

1.三部分

一勝慢對治、二不住道行勝、三不住道行果勝。以十平等法對治取染淨分別慢。

十平等法：一切法無相平等、一切法無想平等、一切法無生平等、一切法無成平等、一切法寂靜平等、一切法本淨平等、一切法無戲論平等、一切法無取捨平等、一切法如幻夢、影子、聲響、水中月、鏡中像、如焰化等平等；一切法有無不二平等。

一勝慢對治：指十平等深淨心。

二不住道行勝：說善知四諦及十諦、利益眾生勤方便。

三不住道行果勝：修行功德、教化眾生，隨順世間智。

第六地之三部分同第五地，但更加轉勝，是以十平等法對治取染淨分別慢。

2.第六地旨在解說因緣集觀，顯現真如淨性，引生無分別最勝般若智，在十地中有承前啟後的作用。

參、第八地不動地

七種相差別。一總明方便作集地分、二得淨忍分、三得勝行分、四淨佛國土分、五得自在分、六大勝分、七釋名分。

一總明方便作集地分：

總明前七地之同相及別相。

二得淨忍分：得無生法忍、清淨自然無功用行。

三得勝行分：得難入深行、同行深行、境界深行、修行深行、不退深行、離障深行、對治現前深行等七種深行。

四淨佛國土分：

說器世間自在行、眾生世間自在行、智正覺世間自在行。

五得自在分：於上三自在行得十自在（命自在、心自在、物自在、業自在、生自在、願自在、信解自在、如意自在、法自在、智自在）。

六大勝分：說智大、業大、功德大三種大。

七釋名分：包括地釋名與智者釋名。

四、第十地法雲地：

（1）八分差別：

方便作滿足地分、得三味滿足分、得受位分、入大盡分、地釋名分、神通力無上有分、地影像分、地利益分。

一方便作滿足地分：說善擇智業。

二得三味滿足分：說離垢三位等眷屬現前。

三得受位分：說成就具足諸位相。

四入大盡分：說智大、解脫大、三味大、陀羅尼大、神通大等五種大。

五地釋名分：解說第十地名稱。

六神通力無上有分：說此地菩薩勝過眾生之神通力。

七地影像分：以池、山、海、珠喻說諸地四方面功德。

八地利益分：說信功德與供養功德。

（2）第十地說菩薩於初地至九地中善擇智業，得地方便滿足，得三味滿足，離垢三味等自然現前，得至一切智智受位地。以上都明示如何在前九地的基礎上進而修入第十地。

其中地影像分，採用比喻的方式，通說從初地至第十地之四個方面的功德利益。以大池喻諸地修改行功德；以十大山王喻諸地之上勝功德；以大海十相喻諸地之難度能度大果功德；以大摩尼寶珠之十寶性喻轉盡堅固功德。足見第十地的很多內容，實際上是概括諸地，有總括全書之作用。

136.地論宗南北道派有何不同？

（1）所處地理位置不同

北道菩提流支：住永寧寺，在洛陽城西第三門的道北。

南道勒那摩提：住白馬寺，在洛陽城西郊第二門的道南。

（2）二派傳承不同

-南道：勒那摩提-慧光、道房（禪定）。

慧光傳法上、道憑（傳靈裕、智正）、僧範、曇遵，傳淨影慧遠，為法上弟子中最為傑出。華嚴宗智儼曾隨智正學地論。

-北道：北道菩提流支傳道寵-僧休、法繼、誕禮、牢宜-隋代志念。

（3）阿賴耶識染淨説不同

　　-南道淨說：南道勒那摩提主張，阿賴耶識是淨識、眞識，即是如來藏、眞如、眞心，乃宇宙萬有的根源，可產生污染的妄境，也可產生清淨的佛境。此「賴耶緣起」或「賴耶眞心」說，即影響了日後華嚴宗的「法界緣起」說。

　　淨影彗遠將心識分爲三種，即事識、妄識、眞識，眞識即阿賴耶識。

　　-北道染說：北道菩提流支。阿賴耶識是無明、妄識。另立第九識「阿摩羅識」爲淨識、眞識。

（4）佛性當現説不同

　　-北道當常說：佛性始有。北道菩提流支所主張。

　　佛性始有，即佛性是後有的，須經累世修行才能成佛，爲北道菩提流支所主張，爲「當常」說。

　　-南道現常說：南道勒那摩提主張，佛性本有，但被無明覆蓋，只要透過修行，離染顯淨，就可以成佛。

（5）判教不同

　　慧光：四宗

　　因緣宗：毗曇論、小乘有宗

　　假名宗：成實論、小乘空宗

　　不眞宗：般若

　　眞宗：華嚴、涅槃

　　道寵：五宗，四宗再加法界宗

　　法界宗：華嚴宗

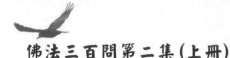

（6）興衰不同

入唐後，北道被道尼、曇遷等將攝論發展至今北方後，二者合流。而後攝論宗也併入唯識宗。

南道於周隋間，盛極一時，直至唐初，仍講說不斷，及至華嚴宗興，始漸煙滅，為華嚴宗所統攝。

137. 淨影慧遠的地論宗思想為何？

（1）八識的看法
分成三種分類：
1.事識、妄識、真識
此是以地論學派阿賴耶識為淨識之觀點而言。
2.分別性、依他性、真實性
此是依三性觀點分類
3.六識、阿陀那識、本識
此時是以「攝論」觀點而分類。

（2）判教說
二藏（大小乘）及四宗。四宗承自慧光。
立性宗：亦曰因緣。屬小乘中淺。
破性宗：亦曰假名。屬小乘中深。
破相宗：亦名不真。屬大乘中淺。
顯實宗：亦曰真宗。屬大乘中深。

（3）佛性思想
1.佛性有四義，即種子因本義（即眾生自身實有的如來藏性，也是阿耨菩提中道種子）、體義（有四；因自體謂真識心，

果自體所謂法身，通因果即覺性自體，法性自體即佛性的理體）、不改義（上面四種佛性自體皆有不改義，即不會改變）、性別義（即體性不同，因自體與果自體不同）

2.佛性的體狀是「一」，染淨不二，體用不二。

3.能知性、所知性

能知性是佛性的因性體，即真識心，也是覺性自體，故能知性就是真識覺心。真識覺心若與無明合，便起妄知，若遠離無明，便是正智。

所知性是能知的對象，就是法性、實際、實相、法界、第一義空、一實諦等。

草木沒有能知性，只有所知性。能知性只局限於有情眾生，非通無情草木。

4.法佛性、報佛性、應佛性

法佛性是本有法性自體，無有增減，只有隱顯淨穢之不同。

報佛性則本無法體，是本具的性功德的呈現，隨方便而有可生之義。

應佛性也無法體，有二種，其一是法體隨應而顯現的法門作用力；其二是報應以大悲大願力，隨物示異。

5.善五陰、不善五陰

a.善五陰者，一闡提無，善根人有。

b.不善五陰者，一闡提有；善根人無。

c.佛果陰者，一闡提、善根人俱無。

d.理性是一闡提、善根人俱有。

6.佛性的因果說

因性：十二因緣。同涅槃經。

因因性：菩薩道。此不同涅槃經之「觀十二因緣智」。

果性：大菩提。同涅槃經。

果果性：大涅槃。同涅槃經。

非因非果：佛性。同涅槃經。

7.正因、緣因佛性

正因是法佛性，緣因是六度。

以性淨菩提涅槃而言：正因是佛性，緣因是六度。

以方便菩提涅槃而言：正因是六度，緣因是佛性理體。

8.佛性有無及一闡提有無佛性

以佛性的體而言，佛性是遣諸相，絕有無四句。

9.無情有性

以理性言之，佛性通內外，理體平等，故有情非情皆有佛性。

請參閱《佛性辨正》P376-388。

（4）佛身看法

大乘義章卷 19 三佛義：「言分相者。此之三佛，義通大小。大小既殊。所說亦異。小乘法中宣說。如來事識爲體。於事識中。戒定慧等五品功德。說爲法身。王宮所生相好之形。名爲報身。如來獼猴鹿馬等。化說爲應身。若就大乘破相門中宣說。如來七識爲體。於中宣說破相空，以爲法佛。……七識緣智照空之解，說爲報佛。……丈六等化，名爲應佛。……

若據大乘顯實門中，宣說如來眞識爲體。……三佛皆用眞識爲體。眞識之心。本隱今顯。說爲法身。即此眞心。爲緣熏發。諸功德生。說爲報佛。……如來藏中眞實緣起法門之力。起種種化。說爲應佛。」

由上文知，慧遠依四宗判教分別說法身、報身、應身之義。

1.以小乘而言

如來事識爲體。於事識中。戒定慧等五品功德。說爲法身。

王宮所生相好之形。名爲報身。

如來獼猴鹿馬等。化說爲應身。

2.以大乘破相門

如來七識爲體。於中宣說破相空，以爲法佛。

七識緣智照空之解，說爲報佛。

丈六等化，名爲應佛。

3.以大乘顯實門

三佛皆用眞識爲體。眞識之心。本隱今顯。說爲法身。

即此眞心。爲緣熏發。諸功德生。說爲報佛。

如來藏中眞實緣起法門之力。起種種化。說爲應佛。

（5）淨土思想

1.作「無量壽經義疏」及「觀無量壽經義疏」。又「大乘義章」卷十九有「淨土義」一科，作六門析論。

2.「淨土」是「佛刹」、「佛界」、「佛國」、「佛土」的異名。

3.根據所證入的眾生的等次，將淨土分爲事淨土、相淨土、眞淨土。

又據淨土自身的體相和作用，爲法性、實報、圓應三種，並與法身、報身、應身三身相配。

而阿彌陀佛的極樂淨土歸於「事淨土」及「圓應土」，此與淨土宗人認爲極樂世界是「實報莊嚴土」不同。

大乘義章卷 19：「爲化，應土差別不等。或土隨身，如彌陀佛未成佛前，國土鄙穢，成佛後國界嚴淨。彼佛現居，不定境故。」

由上文知，爲教化眾生，圓應土會有差別不同。或者是土會隨身而不同，如彌陀佛未成佛之前，國土鄙穢；成佛後，國界變嚴淨，土隨身而不同。至於彌陀佛本身現所居之處爲不定，依身論土而定居處，法身居法性土，報身居報身土，應身居圓應土。

淨土宗之西方極樂世界是報身彌陀佛，依其報身大願力所示現的佛土，此土是接引有「信願行」的眾生，跳脫六道輪迴帶業

前往。

慧遠的西方極樂世界是圓應土說，與淨土宗不太相同。

4.慧眼將往生極樂淨土的因歸納爲修觀（十六觀）、修業（三淨業即三福）、修心（至誠心、深心、迴向發願心）、歸向（下品人一心歸向，或念、或禮、或歎、或稱其名）。

由上知慧遠除稱名念佛外，也注重自力修行。

5.依三輩九品，將上三品歸爲大乘人中種性以上；中三品爲小乘人中從凡至聖，持戒無犯；下三品爲小乘人中外凡有罪者。

又將三輩九品歸類如下：

上品上生：即時得悟無生法忍，四地-六地，順忍。

上品中生：經一小劫得無生法忍，一地-三地，信忍。

上品下生：經三小劫住歡喜地，未入第一地，五忍（伏、信、順、無生、寂滅）之伏忍位，六種住（種性住、解行住、淨心住、行道跡住、決定住、究竟住）之種性住和解行住。

中品上生：已證得前三果。

中品中生：未證得四果的內凡人和外凡人。

中品下生：凡夫。

下品的三生：還是未入道，並無證道階位可言。

淨土宗對上列的四果、十地的匹配非常不滿，提出了猛烈批評。

慧遠主張造五逆罪者若能發大乘心，生後悔心及修十六種觀想即能往生。

慧遠以爲「往生論」對二乘種不能往生之說，二乘人只要最終能發菩提心，便得往生。至於女人及六根殘缺者，只要有善心，便可往生。

138. 地論宗的日後影響為何？

地論宗對以下諸宗均產生影響：

（1）華嚴宗

a.慧光的四宗判教對賢首的影響。

賢首大師在「華嚴五教章」中列舉出古今十家之教判，其中和地論師有關係的就有五家，包括菩提流支的一音圓教；慧光的頓漸圓三教；大衍法師曇隱的四宗（因緣宗、假名宗、不眞宗、眞實宗）；護身法師的五種教（因緣宗、假名宗、不眞宗、眞實宗、法界宗）；耆闍法師的六宗（因緣宗、假名宗、不眞宗、眞實宗、常宗、圓宗）。

b.六相圓融之說，源出「十地經」初地十大願中第四修行願。世親解釋說：「一切所說十句中，皆有六種差別相。……六種相者，謂總相、別相、同相、異相、成相、壞相……。」

c.智儼大師曾就學於南山至相寺的智正法師習華嚴經。

d.慧遠曾親自聽曇遷講說攝大乘論。

（2）天台宗

a.「一念三千」即受了地論師的「三界唯心」及「梨耶緣起」的影響。其中十如是也是出自「十地經論」卷三中的「大如是」。

b.三諦圓融的三諦是出自慧遠的「大乘義章」卷十：「言三諦者，一是世諦……。」

（3）大乘起信論

北地論師認為大乘起信論非馬鳴所造，是昔日地論師造論，借菩薩名目之。而且地論學說與起信論相合之處甚多。

（4）攝論宗
　　a.慧遠曾親自聽曇遷講說攝大乘論。
　　b.真諦於「決定藏論中」提出第九識阿摩識。
　　c.北道地論師後與攝論宗合流。

（5）唯識宗
　　1.北道地論宗後與曇遷的攝論宗合流，而後攝論宗再併入唯識宗。
　　2.論中提及心意識種子：十地經論：「隨順欲漏、有漏、無明漏，相續起心意識種子」。

（6）淨土宗
　　1.作「無量壽經義疏」及「觀無量壽經義疏」。又「大乘義章」卷十九有「淨土義」一科，作六門析論。
　　請參閱《佛性辨正》P357-359。

139.地論宗的佛性思想為何？

（1）佛性現有、當有
南道佛性本有、現常說
北道佛性始有、當常說
（2）理佛性、行佛性的觀點
　　南道派地論師受如來藏系學說的影響，認為理佛性是如來藏本識的真淨自性，而行佛性是如來藏本識不同程度的顯現，即行性是理性的不同程度顯現。
　　依吉藏言，理佛性本有，行佛性始有。
　　請參閱《佛性辨正》P372-376。

140.如何修持地論宗？

依十地修持

（一）凡夫如是愚癡顛倒，常應於阿梨耶識及阿陀那識中求解脫。

（二）由以下行持能發阿耨多羅三藐三菩提心：厚集善根、善集諸善行、善集諸三味行、善供養諸佛、善良集清白法、善知識善護、善清淨心、入境深廣心、信樂大法、好求佛智慧、現大慈悲。

（三）解脫有三種法門，叫三解脫門。即空解脫門、無相解脫門、無願解脫門。

（四）十地分別斷除十障，證十眞如。

經文：「所應作應從諸佛菩薩善知識所推求請問，未發初處，是菩薩善知地障對治，乃至善知能到薩婆若大城。」

第一地：斷異生性障，證偏行眞如

第二地：斷邪行障，證最勝眞如

第三地：斷暗鈍障，證勝流偏行眞如

第四地：斷微細煩惱現行障，證無攝受眞如

第五地：斷下乘般涅槃障，證類無別眞如

第六地：斷粗相現行障，證無染淨眞如

第七地：斷細相現行障，證法無別眞如

第八地：斷無相中作加持行障，證不增減眞如

第九地：斷利他行中不欲行障，證智自在所依眞如

第十地：斷於諸法中未得自在障，證業自在所依眞如

有五種方便可以對治諸地障及證世間及出世間智：

1.觀方便：障對治成壞善巧，如經是菩薩善知諸地障對治，善知地成壞，十種地障對治。

2.得方便：善知地相，善知地得修，善知地清淨分。

3.增上方便：善知地地轉行，善知地地住處，善知地地校量勝智。

4.不退方便；善知地得不退轉。

5.盡至方便：善知一切菩薩地清淨轉入如來智地。

（五）修行十種菩薩行：

共集善根無怨嫉、一切菩薩平等一觀、常親近諸佛菩薩不捨離、隨意能現佛身、自於心中悉能解知諸佛神力智力、不退隨意神通、悉能遊行一切世界、一切佛會皆現身相、一切生處普生其中、成就不可思議大乘。

（六）以十地修行十度：施、戒、忍、進、定、慧、方便、願、力、智。

（1）初地（施）

經文：「修行大捨，即時所有可施之物，皆悉能捨，……，或以妻子男女等捨，或以一切所愛之事皆悉能捨……如是菩薩摩訶薩住於初地能成大捨。」

（2）二地（戒）

離垢地說二種清淨，發起淨說十種直心（直心、柔軟心、調柔心、善心、寂滅心、真心、不雜心、不悕望心、勝心、大心）、自體淨說離戒淨、攝善法戒淨、利益眾生戒淨。

（3）三地（忍）

起厭行：說十種深念心（淨心、不動心、厭心、離欲心、不退心、堅心、明盛心、淳厚心、快心、大心）。

厭行：包括修行護煩惱行、修行護小乘行、修行方便攝行。

（4）四地（進）

a.清淨對治修行增長因分：解說十法明入（思量眾生界明入、思量世界明入、思量法界明入、思量虛空界明入、思量識界明入、思量欲界明入、思量色界明入、思量無色界明入、思量勝心決定信界明入、思量大心決定信界明入）。

b.清淨分：指十種法智教化成熟（不退轉心、於三寶中決定恭敬畢竟盡、分別觀生滅行、分別觀諸法自性不生、分別觀世間成壞、分別觀業有生、分別觀世間涅槃、分別觀眾生世界業差別、分別觀前際後際差別、分別觀無所有盡）。

c.對治修行增長分：指修行菩提分法及助菩提分法。

d.對治修行增長果分：指斷滅眾生我慢、解法慢。

（5）五地（定）

a.勝慢對治：指十平等深淨心（過去佛法平等深淨心、未來佛法平等深淨心、現在佛法平等深淨心、戒淨平等深淨心、心淨平等深淨心、除見疑悔淨平等深淨心、道非道智淨平等深淨心平等深淨心平等深淨、行斷智淨平等深淨心、思量一切菩提分法上上淨平等深淨心、化度一切眾生淨平等深淨心）。

b.不住道行勝：說善知四諦及十諦、利益眾生勤方便

c.彼果勝：包括修行功德、教化眾生、隨順世間智。

（6）六地（慧）

同第五地，分為勝慢對治、不住道行勝、彼果勝。

三分都比五地更加轉勝，是以十平等法（一切法無相平等、一切法無想平等、一切法無生不等、一切法無成不等、一切法寂靜平等、一切法本淨平等、一切法無戲論平等、一切法無取捨平等、一切法如幻夢影響水中月鏡中像焰化平等、一切法有無不二平等）對治取染淨分別慢。

（7）七地（方便）

有五種相差別，

a.樂無作行對治差別：

以方便智發起十種殊勝行。

b.彼障對治差別：修行無量種及修行無功用行二種相。

c.雙行差別：即止觀雙行無間、念念具足十波羅密大義、依大乘行波羅密、依據教化眾生行四攝法、依煩惱障增上淨、依智

障清淨。

　　d.前上地勝差別：指方便行具足，得入智慧神通行，功用行滿足。

　　e.彼果差別：得身口意三業清淨、得殊勝三定、超過聲聞辟支佛地、念念中能入境寂滅定而不證寂滅定、發現起來殊勝行。

　　（8）八地（願）

　　a.總明方便作集地分：總明前七地之同相及別相。

　　b.得淨忍分：得無生法忍、清淨自然無功用行。

　　c.得勝行分：得難入深行、同行深行、境界深行、修行深行、不退深行、離障深行、對治現前深行等七種深行。

　　d.淨佛國土分：說器世間自在行、眾生世間自在行、智正覺世間自在行。

　　e.得自在分：於上三自在行得十自在。

　　f.大勝分：說智大、業大、功德大三種大。

　　（9）九地（力）

　　a.法師方便成就：依他利益而得自利益。

　　b.智成就：依染淨不二法而說法。

　　c.入行成就：隨順其智慧而能如實知眾生諸種心行、煩惱行、業行、根行、信行、性行、深心行、使行、生行、習氣行、如實知眾生三聚差別。

　　d.說成就：如實知眾生差別相、如實知化眾生法、如實知度眾生法、說聲聞乘法、說辟支佛法、說菩薩乘法、如實知說如來地法、如實為眾生說法令得解脫。

　　（10）十地（智）

　　a.方便作滿足地分：說善擇智業。

　　b.得三昧滿足分：說離垢三位等共眷屬現前。

　　c.得受位分：說成就具足諸位相。

　　d.入大盡分：說智大、解脫大、三昧大、陀羅尼大、神通大

等五種大。

　　e.神通力無上有分：說此地菩薩勝過眾生之神通力。

　　f.地影像分：以池、山、海、珠喻說諸地四方面功德。

　　g.地利益分：說信功德與供養功德。

攝論宗（141-149 問）

141. 攝論宗的源流為何？

攝論宗以傳習及弘揚無著所撰著之「攝大乘論」而得名。

無著作「攝大乘論」，世親作「攝大乘論釋」，眞諦將上二部均漢譯，並自己撰「義疏」加以解說。

「攝大乘論」最初即由北魏佛陀扇多初譯，但並不流行，直至眞諦重譯後才開始流行。

攝論學派有南北兩個系統，南方爲眞諦傳弟子慧愷、智激、道尼、道岳、玄會、法泰、曹毗、慧休等。

另北方有三系，曇遷、靖嵩及道尼。但以曇遷爲北方開創攝論之始。曇遷爲地論南道慧光的再傳弟子，傳道哲、玄琬等。

眞諦譯「攝論」及「俱舍」，均由慧愷筆受，慧愷並撰「攝論疏」二十五卷。

玄奘曾從道岳及玄會學「俱舍」，慧休學「攝論」。

法泰撰「論疏」六卷。

攝論師自靖嵩、曇遷之後，逐漸衰微，及至玄奘學派遂終於絕傳。

142. 攝論宗的宗義為何？

（1）依大乘，諸佛世尊有十相殊勝殊勝語
1. 所知依：阿賴耶識
2. 所知相：三性
3. 入所知相：即唯識性
4. 彼入因果：世間及出世間六波羅密多
5. 彼因果修差別：即十地行法
6. 增上戒：十地修行中依止持戒

7.增上心：十地修行中依止心，由此修行各種禪定

8.增上慧：十地修行中依止智慧，由此產生無分別智

9.彼果斷：涅槃

10.彼果智：菩提

（2）將識分為十一類

1.身識：眼耳鼻舌身五根

2.身者識：末那識

3.受者識：阿賴耶識

4.彼所受識：六塵（色聲香味觸法）

5.彼能受識：六識（眼耳鼻舌身意）

6.世識：過去、現在、未來

7.數識：數目

8.處識：地水火風和五塵，廣義指十方三界

9.言說識：依見聞覺知所起的語言

10.自他差別識：有情眾生自己本身和其他的種種差別

11.善趣惡趣死生識：有情眾生在三善趣（人天阿修羅）、三惡趣（地獄、惡鬼、畜生）的生死流轉

（3）立九識論

攝論中尚未有第九識阿摩羅識之名，直至眞諦所譯的「決定藏論」才立阿摩羅識之名。

（4）依循安慧之無相唯識派思想

（5）一切眾生皆有第九識，所以一切眾生皆有佛性。沒有永不成佛的眾生。

（6）所緣境是眞如，即實際。能緣心也是眞如，相當於第九阿摩羅識，亦名本覺。二者合一，稱為能所統一，理智不二。

（7）五法（相、名、分別、正智、眞如）與三自性（分別性、依他性、眞實性）二者的關係，認為正智過於依他性與眞實性，五法中亦包含分別性。三性中分別性是空，而依他性亦空

（玄奘派以爲依他性及圓成實性爲實有，分別性爲空）。

三無性（相無性、生無性、勝義無性）不但遮遣分別性，而亦遮遣依他性，因此有歷觀三性的三重次第觀之說。

（8）第八識爲能變，相當於相分；其餘七識爲能緣，相當於見分。（玄奘派以爲八識均各自有見分及相分，第八識、第七識、第六識等三識爲三能變，第八識爲異熟能變，第七識爲思量能變，第六識爲了別能變。

第八識爲所熏，前七識爲能熏。

（9）三乘種性，皆爲因緣所生，此即新熏種子說。（玄奘派以爲種子新熏及本有二者均存在）。

（10）定性小乘入無餘涅槃，亦可再迴入大乘。（玄奘派以爲定性小乘即使已入無餘涅槃，也不能迴入大乘）。

143. 真諦三藏的佛學思想為何？

（1）唯心說，以萬象本源成立在阿黎耶識之眞妄和合上。

（2）阿賴耶識的眞妄：

地論南道：眞

地論北道：眞妄和合

攝論：眞妄和合中有純淨部分，即第九識阿摩羅識（根據決定藏論，是十七地論之抉擇分，非攝大乘論）、無垢識、眞如佛性。修行即加強淨分，對治染分，即可證入阿摩羅識而成佛。

玄奘新譯唯識派：妄，根據十七地論（瑜伽師地論）之本地分。

144. 攝大乘論的大綱為何？

攝大乘論是無著自釋「阿毘達摩大乘經」的「攝大乘品」、但非隨文釋義，而是「達意」論，所以以「十門」闡述「攝大乘品」的要義。

十門又稱十殊勝，因為十門在辯明大乘教遠殊勝於小乘教。由下經文可知。

「由此十處於聲聞乘曾不見說，唯大乘中處處見說。謂此十處，是最能引大菩提性，是善成立，隨順無違，為能證得一切智智。」

十門（十分）如下：

以下僅詳細討論「所知依分」，及「入所知相分」，其它分只約略列舉。

（一）境

（1）所知依分：阿黎耶識。

1.為何說名為阿賴耶識？

a.為一切種子識。

b.一切有生雜染品法，於此攝藏為果性故，又即此識，於彼攝藏為因性故。

c.諸有情攝藏此識為自我故。

2.阿賴耶識又稱為阿陀那識。

3.阿賴耶識又稱為心，如世尊說：「心、意、識三」

4.怎麼知道有染汙意第七識末那識呢？

5.第七識末那識是染汙的，其屬性是有覆無記。

6.阿賴耶識是心體。

7.小乘以「不同的密意」說明阿賴耶識。

　　大眾部說阿賴耶識為根本識；化地部說阿賴耶識為窮生死蘊。

　　8.又有小乘論師說心、意、識只是文字不同，含義並無差別。

　　又有小乘論師說五取蘊是阿賴耶識的體性；又有說薩迦耶見才是阿賴耶識。

　　又有認為貪及樂受是阿賴耶。

　　9.阿賴耶識的相如何安立呢？有三種安立相：安立自相、安立因相、安立果相。

　　安立自相是指種子生現行及現行熏種子。

　　安立因相：指儲存有一切法的種子（因）

　　安立果相：無始以來雜染品諸法熏習所成種子，都儲存在阿賴耶識中，生生世世延續下來，而造成後世不同的果報。

　　10.阿賴耶識中所存各種雜染品法的種子是不同或相同？

　　種子並不是體相有別的實體種子、但也都有生不同現行的功能。所以被稱為一切種子識。

　　而且阿賴耶識與雜染諸法，同時互為原因。

　　11.阿賴耶識中的熏習，是沒有區別，沒有不純一的現象，為何能生起有區別、不純一的諸法呢？現行所新熏的種子，看似無差別，但一旦由種子生起的現行諸法卻是有差別的。

　　12.緣起有二種，一分別自性緣起，二分別愛非愛緣起。

　　阿賴耶識是諸法生起的原因，所以稱為分別自性緣起，因為它能以分別種種的自性為它的緣性。

　　又有十二因緣，稱為分別愛非愛緣起。因為在善惡趣中可以分別出愛和非愛，以種種善業和惡業為其緣性。

　　13.假若不了解阿賴耶識是諸法生起的原因，就會產生下列的謬誤：以不同的自性為萬物生起的原因；以不同的宿作為因；以大自在天為因；以實我為因；無因無緣。

假若不知分別愛非愛緣起，就會生下列謬誤：不同的我爲造作事物者；我爲接受果報者。

14.阿賴耶識以異熟識及一切種子識爲它的自性。

種子有內種子及外種子二種。外種是世俗，內種是勝義，有種子六義，即刹那滅、果俱有、恆隨轉、性決定、待眾緣、引自果。

所熏之阿賴耶識有四義：堅住性、無記性、可熏性、能熏共和合性。前六識爲能熏。

15.除阿賴耶識外，其餘七識都是轉識，普遍存於三界六趣的一切自體。

阿賴耶識與轉識又互相爲緣。

分別自性緣起中，本識及轉識互爲因緣。分別愛非愛緣起中，本識及轉識是增上緣。

而六識中是三緣所生，是增上緣、所緣緣、等無間緣。

16.如果沒有安立阿賴耶識，雜染及清淨法都不能成立。煩惱雜染、業雜染、生雜染也都不能成立。

因爲六識無法攝藏種子。

17.假若沒有第八識異熟識，執受色根不能成立，識食（無色界）也不能成立。

因爲其他六識都不能作爲種子體。

18.沒有阿賴耶識，世間清淨及出世間清淨都不能成立。

世間清淨及出世間清淨都是由阿賴耶識中的種子所現行。

正聞熏習不是阿賴耶識的自性，其無漏種子（或法身種子）只是寄存在阿賴耶識中，非阿賴耶識所攝持。

如果正聞熏習，由下品而中品，從中品而上品，逐次增加，異熟果識的阿賴耶識，即能轉爲清淨法身，此時再沒有雜染種子可轉，即是轉捨雜染種子成轉得法身。

（2）所知相分：三性、三無性。

（二）行

（3）入所知相分：即唯識性，也等同真如。

1.從什麼地方悟入呢？

從聽聞大乘法相，入勝解行地，能夠勝解明白所聞教法及一切事物只有「識性」的道理，入見道位如理通達，入菩薩初地；在修道位對治一切障，在究竟道（佛）遠離一切障。

2.用什麼來悟入呢？

由善根力所任持，即三種相練磨心、斷四處。緣法義境是恒常而無間的，加行而無放逸的，去實踐止觀妙行。

3.三種相練磨心如下：

第一練磨其心：在無量的世界中，每個世界都有無量的人趣有情，在每一刹那中，他們都在證覺「無上正等菩提」。

第二練磨其心：由於各種淨心意樂，能修行施等波羅蜜多。

第三練磨其心：成就有障的十善，而生人天果報；有妙善及無障礙善，永斷障礙，圓滿佛果。

4.斷四處：斷作意、斷異慧疑、斷法執、斷分別。

斷作意：遠離聲聞獨覺的作意。

斷異慧疑：斷大乘的各種疑惑。

斷法執、：離卻所聞所思法中所起的我、我所執。

斷分別：一切相中，都無所作意，無所分別。

5.由何而得悟入呢？

由四尋思，即名尋思、義尋思、自性假立尋思、差別假立尋思，及由四種如實遍智，即名如實遍智、事如實遍智、自性假立如實遍智、差別假立如實遍智，勤修四尋思觀、四如實智的加行，推求名、義、自性等只是意識上的假立，其實是無所有的，是不可得的，如此即可入「唯識性」。

6.所悟入的是什麼呢？

所悟入的是法的唯識性，即名、名自性、名差別、義、義自

性、義差別等六種義相都是無所有，所取相及能取心都非實有。

若悟入意言似義相顯，是遍計所取及能取，如此即悟入遍計所執性。

若悟入意言似義，只是「唯識所現」，即悟入依他起性。

若能滅除聞法熏習所生的似文、似義、似境、似心的觀想，一切「似唯識的義想」不再生起，安住於一切義沒有分別名的眞如法界，生起所緣能緣皆平等的無分別智，即悟入圓成實性，此時已進入初地極喜地。也稱菩薩見道。

7.由什麼「義」入唯識性呢？

由總緣法的「出世止觀妙智」之根本無分別智，再得「種種相識智」的後得智。

由此後得智能證得一切智智，並能正確見到如幻如化的唯識性。

悟入唯識性會有四種三摩地，是四種順抉擇分所依止。

四種三摩地即由四尋思入煖及頂。

煖：下品無義忍、明得三摩地。

頂：上品無義忍、明增三摩地。

由四如實遍智入忍及世第一法。

忍：已悟入唯識，於無義中已得決定。

世第一法：不間斷地伏除唯識想，爲無間隔的三摩地。

修得世第一法，即入初地歡喜地。再依出世後得止觀智，在十地中修行，經無量百萬劫，而得轉依。

8.聲聞現觀和菩薩現觀，有什麼差別呢？

有十一種差別：

一所緣差別：菩薩以大乘法爲所緣。

二資持差別：以人福德、智慧二資糧爲資持。

安住彼義相顯現唯是心性的正理，現證眞正的法界，將能取、所取二取滅除乾淨，能取的心也沒有。了達遍計所執及依他

起二者都是無，具無分別智，永遠隨順眞如法界而行，即能滅除所知依，入所知相之唯識性。

三通達差別：通達補特伽羅法無我。

四涅槃差別：攝受無住大涅槃。

五地差別：依十地而出離。

六、七清淨差別：斷煩惱習，淨佛土。

八自他得平等心差別：成熟有情加行沒有休息。

九生差別：生如來家。

十受住差別：常於諸佛的大集會中統攝受生。

十一果差別：十力、無畏、不共佛法無量功德果成滿。

（4）彼入因果分：世間及出世間六波羅密多（地上無相眞修行）。

（5）彼修差別分：即十地行法（十地位階）。

（6）增上戒學分：十地修行中依止持戒（戒學）。

（7）增上心學分：十地修行中依止心，由此修行各種禪定（定學）。

（8）增上慧學分：十地修行中依止智慧，由此產生無分別智（慧學）。

（三）果

（9）彼果斷分：涅槃。

（10）彼果智分：菩提。

145.攝論宗的心識說為何？

攝論宗是承繼無著-世親之舊譯唯識系統。

（1）根據無著的「瑜伽論」（十七地經）本地分之意地之心意識見解：「云何意自性？謂心、意、識。心，謂一切種子所隨依止性、所隨依附依止性、體能執受、異熟所攝阿賴耶識。意，謂恒行意及六識身無間滅意。識，謂現前了別所緣境界。」

以上為瑜伽師地論之心意識之描述。

「瑜伽論」第五十一卷以八義證明阿賴耶識之存在。

無著並於其所著「攝大乘論」中成立阿賴耶識說。

「成唯識論」以五教十理立證阿賴耶識

（2）根據世親的「唯識三十論」對第八識、第七識、第六識等三能變之描述。

請參閱《佛法三百問》155 問、156 問。

及世親的識轉變觀念。（見下 146 問）

（3）真諦的「攝大乘論」

1.九識說：見本書 142 問。

2.攝大乘論的心識說

a.十一識說。

b.所知依分：見本書 144 問。

c.入所知相分：見本書 144 問。

請參閱《佛性辨正》P389-392。

146.世親、安慧、真諦的心識說有何不同？

（1）世親的識轉變

識中的種子的變化及成長，稱轉變。

識中的所有一切活動即是識轉變。

阿賴耶識的活動有三種，即種子生種子、種子生現行、現行生新熏種子。

（2）安慧

1.識轉變

識由前一種狀態轉變成其後之另一狀態。

2.因能變、果能變

由第八識的種子產生諸識，稱因能變；由各識的自證分再「變現」出見分、相分，此稱果能變。

安慧認為見、相二分是同一種子所生。

3.四分之看法

雖被稱為「一分家」，但不否認自證分、見分、相分。主張自證分是依他起的「有」法，見分、相分是遍計所執的「無」法，所以是承認自證分的一分家。

安慧認為種子是假法，遍計所執也是種子所生，見相二分是我人無始以來的法執，這是凡夫的迷謬，若能去除迷謬，至大覺位便只有自證分，沒有見相二分。而且此二分是遍計的「無」法，即有現但似無。而且迷執凡夫又在見相二分上說種種的我法名言。所以安慧以見相二分為「總無」，我法為「別無」。

安慧認為見、相二分是由相同的種子所生。

圓測、解深密經疏卷三：「……依安慧宗，作如是說。第九阿摩羅識，此云無垢識，真如為體，於一真如有其二義：一、所緣境，名為真如及實際等；二、能緣義，名無垢識，亦名本覺。

具如九識章引決定藏論九識品中說。」

（3）真諦的九識說及「攝大乘論」的十一識說

請見本書第 142 問。

請參閱《佛性辨正》P389-392。

147.世親的「佛性論」大綱為何？

1.以體、相二方面闡述佛性實相。

體是三因（應得因、加行因、圓滿因）、三性（住自性性、引出性、至得性；三無性：無相性、無生性、無真實性）、如來藏。

相是佛性十相：自體相、因相、果相、事能相、總攝相、分別相、階位相、遍滿相、無變異相、無差別相。

2.以破顯正，破斥外道、小乘及大乘空宗之執，又廣攝唯識、般若與如來藏之義，不偏局於一宗。

3.調和了魏晉南北朝中國佛學史上的「佛性當現」之爭。

主張佛性是「本有」，但也須經修道才有，即「始有」。

以三因之「應得」說明「本有」，以「至得」說明「始有」。

4.「佛性論」深化了「起信論」的許多思緒。

二論皆以如來藏或真如為本；都結合唯識之義來說明佛性實相。

「佛性論」從體與相說明佛性實相；「起信論」以體相用說明真如妙義。

請參閱《佛性辨正》P392-400。

148.真諦的佛性觀為何？

（1）得眞如境道即是證阿摩羅識。

（2）由眞諦所譯「佛性論」所展現的佛性思想。

（3）主張「一性皆成」與「究竟一乘」。

（4）「大乘玄論」第十一師即是攝論師的正因佛性說，正因佛性可歸納爲三種：一自性清淨心、二第一義空、眞如、三第九無垢識、阿摩羅識、解性黎耶。

眞諦依眞如無差別而說阿摩羅識爲自性清淨心；依境智無差別而說無垢識、阿摩羅識、解性黎耶。

圓測、解深密經疏卷三：「第八阿梨耶識，自有三種：一、解性梨耶，有成佛義；二、果報梨耶，緣十八界。……三、染污阿梨耶，緣眞如境，起四種謗，即是法執，而非人執。」

請參閱《佛性辨正》P400-401。

149.地論、攝論、唯識之異同？

（1）攝論、唯識之不同

1.攝論主張九識，唯識主張八識。

2.攝論主張隨緣眞如，唯識主張凝然眞如。

3.攝論認爲第八識爲無記隨眠識，而且是生滅不生滅和合；唯識認爲第八識爲無覆無記識，而且是現於生滅一面。

4.攝論的眞諦是傳承護法以前的唯識教說；唯識的玄奘學則是傳承護法所說。

5.攝論主張「眞如緣起」，而且眞如有隨緣之義；唯識則主張「阿賴耶緣起」，而且眞如只是本體，但卻凝然不作諸法，諸法是從阿賴耶識中的種子所生。

（2）**唯識與地論之不同**

1.地論主張眞如緣起，唯識唱賴耶緣起。

2.地論南道的「眞如緣起」日後併入華嚴宗，而影響法藏形成「法界緣起」即「性起」之說。

地論北道後與攝論北派合流，攝論最後也併入唯識。

3.「華嚴玄談」舉出性（眞如、眞常系）及相（唯識）之十項不同。

參閱《佛性辨正》P244-245。

（3）**攝論與地論之不同**

阿黎耶識之眞妄不同

攝論認爲阿黎耶識是眞妄和合中有純淨。地論南道認爲阿黎耶識是眞、純淨。

地論北道認爲阿黎耶識是眞妄和合。近同攝論。

玄奘唯識認爲阿黎耶識是妄。

中國唯識宗（150-161 問）

150.中國隋唐時代的佛教發展情形為何？

隋朝（581-618）只有三十幾年，只有二世皇帝，但二位均非常崇佛。

唐朝（618-907）有二十個皇帝，除武宗李炎是反佛之外，其餘大體上是扶植利用佛教的。

因此隋唐佛教是佛教史上的鼎盛時期。

（一）譯經
（1）隋代

譯經人數及部數由不同記載有不同說法，少自九人、六十四部，到三十一人、一百七十部不等。隋代佛經的總數，說法也不一，大概有二千多部。

（2）唐代

據圓照、貞元錄，唐 183 年中，共有譯人四十六名，共譯佛經 435 部，2476 卷。

唐代佛經翻譯超越前代，是肯定無疑的。

唐代譯經成就最大，首推玄奘。二十年間共譯出七十五部，1335 卷。占唐代譯經總數一半以上。

其次義淨（635-713），十二年間共譯五十六部，230 卷。並著有「大唐西域求法高僧傳」及「大唐南海寄歸內法傳」。

其他，如善無畏（開元三大士）等，於密宗時談之。

唐代更為重要的是，佛教各宗派的創立。宗派佛教始於隋而盛於唐。

（二）重大事件
唐武宗滅佛。

（三）宗派

隋代有天台宗及三論宗的創立。

唐代有唯識宗、華嚴宗、禪宗、律宗、淨土宗、密宗的創立。

151.中國之唯識學派的形成過程為何？

（1）印度學派：難陀、安慧的無相唯識說-陳那與護法有相唯識說-量論的組織-戒賢、親光的佛地學說-堅慧對如來藏思想的發展-清辨與中觀學派。

（2）中國之唯識學派有三系：玄奘系、攝論系、地論系。

（3）唐代的第一個佛教宗派是唯識宗。它是由玄奘所創立，後窺基等發揚光大，故亦稱慈恩宗。

玄奘系的師承關係如下：

無著-世親-陳那-護法-戒賢-玄奘-窺基-慧沼-智周

至於攝論系則由眞諦所奠立，譯無著之「攝大乘論」及世親之「攝大乘論釋」，並自己作注疏，成爲世親之嫡傳，大力宏揚其學。

另一地論系，有南道之勒那摩提、慧光及北道之菩提流支、道寵。以弘揚華嚴十地經論爲主。

請參閱本書 65 問。

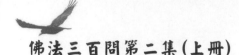

152.什麼是「唯識二十論」及「唯識三十頌」的唯識相、唯識性及唯識位？

一、唯識二十論

「二十唯識論」又名「唯識二十論」、「摧破邪山論」。

世親菩薩造。漢譯本有北魏菩提流支譯「大乘楞伽唯識論」一卷、陳眞諦三藏譯「大乘唯識論」一卷、唐玄奘譯「唯識二十論」一卷。三種譯本的內容上互有出入，頌文的數量也不相同。玄奘所譯有二十一頌。

印度的註釋極多，以世親弟子瞿波論師爲首，共有十餘種註釋本。以護法的「成唯識寶生論」最爲重要。

我國註釋有窺基的「唯識二十論述記」及圓測「唯識二十論疏」。

內容主要闡述唯識教義，重點在於破斥外道及小乘的偏見，以顯揚「唯識無境」之理爲主。論中初立三界唯識，其次提出七難，以解答外道、小乘對唯識說的問難，由此成「萬法唯識」說。

本論破而不立，所以是「摧破邪山支」；三十頌是立重於破，所以是「高建法幢支」。

二十論所破斥的對象包括，執外境爲實有的實在論者，如外道勝論派及小乘的說一切有部、經量部、犢子部、正量部、大眾部等。以上在二十論頌文之後的長行中雖然未指明，然在窺基的「唯識二十論述記」中有明白記載。

外人所提七難有：

四事不成難、外人現量難、夢境不同難、二識決定難、夢境業果不同難、殺業不成難、他心智難。

以上七難都是對「萬法唯識，識外無境」之說提出質疑，而認爲心外實境的存在。世親一一予以破釋。

請參閱《佛性辨正》P328-330。

以下條列二十頌係引用于凌波、唯識三頌講記：

第一頌：設難生起。

第一頌：外人提出「若有心無境，四事皆不成」，四事指外境有處所決定、外境有時間決定、相續不決定（指為何眾人皆可看見，相續是指眾生之異名）、事物有作用。

1.頌文：「若識無實境，即處時決定，相續不決定，作用不應成。」

解說：外人質疑，外境若不實有，為何有外境的處所、時間、不是只有自己見境，別人也見境，境有作用呢？

第二、第三頌：唯識家舉出夢等譬喻，證明四義得成，以成唯識義。

如人在作夢，夢中也可見事物的處所及時間。

第二頌：舉夢等四喻，證明四義得成。

2.頌文：「處時定如夢，身不定如鬼，同見膿河等，如夢損有成。」

解說：因人如在夢中。夢中境也處所、時間。同是河水，人見為水，天人見為莊嚴地，魚類見為其宅窟，餓鬼見之為膿血之河。夢中有夢淫時也會有流精的作用。

第三頌：再舉地獄為喻，總答以上四難。

3.頌文：「一切如地獄，同見獄卒等，能為逼害事，故四義皆成。」

解說：也如同在地獄中，可見獄卒在作逼害事，也是有處所、時間、同見、作用四義。

第四頌、第五頌、第六頌：唯識家否定獄卒的實有性以成唯識義。

第四頌：以天道傍生作對照，證明獄卒是識所變現。

4.頌文：「如天上傍生，地獄中不爾，所執旁生鬼，不受彼苦故。」

解說：外人反駁說天上的傍生畜生爲何是實有而地獄則非實有？

天上畜生如龍蟒、孔雀、鳳凰）是因行善升至天上眞身「受樂」，而地獄的牛馬狗鳥在地獄並沒有「受苦」，二者不同。

第五頌：破有部說業力生及外大種生不應理。

5.頌文：「若許由業力，有異大種生，起如是轉變，於識何不許。」

解說：外人認爲墮地獄的鬼畜都是「業增上力，而感生離心的「異大種」所轉變，爲何不能說是由識所變呢？

第六頌：破經量部所執熏習餘處生果。

6.頌文：「業薰習餘處，執餘處有果，所薰識有果，不許有何因。」

解說：外人提經量部說地獄的獄卒是由地獄罪犯由熏成的種子相續不斷的潛流下去而出現的果報。但受熏處是在阿賴耶識，而非如經量部以爲是前五色根或後念識（即餘處）。爲何只許上說「餘處」，而不許是所熏識（即阿賴耶識）呢？

第七頌、第八頌：解釋外人引聖教不成以成唯識義。

第七頌：答外人引證佛說爲證不能成立。

7.頌文：「依彼所化生，世尊密意趣，說有色處等，如化生有情。」

解說：外人回說是依據「佛所說」。世尊也說有五根、五塵及等外境。

唯識家回說，十有色處及中有之化生有情等，都是世尊的「密意趣」說。

第八頌：顯佛說色等十處的意趣所在。

8.頌文：「識從自種生，似境相而轉，為成內外處，佛說彼為十。」

解說：五識的生起也是從種子為依，及內五根，外五境為所緣，因緣俱足，識才能生起，這就是「依斯密意」，似境相是指境似有非有，不是實有。

第九頌：略示二無我義。

第九頌：解釋佛說十二處的利益。

9.頌文：「依此教能入，數取趣無我，所執法無我，復依餘教入。」

解說：佛說上十二處教，有何利益呢？

佛說化生有情是為除去凡夫外道的斷見，說十二處色，為為除眾生的「人我執」。佛是先立後破，十二處是因緣假合的假有，沒有「我」的成分。因此是數取趣無我。又依其餘的其他教法說諸法無我，破除眾生執外境諸法為實有，即所執法無我。

第十至第十四頌：以一、多破外境實有以成唯識義。

第十頌：破各學派執極微為實有。

10.頌文：「以彼境非一，亦非多極微，又非和合等，極微不成立。」

解說：外境並非是一個單位或個體或大一；也不是由多個極微組成；也不是和合產物。

因爲極微不是實有。

破勝論派的「有分色」；改一切有部的可緣極微；破經量部的可緣「粗色」；破順正理師的可緣「極微和集相」。

第十一頌：說明極微不能成立的理由。

11.頌文：「極微與六合，一應分成六，若與六同處，聚應如極微。」

解說：極微沒有方分，所以不能集合。

第十二頌：破有部毘婆沙師的聚色有和合義。

12.頌文：「極微既無合，聚有合者誰，或相合不成，不由無方分。」

解說：破有部的聚色有方分，所以聚色有合。若聚色有合，則由之組成的極微也應有分分，若極微無方分，如何聚合呢？

第十三頌：再說極微有無方分的過失。

13.頌文：「極微有方分，理不應成一，無應影障無，聚不異無二。」

解說：極微若有方分，應六方聚合成聚合物，就不是「一」物。極微若無方分，則應無影子及有障礙，但聚合物卻有影子及有障礙，故不應理。

所以說極微有方分或無方分，皆不應理。

第十四頌：再說明執外境爲一的過失。

14.頌文：「一應無次行，俱時至未至，及多有間事，並難見細物。」

解說：如果外境是一，無次行是指一次到，即可到一切處，不用第二次。

若至，則一時立即就到，若不至，則一時都未到。故外境不是一。

若外境是一，則同一地方的多物，應該沒有間隙，而且同一缽水中，也無法看到很多細物。故外境是一不能成立。

第十五頌及第十六上半頌：破妄執現量以成唯識義。

第十五頌：解釋外人現量證境的問難。

15.頌文：「現覺如夢等，已起現覺時，見及境已無，甯許有現量。」

解說：現覺像夢一樣，沒有實境。

已起現覺（現量的覺知）時，感官將量傳至意識的比量（分別）才能覺知量，

所以傳至識時，感官的見及境已能過去。

故怎可許有現量呢？

第十六頌：說明夢境未覺不知是夢。

第十六頌：說明夢境未覺不知是夢。

16.頌文：「（如說似境識，從此生憶念），未覺不能知，夢所見非有。」

解說：如果未「醒覺」，就不能知道是在作夢，要等夢醒（覺）才能知夢中所見境實是非有。

第十七頌上半頌：明二識轉決定以成唯識義。

第十七頌：（上半頌）釋增上力仍由識決定義。

17.頌文：「輾轉增上力，二識成決定。」

第十七下半頌：顯示睡眠時心壞以成唯識義。

解說：他人識之所變，對自識來說也是外境，可以說他識所變對於自識是作增上緣或疏所緣緣，自識的相分是親所緣緣。

二識指自識及他識。

第十七頌：(下半頌)說明夢作不受果的理由。

17頌文：「心由睡眠壞，夢覺果不同。」

解說：爲何夢中所作善惡業沒有果報？唯識家以「心由睡眠壞，夢覺果不同」二句回答。

睡眠時，心力薄弱，所以不受苦樂果而醒時心識強力清明以強盛心力熏習種所能感果受報。

第十八頌、第十九頌：引意罰爲重以成唯識義。

第十八頌：解答若無外境應無殺罪的詰難。

18.頌文：「由他識轉變，有殺害事業，如鬼等意力，令他失念等。」解說若無外境只有內識，也就沒有殺人的身語業可言，那些豬羊雞鴨等家畜，爲何爲他人所殺，唯識家以上由他識轉變有殺害事業二句作答。行凶者先有殺害的強盛勢力，而被殺者弱小心識生起被剎的恐懼心理，所以這殺生罪是由雙方勢力強弱不同的心識交識而成，並舉喻說明，如有神過者如天神龍神仙人等，當他們忿怒時以其意念勢力，令惱害其他有情，令精神失常顛狂迷亂而喪命。

第十九頌：舉仙人忿怒故事證明意罰爲大罪。

19.頌文：「彈詫迦等空，云何由仙忿，意罰爲大罪，此復云何成。」此句是一個故事內容是檀陀柯國王帶走仙人妻，仙人忿怒以其意力使國土爲虛。

第二十頌：釋他心智不如實以成唯識義。

第二十頌：釋外人所舉他心智不成難。

20.頌文：「他心智云何，知境不如實，如知自心智，不知如佛境。」他心智(能知他人心智，代表有他心存在)是方便說，

未證佛果前，自心他心佛境都難可了知。

結頌：

頌文：「我已隨自能，略成唯識義，此中一功種，難思佛所行。」

二、唯識三十頌

（一）唯識相

第一頌至第二十四頌為明唯識相。

所有的法相都是唯識所現，凡夫外道不知依他起之緣起法，是唯識所現，是唯識無境，而執為心外有實境，生起我執、法執。唯識相意指所有的相都是唯識所現，都是唯識無境。

（二）唯識性

第二十五頌是明唯識性。

「此諸法勝義，亦即是真如，常如其性故，即唯識實性。」

唯識性就是唯識實性，也即是三性之圓成實性，也是真如之義。

（三）唯識位

第二十六頌至第三十頌是明唯識位（唯識的修行位階）。

資糧位：（26頌）

乃至未起識　求住唯識性　於二取隨眠　猶未能伏滅

加行位：（27頌）

現前立少物　謂是唯識性　以有所得故　非實住唯識

通達位：（28頌）

若時於所緣　智都無所得　爾時住唯識　離二取相故

修習位：（29頌）

無得不思議　是出世間智　捨二粗重故　便證得轉依

究竟位：（30 頌）
此即無漏界　不思議善常　安樂解脫身　大牟尼名法

153.唯識的五性說為何？

一、五種性

聲聞定性、緣覺定性、菩薩定性、不定性、無性。

種性與佛性之不同是種性除因性外，也兼及果性，而佛性為純因性。

五種性之聲聞定性、緣覺定性及無性等三種性不能成佛，這與傳統佛性論者之「眾生悉有佛性」有抵觸。所以窺基提出理佛性（真如理體）及行佛性（無漏種子），以理佛性來解釋「眾生悉有佛性」，而聲聞定性、緣覺定性及無性等三種性人也都具有理佛性，但不一定具有行佛性。

對此法寶提出反駁，認為理佛性與行佛性是一體，不可分開，有理佛性者必然有行佛性。

唯識宗的五性各別說及真如不受熏說是唯識理論的困難處。所以在天台宗的判教中，唯識宗被歸類為「通教」；在華嚴宗被判為「始教」。

二、性種性及習種性

性種性，即本性住種，是法爾本具的無漏種子，是無始以來的本性住種。

類似理佛性。

習種性：即習所成種，類似行佛性。由無漏種子藉由正聞熏習，聞正道以增益善心所的功能，由無漏種先發生無漏智，再由無漏智熏習成善心所種子，而轉依成佛。

作者以爲，如同智顗大師的三因佛性說。理佛性即是正因佛性，是眞如理體。行佛性即是了因佛性及緣因佛性。行佛性在佛位才是無漏種子，在其他九法界眾生則是有漏及無漏種子均有。因爲在其他九法界眾生之了因有染淨，緣因有善惡。

如同三因不可分開，三因是併存，只是三因在佛爲三因相同，緣了因都已修成正因，即三因一因。但在其他九法界眾生，則三因雖也是併存，但三因各別而不同，緣因不同於了因，也不同於正因，但所有眾生的正因都相同。

理佛性及行佛性也是一樣，二者爲併存，不可分離。所有眾生的理佛性都相當同，但行佛性也是所有眾生都具有，只是彼此不同。佛的理佛性及行佛性是併存而且二者相同。其他九法界眾生的理佛性及行佛性也是併存，但二者則不同。所有眾生悉有理佛性及行佛性，二者不可分離。

所以法寶的責難是對的。也可以解釋爲何佛與九法界眾生之同（同具理佛性）及不同（行佛性存在但彼此不同）。

而理佛性不可以受熏，行佛性可以受熏，可以解釋只要修行熏習「行佛性」，使之變成「理佛性」即可成佛。

請參閱《佛性辨正》P333-335。

154. 有相唯識與無相唯識有何不同？

玄奘所創的「唯識宗」主要傳承自護法，而護法是屬於有相唯識派。

請參閱本書 67 問。

一、真相唯識派

有三派：能取所取等數派、半卵對開派、摻雜無二派。

如眼識攝取蝶翅花紋時：

1.能取所取等數派：能取的心可以「如實」生起蝶翅花紋的各種不同青黃色的映相，此映相與所取境的境相一樣。

有二派，一派主張八識，另一派主張六識。

2.半卵對開派：能取的心只能「渾然」生起蝶翅花紋的各種不同青黃色的映相，此映相與所取境的境相渾然類似。

3.摻雜無二派：能取的心只能「渾然」生起蝶翅的「花紋」映相，所取境的境相也只是花紋，沒有各種青黃色。

有二派，一派說六識，另一派說單一識。

二、假相唯識派

有垢（心體受到無明習氣的染污）、無垢（心體絲毫不受無明習氣的染污）。

請參閱《佛性辨正》P351-353。

155.陳那的集量論大綱為何？

一、陳那的集量論

（1）當時印度各派對量的種類，說法極多，約可分為六種：現量（感性的）、比量（推理所得）、聲量（聖教量或聖言量，各自信仰的聖教）、喻量（類推）、義準（舉一個準知另一個）、隨生（一個跟隨一個出現）。後三類屬於直接推理。

陳那將六種簡別為二種，即現比二量。

現量是離開概念。比量是運用概念。

概念是由否定一方的遮，來表示另一方的詮。如青是非「非青」。

陳那對「過類」（過失的一類）作了特別的簡別。

（2）集量論

2.1.「集量論」古印度陳那著。唐代義淨曾於景雲二年（公元七一一年）譯，共四卷，不久即亡佚。

此書梵文原本至今尚未發現。目前僅存藏譯本。

「釋量論」是藏傳佛教格魯派學僧研學的顯教五大論之一，作者是古印度那爛陀寺法稱論師。

本書是對陳那「集量論」所作的注釋。此書古代未曾漢譯，1980 年由法尊法師由藏文譯成漢語。

「因明正理門論」，唐代玄奘譯，是有關因明學的入門書，其部分語句有收錄於「集量論」中，此書只有漢譯現存。

「集量論」是陳那自身量說集大成的著作。內容分爲六章：現量品、自比量品、他比量品、觀喻似喻品、觀遣他品（觀離品）、觀反斷品（觀過類品）。

書中包含對世親的 論軌、正理學派、勝論學派、彌曼蹉學派、數論學派等知識論的批判。

本論分爲兩個部分：一是本偈，一是作者自身的注釋。陳那以批判的態度研究佛教與外道的各種量論，將量歸結爲現量與比量二種，闡明二者的性質，提出三分說，將「識」分爲相分、見分、自證分三部分，現量論與三分說發展了唯識學派的認識論。

2.2.陳那的集量論：依據吳汝鈞、佛教的當代判釋，討論「量」包括認識對象（所量）的條件、認識對象的種類、認識對象的「自己認識自己」、認識機能（現量）、心靈現量與瑜伽直覺。

1.認識對象（所量）的條件：

a.內在質體的形相在識中顯現，而爲識所認識。

b.內在質體能使五感識（眼耳鼻舌身）生起。

2.認識對象的種類：自相及共相。現量認識自相、比量認識共相。

3.認識對象的「自己認識自己」：識的「自認分」可以讓識中「見分」去認識識中的「相分」。

4.認識手段：有比量及現量。現量是感官對於它的認識對象的直接認證作用。比量是經推理、邏輯、概念分別後的認識。

5.心靈現量與瑜伽直覺：

心靈現量：是一種睿智的直覺、本質直覺或道家莊子的靈臺明覺。介於感性與知性之間，將二者連接起來。能夠直證一切事物的真相、本質，是一種全知狀態，超越二元的絕對性智慧力，即一切智。

瑜伽直覺：是一種神秘的直覺，也是瑜伽現量。不能以邏輯的方法來認識。

陳那的認識總結：陳那是三分說（承認自認分、見分、現分）。

對對象的認識是見分認識現分；對該認識的認識是自證分認識見分。

以上二者即構成「自己認識自己」。

諸識惟以「內境」（即相分上所現之現行境相）為所緣緣。五根功能與五內境互為因果。

五根功能是因：由五根功能傳外境對象之緣至阿賴耶識與種子因結合，種子生現行果（相分上的五內境）。

五根功能是果：相分上的五內境新熏阿賴耶識成新熏種子，即現行熏種子，再由種子生五根功能果。

二、其他宗的量論

其他宗的量論：依據貢卻亟美旺波、宗義寶鬘。

（1）經部宗的量

分為現量和比量二種。現量分為根現量、意現量、自證現量、瑜伽現量。

知有量知及非量知。

非量知有：再決識、邪知、疑、伺意、現而未了之知等五種。

其中現量與「現而未了之知」二者都是離分別而沒有錯誤的；而比量、疑、伺意三者純粹是分別心。

心識量境之時，是帶相而了解的，而且心、心所同體。

（2）唯識宗的量

量分現、比二量。現量有四種，其中的自證現量及瑜伽現量，都是沒有錯誤的認知。

真相唯識派主張：在凡夫生命之流的持青眼識中（識中的見分），青色現為青色映相這一分（識中的相分）是沒有錯誤的認知。

假相唯識派主張：凡夫生命之流的根現量都是錯覺，而意現量則有錯覺與非錯覺二部分。

（3）瑜伽行及隨經行中觀自續派

量分現量、比量。現量分根現量、意現量、自證現量、瑜伽現量。後二種現量都是沒有錯覺的認知。由於此派不許外境實有，因此主張：青與持青現量二者同體。

（4）中觀應成派

量有現量、比量。現量只有三種：根現量、意現量、瑜伽現量，不承認自證現量（即自認分）。主張有情生命相續之根識都是錯誤認知。瑜伽現量有錯誤和不錯誤二種。屬於無漏等引性質的瑜伽現量沒有錯誤，而凡夫生命相續中現觀微細無常的瑜伽現量則是錯誤認知，因為是凡夫生命相續中的認知。

凡是「再決識」皆是現量。持色的根現量，至第二剎那即成無分別之現量。

比量分四：事勢比量、極成比量、度喻比量、信許比量。

在認知的對象上雖有錯覺，但並不妨礙對認知對象的了解。

凡帶有二顯（主客、能所）的認知，觀待其所現境相而言，皆是現量。

凡是認知，皆能了解其所量。換言之，量即是了解。

（5）瑜伽師地論的量論

1.因明之能成立法有八種：立宗、辯因、引喻、同類、異類、現量、比量、正教。

2.現量：有三種：非不現見、非已思應思、非錯亂境界。

a.非不現見：即現見之意。

有四種：諸根不壞、作意現前、相似生（各界有不同，色界根見色，無色界無色現見）；超越生（上地的根可現量下地的境）；無障礙（指境現無障礙）；非極遠（指境非極遠）。

b.非已思應思：已思是已過去或已知，應思是未來或未知）。有二種：「才取便成」取所依境、「建立境界」取所依境。

b.1 才取便成取所依境：謂若境，「能作才取便成」取所依止，現在一思惟境界即刻成「取所依境」，不是已思或應思，而是正思或現思。

b2.建立境界取所依境：謂若境，「能為建立境界」（即所設想建立的境界，如三摩地的思惟境）。

c.非錯亂境界：

有五種：想（思想）錯亂、數（數目）錯亂、形（形體）錯亂、顯（色彩）錯亂、業（造作動態）錯亂。

有七種：上五錯亂，再加心（心生感受）錯亂、見（生起執見）錯亂。

2.比量：謂與思擇（恩量抉擇）俱，已思應思所有境界，即可推知過去或未來的所有境界。

有五種：相比量、體比量、業比量、法比量、因果比量。

a.相比量：相是相狀。謂隨所有相狀相屬，或由現在，或先所見，推度境界。

如由具如來微妙相好、智慧、寂靜、正行、神通，比知如來應等正覺，具一切智。

b.體比量：體是體性。謂現見彼自體性故比類彼物不現見體，或現見彼一分自體比類餘分。如以現在比類過去，或以過去比類未來，或以現在近事比遠。

c.業比量：業是作用。謂以作用，比業所依。如見遠物無有動搖，鳥居其上，由是比知是杌（矮樹），高聲側聽，比知是聾。

d.法比量：法是現象。謂以相鄰相屬之法，比餘相鄰相屬之法。

如屬無常，比知有苦；以屬苦故，比空無我；以有為故，比知生住異滅之法；屬無為故，比知無生住異滅之法。

e.因果比量：從因推果、從果推因。謂以因果展轉相比。如見修道，比知當獲沙門果證；若見有獲沙門果證，比知修道。

3.正教量：謂一切智所說言教，或從彼聞，或隨彼法。

有三種：不違聖言、能治雜染、不違法相。

（6）法稱「釋量論」大綱

釋量論為法稱所著，是陳那「集量論」之義疏。

共有四品：

第一品、自義比量品。解釋立論者自身引生比量智必要條件（正因等）。所論述的主要內容，為具三相的正因，從而理解所立法。三相是宗法、隨遍、反遍。

第二品、成量品。解釋「集量論」的歸敬頌義，成立如來為世間之定量。

第三品、現量品。現量乃比量所依止之基礎，本品廣釋現量之定義、差別及似現量等。

第四品、他義比量品。廣釋能立因等之得失，闡明使他人引生比量智之方便。即所抉擇的主要內容，為能立語，即通過立量形式，使人對立破得到正確的理解。

本論總集因明理論之大成，為世間研習因明學之範本。

156. 唯識與中觀及唯識與如來藏，如何合流？

（一）唯識與中觀合流

請參閱本書 68 問。

中期中觀學派由於論證方法的不同而分裂為「歸謬論證派」與「自立論證派」。

此時期中觀派對於瑜伽行唯識學派，仍持有強烈的對抗意識。

直至後期中觀派寂護時代才將瑜伽行派學說評價為比「有部」或「經量部」高，而開始將瑜伽行派的學說吸收入中觀體系中，成為所謂的「瑜伽行中觀派」的一種綜合學說。

寂護的中觀學派老師「智藏」著有「瑜伽修習道」，開始融合瑜伽行派。

寂護，是住那爛陀寺的學僧，著有「真實要義」、「中觀莊嚴論」。

寂護認為中觀是以直觀「空性」為最高真理，但在世間的真理應以「唯識無境」為立場，可謂是屬於瑜伽行中觀派的人。同時，他也贊成清辨的由定言的推論式來論證中觀的真理，所以他

是「中觀自續派隨瑜伽行」人。

（二）唯識與如來藏合流

　　如來藏思想從印度傳入西藏後，藏傳佛教學者傳統上認為，根據對如來藏的見解，唯識派可分成順眞相唯識派，又稱眞心派，認爲如來藏實有，主張他空見（覺朗派）。另一派爲順假相唯識派，又稱妄心派，主張如來藏緣起，持自性空見，認爲阿賴耶識即是如來藏。

　　請參閱本書 69 問。

　　對於晚出的如來藏系經如大般涅槃經、勝鬘經，無著的著作中對此如來藏思想並沒有多少發揮。而世親雖著作「佛性論」，但玄奘一系並不太信用它。

　　世親之後，堅慧則就如來藏作了進一步的研究。留傳的著作有「法界無差別論」、「究竟一乘寶性論」（藏譯本認爲是彌勒所著）。

　　唯識與如來藏結合的經典有：「楞伽經」、「密嚴經」、「大乘起信論」、「佛性論」、「楞嚴經」等。

　　唯識學的本義，是以「唯識性」的我法兩空的眞如空性來解說「如來藏我」。

　　（1）楞伽經

　　阿賴耶識與如來藏結合即稱「藏識」。

　　「如來之藏，是善不善因。……爲無始虛偽惡習所熏，名爲藏識，生無明住地與七識俱。」

　　（2）密嚴經

　　「諸仁者。一切眾生阿賴耶識。本來而有圓滿清淨。出過於世同於涅槃。譬如明月現眾國土。世間之人見有虧盈。而月體性未嘗增減。藏識亦爾。普現一切眾生界中。性常圓潔不增不減。」

「世尊說此識，爲除諸習氣，了達於清淨，賴耶不可得
　賴耶若可得，清淨非是常，如來清淨藏，亦名無垢智
　常住無終始，離四句言說，佛說如來藏，以爲阿賴耶
　惡慧不能知，藏即賴耶識，如來清淨藏，世間阿賴耶
　如金與指環，展轉無差別。」

（3）大乘起信論

-摩訶衍體相用：

心眞如相即示摩訶衍體。即是如來藏。

心生滅因緣相能示摩訶衍自體相用。心生滅即是阿賴耶識的體相用整體表現。

-心生滅者依如來藏故有生滅心。

阿賴耶識的緣起須依賴如來藏本體的啓動。

-阿賴耶識是不生滅與生滅和合。

阿賴耶識的體是不生滅的如來藏；生滅是阿賴耶識體相用的整體表現。

-阿賴耶識有覺及不覺二種表現。

覺有本覺及始覺。本覺即是眞如、如來藏。始覺是由阿賴耶識的不覺修成始覺，始覺即同本覺。

阿賴耶識的不覺有根本不覺及枝末不覺。

根本不覺是根本無明；枝末不覺是枝末無明。

-眞如熏習：眞如與無明可以互熏。

眞如熏無明，可以使阿賴耶識往不生滅的始覺走。

無明熏眞如，可以使阿賴耶識往不覺的生滅走。

請參閱「大乘起信論義記別記研究」P121-155、P419、P438、P439-443。

（4）楞嚴經

「阿難！汝猶未明一切浮塵諸幻化相，當處出生隨處滅盡，幻妄稱相，其性眞爲妙覺明體，如是乃至五陰、六入，從十二處

346

至十八界，因緣和合虛妄有生，因緣別離虛妄名滅，殊不能知生滅去來，本如來藏常住妙明，不動周圓妙真如性，性真常中求於去來、迷悟、死生，了無所得。」

（5）佛性論

佛性的體有三因、三性、如來藏。

佛性的相有十相（自體相、因相、果相、事能相、總攝相、分別相、階位相、遍滿相、無變異相、無差別相）。

請參閱《佛性辨正》P37-38、41-43、44-45、49-50、52、53-54。

（6）寶作寂

寶作寂將般若思想與如來藏思想融入中觀瑜伽行派。

157.寂護、蓮華戒與寶作寂之佛學思想有何不同？

唯識宗有二派：有形象唯識及無形象唯識。

有形象唯識有：陳那、法稱、護法。

無形象唯識有：世親、安慧、寶作寂。

中觀自續瑜伽行隨順真相唯識派：寂護、蓮花戒、智藏、聖解脫軍（自在軍）

中觀自續隨順假相唯識派：師子賢、傑大里（有垢派）、喇瓦巴（無垢派）

（一）寂護

八世紀印度佛教僧侶，那爛陀學者，西藏佛教人士。將印度佛教傳入西藏，建立了最初的藏傳佛教僧團，是西藏前弘期最重要的奠基者之一。與蓮花生、赤松德贊，合稱師君三尊。

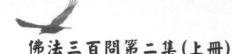

（1）寂護與蓮花戒的思想相同處：

同屬「中觀自續瑜伽行」派，又都是「隨順眞相唯識派」，蓮花戒又是寂護的門人，故二人之根本思想是近似的，即均主張中觀的「空」及唯識的「有」互相結合的「空有互融」。都主張漸悟。

寂護的二本著作：「攝眞實論」及「中觀莊嚴論」。尤其在後書特別強調中觀與唯識二者如馬車的兩軌。蓮花戒在所著「修習次第」中也認爲空爲勝義，瑜伽爲世俗。寂護並秉持龍樹的說法，主張空的勝義必須在世俗的有中體現、落實。

（2）寂護與蓮花戒的不同處：

蓮花戒更重視「無相瑜伽」的實踐，因此在實踐上稍偏重於瑜伽學，以中觀學的空的立場，導入唯識學的實踐方法。他著作「修習次第」，即是對苦集滅道四諦進行知苦、斷集、證滅、修道的實踐程序。這實踐歷程是漸進式的，所以說「次第」。由境由識變，漸次到境識俱泯的證得。將修行分爲三個程序，即聞、思、修，具體說明聞所成慧、思所成慧及修所成慧。聞是學習，思是批判，修是瞑想。而且智慧與修行並不分離，透過修行可以增長智慧。

（3）寂護與寶作寂的不同：

寂護極力主張中觀與唯識必須融合，但卻忽略了如來藏或佛性思想。如來藏的自性清淨心思想直到寶作寂才受到重視。

寶作寂將般若思想與如來藏思想融入中觀瑜伽行派。

請參閱本書 68 問。

158.唯識宗的經論有哪些？

（1）六經十一論

六經：大方廣佛華嚴經、解深密經、如來出現功德莊嚴經（中土未譯）、阿毘達磨經（中土未譯）、楞伽經、厚嚴經（中土未譯）。

十一論：瑜伽師地論、顯揚聖教論、大乘莊嚴論、集量論、攝大乘論、十地經論、分別瑜伽論、觀所緣緣論、二十唯識論、辨中邊論、集論等。

（2）一本十支

一本是瑜伽師地論。

十支：百法論、五蘊論、顯揚論、攝大乘論、雜集論、辯中邊論、唯識二十論、唯識三十論、大莊嚴論、分別瑜伽論。

159.解深密經的大綱為何？

《解深密經疏》十卷，徵引宏博，備大小乘義。此經共分八品：第一、序品；第二、勝義諦相品；第三、心意識相品；第四、一切法相品；第五、無自性相品；第六、分別瑜伽品；第七、地波羅密多品；第八、如來成所作事品。

各品的重要大綱如下：

（一）序品，敘說佛陀於十八圓滿受用土，現出二十一種功德成就受用身時，無量大聲聞眾與大菩薩眾集會之情景。

（二）勝義諦相品，說明勝義諦真如乃是離名言之有無二相，超越尋思所行，遠離諸法之一異相，而遍於一味相。

1.一切法者，略有二種：一者有爲，二者無爲。是中有爲是非有爲非無爲，無爲亦是非無爲非有爲。

2.勝義是諸聖者內自所證，勝義無相所行，勝義不可言說，勝義絕諸表示，勝義絕諸諍論。

3.勝義超一切尋思，超下列諸勝解：欲貪勝解，諸欲熾火所燃燒；言說勝解，樂著世間綺言說；見聞覺知表示勝解，樂著世間諸表示；有種種我所攝受諍論勝解，樂著世間諸諍論。

4.勝義諦超過諸法的性及相的一或異。即諸法的性及相，是一或是異，勝義諦是超過一或異的。若性相是一，則眾生皆已見諦。若是異，則已見諦者因不能解脫相縛及粗重縛，應不能證阿耨多羅三藐三菩提。

5.勝義諦相與諸行相，不是一相，也不是異相。

6.勝義諦是遍一切都是一味相。一味相即眞理、眞如、勝義諦。即勝義諦遍在一切法中，而且都是一味相。包括十八界、十二處、緣起、食、諦、四念住、三十七道品、八支聖道中。

7.由此眞如勝義法無我性，不名有因非因所生，諸法法性安立，法界安住，當知勝義諦是遍一切一味相。

（三）心意識相品，敘說阿陀那識、阿賴耶識、一切種子心識、心，並說明與六識之俱轉。

1.身分（最初的身體）生起，於中最初一切種子心識成熟、展轉、和合、增長廣大，依二執受：一者有色諸根及所依執受，二者相名分別言說戲論習氣執受。無色界中不具二種。

2.此識亦名阿陀那識，此識於身隨逐執持故。此識亦名阿賴耶識，此識於身攝受、藏隱、同安危義故。

亦名爲心，色聲香味觸等積集滋長故。

3.由似瀑流阿陀那識爲依止爲建立故，若於爾時有一眼識生緣現前，即於此時一眼識轉。若於爾時乃至有五識身生緣現前，

即於此時五識身轉。

4.若諸菩薩於內各別「如實不見」阿陀那、不見阿陀那識、不見阿賴耶、不見阿賴耶識、不見積集、不見心、不見眼、色及眼識、不見耳、聲及耳識、不見鼻、香及鼻識、不見舌、味及舌識、不見身、觸及身識、不見意、法及意識，是名勝義善巧菩薩，如來施設彼為勝義善巧菩薩。

（四）一切法相品，敘說遍計所執性、依他起性、圓成實性等三性。

1.遍計所執性：一切法名假安立，自性差別，乃至為令隨起言說。

依他起性：一切法緣生自性，則此有故彼有，此生故彼生，謂無明緣行，乃至招集純大苦蘊。

圓成實性：一切法平等真如。菩薩若能勇猛精進，如理作意無倒思惟，乃能通達，於此通達漸漸修集，乃至無上正等菩提方證圓滿。

2.遍計所執相：如眩翳人眼中所有眩翳過患。

依他起相：如眩翳人眩翳病眼中所出現的眾相，如髮毛輪、蜂蠅巨勝、青黃赤白等差別相。

圓成實相：如淨眼人遠離眼中的眩翳過患，即此淨眼本性所行無亂境界。

3.遍計所執相：相名相應以為緣故。

依他起相：依他起相上遍計所執相「執以為緣」故。

圓成實相：依他起相上遍計所執相「無執以為緣」故。

4.菩薩若能於諸法「依他起」相上，如實了知「遍計所執相」，即能了知一切「無相之法」。

若菩薩如實了知「依他起相」，即能如實了知一切「雜染相法」。

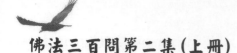

若菩薩如實了知「圓成實相」，即能如實了知一切「清淨相法」。

5.若能如實了知無相法，即能斷滅雜染相法。

若能斷滅雜染相法，即能證得一切清淨相法。

（五）無自性相品，闡說相無性、生無性、勝義無性等三種無自性與三時教。

1.自相無性：謂諸法遍計所執相。此由假名安立為相，非由自相安立為相。譬如空花。

生無性：謂諸法依他起相。此由依他緣力都有，非常自然有。譬如幻像。

勝義無性：謂諸法圓成實相。說名無自性性，即緣生法，亦名勝義無自性性。於諸法中是清淨所緣境界，一切諸法法無我性。譬如虛空。

2.

a.若於分別所行遍計所執相所依行相中，假名安立以為色蘊，或自性相，或差別相，是名「遍計所執相」，世尊依此施設諸法「相無自性性」。

b.若即「分別」所行遍計所執相所依行相，是名「依他起相」，世尊依此施設諸法「生無自性性」。

c.若即於此分別所行遍計所執相所依行相中，由遍計所執相「不成實」故，即此自性無自性性，法無我真如清淨所緣，是名「圓成實相」，世尊依此施設諸法一分「勝義無自性性」。

（六）分別瑜伽品，詳說止觀行，說明識之所緣僅是唯識之所現。

1.世尊說四種所緣境事：一者有分別影像所緣境事、二者無分別影像所緣境事、三者事邊際所緣境事、四者所作成辦所緣境

事。

2.菩薩何依、何住，於大乘中修奢摩他、毘缽舍那？

奢摩他：我爲諸菩薩所說假安立，所謂契經、應誦、……論議，菩薩於此，善聽善受，言善通利，意善尋思，見善通達，即於如所善思惟法，獨處空閑作意思惟，復即於此能思惟心，內心相續作意思惟，如是正行多安住故，起身輕安及心輕安，是名奢摩他。

毘缽舍那：由彼獲得身心輕安爲所依故，即於如所善思惟法內三摩地所行影像，觀察勝解，捨離心相，即於如是三摩地影像所知義中，能正思擇最極思擇，周遍尋思，周遍伺察，若忍、若樂、若慧，若見、若觀，是名毘缽舍那。

3.奢摩他與毘缽舍那，當言有異、當言無異？

佛說：當言非有異非無異。何故非有異？以毘缽舍那所緣境，心爲所緣故。（爲何沒有不同，毘缽舍那將所緣境，是以能緣心去緣境，而奢摩他是將所緣境拉回能緣心，最後都在能緣心）。

何故非無異？有分別影像非所緣故。（爲何有不同呢？因爲奢摩他是緣無分別影像，而毘缽舍那是緣有分別影像。

4.什麼是「心一境性」？謂能通達三摩地定境中之所行的影像都是識所現，或是如其本性。

毘缽舍那有三種：有相毘缽舍那（三摩地所行之有分別影像）、尋求毘缽舍那（由慧故，對於各種未善解了的一切法中，爲了「善了」，作意思惟）、伺察毘缽舍那（由慧故，對於各種已善解了的一切法中，爲了「善證得極解脫」故，作意思惟）。

奢摩他有三種，復有八種（四禪四空定各有一種奢摩他；復有四種（慈悲喜捨各有一種奢摩他）。

5.什麼是「依法」？

奢摩他毘缽舍那及「不依法」奢摩他毘缽舍那？

-依法奢摩他毘缽舍那：若諸菩薩隨先所受所思法相，而於其義得奢摩他毘缽舍那。是利根性隨法行菩薩。

-不依法奢摩他毘缽舍那：若諸菩薩不待所受所思法相，但依於他教誡教授，而於其義得奢摩他毘缽舍那。是鈍根性隨信行菩薩。

什麼是「緣別法」奢摩他毘缽舍那，「緣總法」奢摩他毘缽舍那？

-緣別法奢摩他毘缽舍那：若諸菩薩緣於「各別契經」等法，於如所受所思惟法、修奢摩他毘缽舍那。

-緣總法奢摩他毘缽舍那：若諸菩薩即緣「一切契經」等法，集爲一團一積一分一聚作意思惟，此一切法隨順眞如，趣向眞如，隨順菩提，隨順涅槃，隨順轉依，及趣向彼、若臨入彼，此一切法宣說無量無數善法，如是思惟修奢摩他毘缽舍那。

什麼是「緣小總法」奢摩他毘缽舍那，「緣大總法」奢摩他毘缽舍那？「緣無量總法奢摩他毘缽舍那」？

-緣小總法奢摩他毘缽舍那：若緣各別契經乃至各別論義，爲一團等作意思惟。

-緣大總法奢摩他毘缽舍那：若緣乃至所受所思契經等法，爲一團等作意思惟非緣各別。

-緣無量總法奢摩他毘缽舍那：若緣無量如來法教，無量法句文字，無量後後慧所照了，爲一團等作意思惟，非緣乃至所受所思。

6.此「緣總法」奢摩他毘缽舍那，當知從何名爲「通達」？從何名「得」？

從初極喜地名爲通達；從第三發光地乃名爲得。

7.什麼是「有尋有伺」三摩地？什麼是「無尋唯伺」三摩地？

什麼是「無尋無伺」三摩地？

有尋有伺三摩地：於如所取尋伺法相，若有「粗顯」領受觀察奢摩他毘缽舍那。

無尋唯伺三摩地：若於彼相雖無粗顯領受觀察，而有「微細」彼光明念領受觀察奢摩他毘缽舍那。

無尋無伺三摩地：彼於一切法相，「都無」作意領受觀察奢摩他毘缽舍那。

8.什麼是「止相」？什麼是「舉相」？什麼是「捨相」？

-止相：若心掉舉，或恐掉舉時，諸可厭法作意，及彼無間心作意。

-舉相：若心沉沒或恐沉沒時，諸可欣法作意，及彼心相作意。

-捨相：若於一向止道，或於一向觀道，或於雙運轉道，二隨煩惱所染污時，諸無功用作意，及心任運轉中所有作意。

9.由五種相了知於「法」：一者知名，二者知句，三者知文，四者知別，五者知總。

知名：若於一切染淨法中所立自性，想假施設。

知句：於彼名聚集中，能隨宣說，諸染淨義依持建立。

知文：即彼二所依止字。

知別：由各別所緣作意。

知總：由總合所緣作意。

菩薩出十種相，了知於「義」：一者知盡所有性，二者知如所有性，三者知能取義，四者知所取義，五者知建立義，六者知受用義，七者知顛倒義，八者知無倒義，九者知雜染義，十者知清淨義。

10.十義如下：

a.知盡所有性：諸雜染清淨法中所有一切品別邊際，是名此中盡所有性。如五數蘊、六數內處、六數外處、如是一切。

b.如所有性者：

　　謂即一切染淨法中所有真如，是名此中如所有性。

　　此復七種：一者流轉真如，謂一切行無先後性；二者相真如，謂一切法補特伽羅無我性，及法無我性；三者了別真如，謂一切唯是識性；四者安立真如，謂我所說諸苦聖諦；五者邪行真如，謂我所說諸集聖諦；六者清淨真如，謂我所說諸滅聖諦；七正行真如，謂我所說諸道聖諦。

　　c.者知能取義：謂內五色處、若心意識及諸心法。

　　d.者知所取義：謂外六處。

　　e.者知建立義：謂器世界於中可得建立一切諸有情界。

　　f.者知受用義：謂我所說諸有情類，為受用故，攝受資具。

　　g.者知顛倒義：謂即於彼能取等義，無常計常，想倒、心倒、見倒，苦計為樂，不淨計淨，無我計我。

　　h.者知無倒義：與上相違，能對治彼，應知其相。

　　i.者知雜染義：謂三界中三種雜染：煩惱雜染、業雜染、生雜染。

　　j.者知清淨義：謂即如是三種雜染，所有離繫菩提分法。

　　11.諸菩薩了知五種義，名為知義：

　　遍知事、遍知義、遍知因、遍知果、於此覺了。

　　遍知事：當知即是一切所知，謂或諸蘊、諸內處、諸外處，如是一切。

　　遍知義：乃至所有品類差別所應知境，謂世俗故，或勝義故，功德、過失、緣、世、生、住、壞相、病、苦集、真如實際法界、廣略、一向記、分別記、反問記、置記、隱密、顯了，如是等類，當知一切名遍知義。

　　遍知因：當知即是能取前二菩提分法，所謂念住或正斷等。

　　遍知果：謂貪恚癡永斷毘奈耶，及貪恚癡永斷諸沙門果，及我所說聲聞如來若共不共世出世間所有功德，於彼作證。

於此覺了：即於此作證法中，諸解脫智，廣為他說宣揚開示。

-復次菩薩能了知四種義：心執受義、領納義、了別義、雜染清淨義。

-復次能了知三種義：文義（謂名身等）、義義、界義。

義義有十種：真實相、遍知相、永斷相、作證相、修習相、即彼真實相等品差別相、所依能依相屬相、即遍知等障礙法相、即彼隨順法相、不遍知及遍知等過患功德相。

界義，謂五種界：器世界、有情界、法界、所調伏界（即滅諦）、調伏方便界（即道諦）。

12.修奢摩他毘缽舍那諸菩薩眾，如何作意？如何除遣諸相？

由真如作意，除遣法相及義相。

-如是了知法義菩薩，有幾種相難可除遣？誰能除遣？

善男子！有十種相，以「空」能除遣。

一者了知法義故，有種種文字相，法空能正除遣。

二者了知安立真如義故，有生住異滅性相續隨轉相，相空及無先後空能正除遣。三者了知能取義故，有顧戀身相及我慢相，內空及無所得空能正除遣。四者了知所取義故，有顧戀財相，外空能正除遣。五者了知受用義故，有內安樂、外淨妙相，內外空及本性空能正除遣。六者了知建立義故，有無量相，大空能正除遣。

七者了知無色故，有內寂靜解脫相無量相，有為空能正除遣。八者了知相真如義故，有補特伽羅無我相及法無我相，若唯識相及勝義相，無量相，畢竟空、無性空、無性自性空、勝義空能正除遣。

九者了知清淨真如義故，有無為相無變異相，無為空無變異空能正除遣。十者即於彼相對治空性作意思惟故，有空性相，空

空能正除遣。

13.若於依他起相及圓成實相中，一切品類雜染清淨遍計所執相畢竟遠離性，及於此中都無所得，如是名爲於大乘中總空相性。

14.此奢摩他毘缽舍那以何爲因？以何爲果？能作何業、於五種繫及五蓋中，幾是奢摩他障？幾是毘缽舍那障？幾是俱障？

齊何名得奢摩他道圓滿清淨？齊何名得毘缽舍那道圓滿清淨？

-以何爲因：清淨尸羅清淨聞思所成正見，-以爲其因。

-以何爲果：善清淨戒、清淨心、善清淨慧以爲其果。

-能作何業：能解脫二縛（相縛及粗重縛）爲業。

-於五種繫中，幾是奢摩他障？幾是毘缽舍那障？幾是俱障？

顧戀身財是奢摩他障；於諸聖教不得隨欲是毘缽舍那障；樂相雜住，於少喜足，當知俱障。

-於五蓋中，幾是奢摩他障？幾是毘缽舍那障？幾是俱障？

掉舉惡作是奢摩他障；惛沉、睡眠、疑是毘缽舍那障；貪欲、瞋恚，當知俱障。

-齊何名得奢摩他道圓滿清淨？

乃至所有惛沉睡眠正善除遣，齊是得奢摩他道圓滿清淨。

-齊何名得毘缽舍那道圓滿清淨？

乃至所有掉舉惡作正善除遣，齊是名得毘缽舍那道圓滿清淨。

15.諸菩薩於奢摩他毘缽舍那現在前時，應知幾種心散動法？

應知五種：一者作意散動、外心散動、內心散動、相散動、粗重散動。

作意散動：諸菩薩捨於大乘相應作意，墮在聲聞獨覺相應諸作意中。

外心散動：若於其外五種妙欲諸雜亂相，所有尋思隨煩惱中，及於其外所緣境中，縱心流散。

內心散動：若由惛沉及以睡眠，或由沉沒或由愛味三摩鉢底，或由隨一三摩鉢底諸隨煩惱之所染汙。

相散動：若依外相，於內等持所行諸相，作意思惟。

粗重散動：若內作意為緣，生起所有諸受，由粗重身計我起慢。

16.此奢摩他毘鉢舍那從初菩薩地乃至如來地，能對治何障？

初地中對治惡趣煩惱業生雜染障
第二地中對治微細誤犯現行障
第三地中對治欲貪障
第四地中對治定愛及法愛障
第五地中對治生死涅槃一向背趣障
第六地中對治相多現行障
第七地中對治細相現行障
第八地中對治無相作功用及有相不得自在障
第九地中對治一切種善巧言辭不得自在障
第十地中對治不得圓滿法身證得障

17.云何修行引發菩薩廣大威德？

若菩薩善知六處，便能引發菩薩廣大威德。

六處：善知心生、善知心住、善知心出、善知心增、善知心減、善知方便。

善知心生：謂如實知十六行心生起差別。

善知心住：謂如實知了別真如。

善知心出：謂如實知出二種縛，即相縛及粗重縛，令其心從如是出。

善知心增：謂如實知能治相縛及粗重縛心，彼增長時彼積集時，亦得增長亦得積集。

善知心減：謂如實知彼所對治相，及粗重所雜染心，彼衰退時彼減損時，此亦衰退亦減損。

善知方便：謂如實知解脫、勝處，及與遍處，或修或遣。

18.於無餘依涅槃界中，一切諸受無餘永滅。何等諸受於此永滅？

有二種受無餘永滅：所依粗重受、彼果境界受。

所依粗重受有四種：有色所依受、無色所依受、果已成滿粗重受（現在受）、果未成滿粗重受（未來受）。

彼果境界受：亦有四種：依持受、資具受、受用受、顧戀受。

（七）地波羅蜜多品，述說十地與十波羅蜜多行。

1.當知諸地四種清淨及十一分攝：

A.四種清淨：增上意樂清淨，攝初地；增上戒清淨，攝第二地；增上心清淨，攝第三地；增上慧清淨，攝第四地乃至佛地。

B.十一分攝：

a.未能於微細毀犯誤現行中，正知而行。（未能入第二地）

b.未能得世間圓滿等持、等至及圓滿聞持陀羅尼。（未能入第三地）

c.未能令隨所獲得菩提分法多修習住，心未能捨諸等至愛與法愛。（未能入第四地）

d.未能於諸諦道理如實觀察，又未能於生死涅槃棄捨一向背趣作意，又未能修方便所攝菩提分法。（未能入第五地）

e.未能於生死流轉如實觀察，又由於彼多生厭，未能多住無相作意。（未能入第六地）

f.未能令無相作意無缺無間多修習住。（未能入第七地）

g.未能於無相中捨離功用，又未能得於相自在。（未能入第八地）

h.未能於異名眾相訓詞差別一切品類，宣說法中得大自在。（未能入第九地）

i.未能得圓滿法身現前證受。（未能入第十地）

j.未能得遍於一切所知境界無著。

2.何緣說最初名極喜地，乃至何緣說名佛地？

初名極喜地：成就大義，得未曾得出世間心，生大歡喜。

第二名離垢地：遠離一切微細犯戒。

第三名發光地：由彼所得三摩地及聞持陀羅尼，能為無量智光依止。

第四名燄慧地：由彼所得菩提分法，燒諸煩惱智如火焰。

第五名極難勝地：由即於彼菩提分法方便修習，最極艱難方得自在。

第六名現前地：現前觀察諸行流轉，又於無相多修作意方現在前。

第七名遠行地：能遠證入無缺無間無相作意，與清淨地共相鄰接。

第八名不動地：由於無相得無功用，於諸相中不為現行煩惱所動。

第九名善慧地：於一切種說法自在，獲得無罪廣大智慧。

第十名法雲地：粗重之身廣如虛空，法身圓滿譬如大雲，皆能遍覆。

第十一說名佛地：永斷最極微細煩惱及所知障，無著無礙，於一切種所知境界現正等覺。

3.於諸地有幾愚癡？有幾粗重爲所對治？

有二十二種愚癡及十一種粗重，爲所對治：

初地有二愚癡：執著補持伽羅及法愚癡；惡趣雜染愚癡，及彼粗重爲所對治。

第二地有二愚癡：微細誤犯愚癡；種種業趣愚癡及彼粗重爲所對治。

第三地有二愚癡：欲貪愚癡；圓滿聞持陀羅尼愚癡及彼粗重爲所對治。

第四地有二愚癡：等至愛愚癡；法愛愚癡及彼粗重爲所對治。

第五地有二愚癡：一向作意棄背生死愚癡；一向作意趣向涅槃愚癡及彼粗重爲所對治。

第六地有二愚癡：現前觀察諸行流轉愚癡；相多現行愚癡及彼粗重爲所對治。

第七地有二愚癡：微細相現行愚癡；一向無相作意方便愚癡及彼粗重爲所對治。

第八地有二愚癡：於無相作功用愚癡；於相關自在愚癡及彼粗重爲所對治。

第九地有二愚癡：於無量說法無量法句文字後後慧辯陀羅尼自在愚癡；辯才自在愚癡及彼粗重爲所對治。

第十地有二愚癡：大神通愚癡：悟入微細祕密愚癡及彼粗重爲所對治。

如來地有二愚癡：於一切所知境界極微細著愚癡：極微細礙愚癡及彼粗重爲所對治。

4.諸地有幾種殊勝之所安立？

略有八種：

一者增上意樂清淨

二者心清淨

三者悲清淨

四者到彼岸清淨

五者見佛供養承事清淨

六者成熟有情清淨

七者生清淨

八者威德清淨

5.諸菩薩有幾種所應學事？

六種：布施、持戒、忍辱、精進、靜慮、慧到彼岸

6.菩薩由五種相應當修學：一者最初於菩薩藏波羅蜜多相應微妙正法教中，猛利信解；二者次於十種法行，以聞思修所成妙智精進修行；三者隨護菩提之心；四者親近真善知識；五者無間勤修善品。

7.六種波羅密多各有幾種品類差別？

各有三種：

施：法施、財施、無畏施

戒：轉捨不善戒、轉生善戒、轉生饒益有情戒

忍：耐怨害忍、安受苦忍、諦察法忍

精進：披甲精進、轉生善法加行精進、饒益有情加行精進

靜慮：無分別寂靜、極寂靜、無罪故，對治煩惱眾苦樂住靜慮、引發功德靜慮、引發饒益有情靜慮

慧：緣世俗諦慧、緣勝義諦慧、緣饒益有情慧

8.波羅密多有五因緣說名為波羅密多：

無染著者：謂不有染著波羅密多諸相違事

無顧戀者：謂於一切波羅密多諸果異熟及報恩中，心無繫縛

無罪過者：謂於如是波羅密多，無間雜染法，離非方便行

無分別者：謂於如是波羅密多不如言詞執著自相

正迴向者：謂以如是所作所集波羅密多迴求無上大菩提果

9.波羅密多有六種果異熟：得大財富、往生善趣、無怨無壞多諸喜樂、爲眾生主、身無惱害、有大宗葉

10.波羅密多清淨之相：

總說有七種：菩薩於此諸法不求他知、於此諸法見已不生執著、於此諸法不生疑惑、終不自讚毀他有所輕蔑、終不憍傲放逸、終不少有所得便生喜足、終不由此諸法於他發起嫉妒、慳吝。

別說有七種：

a.七種施清淨相：1.由施物清淨行清淨施、2.由戒清淨行清淨施、3.由見清淨行清淨施、4.由心清淨行清淨施、5.由語清淨行清淨施、6.由智清淨行清淨施、7.由垢清淨行清淨施

b.七種戒清淨相：1.善了知制立律儀一切學處、2.善了知出離所犯、3.具常尸羅、4.堅固尸羅、5.常作尸羅、6.常轉尸羅、7.受學一切所有學處。

c.七種忍清淨相：1.若諸菩薩於自所有業果異熟深生依信，一切所有不饒益事現在前時，不生憤發、2.亦不反罵，不瞋不打不恐不弄，不以種種不饒益事反相加害、3.不懷怨結、4.若諫誨時不令恚惱、5.亦復不待他來諫誨、6.不由恐怖有染愛心而行忍辱、7.不以作恩而便放捨。

d.七種精進清淨相：1.通達精進平等之性、2.不由勇猛勤精進故自舉陵他、3.具大勢力、4.具大精進、5.有所堪能、6.堅固勇猛、7.於諸善法終不捨軛。

e.七種靜慮清淨相：1.有善通達相三摩地靜慮、2.有圓滿三摩地靜慮、3.有俱分三摩地靜慮、4.有運轉三摩地靜慮、5.有無所依三摩地靜慮、6.有善修治三摩地靜慮、7.有於菩薩藏聞緣修習無量三摩地靜慮。

f.七種慧清淨相：1.若諸菩薩遠離增益損減二邊，行於中道，是名爲慧、2.如實了知解脫門，義謂空、無願、無相三解脫

門、3.如實了知有自性義，謂遍計所執、依他起、圓成實三自性、4.如實了知無自性義，謂相、生、勝義三種無自性性、5.如實了知世俗諦義，謂於五明處、6.如實了知勝義諦義，謂於七眞如、7.能善成辦法隨法行。

11.波羅密多各有四種最勝威德：

a.於此波羅密多正修行時，能捨慳吝、犯戒、心憤、懈怠、散亂、見趣所治（偏見執著等各種心理障礙）。

b.於此正修行時，能爲無上正等菩提眞實資糧。

c.於此正修行時，於現法中能自攝受饒益有情。

d.於此正修行時，於未來世能得廣大無盡可愛諸果異熟。

12.一切波羅密多何因？何果？有何義利？

大悲爲因；微妙可愛諸果異熟，饒益一切有情爲果。圓滿無上廣大菩提爲大義利。

13.云何波羅密多？云何近波羅密多？云何大波羅密多？

於勝解行地煖中勝解轉時，名波羅密多。

從初地以上，是名近波羅密多。

從八地以上，是名大波羅密多。

14.此諸地中煩惱隨眠可有幾種？

略有三種：

害伴隨眠：於前五地。不俱生現行煩惱是俱生煩惱現行的助伴，彼於爾時永無復有。

羸劣隨眠：於第六第七地中微細現行，若修所伏不現行故。

微細隨眠：於第八地以上，從此已去，一切煩惱不復現行。

（八）如來成所作事品，說明如來法身相及其化身作業。

此八品除序品外，其餘七品均爲《瑜伽師地論》卷七十五至七十八所引收。

1.菩薩別解脫有七相所攝：

一者宣說受軌則事故

一者宣說隨順他勝事故

一者宣說隨順毀犯事故

一者宣說有犯自性故

一者宣說無犯自性故

一者宣說出所犯故

一者宣說捨律儀故

2.以十一種相，決了分別顯示諸法，是名本母：

一者世俗相者：當知三種：一者宣說補特伽羅故，二者宣說遍計所執自性故，三者宣說諸法作用事業故。

一者勝義相：當知宣說七種眞如故。

一者菩提分法所緣相者，當知宣說遍一切種所知事故。

一者行相者，當知宣說八行觀故。

一者自性相：謂我所說有行有緣、所有能取菩提分法，謂念住等，如是名爲彼自性相。

一者彼果相：謂若世間若出世間諸煩惱斷，及所引發世出世間諸果功德。

一者彼領受開示相：謂即於彼以解脫智而領受之，及廣爲他宣說開示，如是名彼領受開示相。

一者彼障礙法相：謂即於修菩提分法能隨障礙諸染汙法，是名彼障礙法相。

一者彼隨順法相：謂即於彼多所作法，是名彼隨順法相。

一者彼過患相：當知即彼諸障礙法所有過失。

一者彼勝利相：當知即彼諸隨順法所有功德。

3.何者名爲八行觀：

諦實、安住、過失、功德、理趣、流轉、道理、總別。

　　4.五種相名爲清淨：

　　a.現見所得相：謂一切行皆無常性，一切行皆是苦性，一切法皆無我性，此爲世間現量所得。

　　b.依止現見所得相：謂一切行皆刹那性，他世有性，淨不淨業無失壞性，由彼能依粗無常性現可得故；由諸有情種種差別，依種種業現可得故；由諸有情若樂若苦，淨不淨業以爲依止，現可得故。

　　c.自類譬喻所引相：謂於內外諸行聚中，引諸世間共所了知「所得生死」、「所得生等種種苦相」、「所得不自在相」、「所得衰盛」等以爲譬喻。當知是名自類譬喻所引相。

　　d.圓成實相：謂即如是現見所得相，若依止現見所得相，若自類譬喻所得相，於所成立決定能成，當知是名圓成實相。

　　e.善清淨言教相：謂一切智者之所宣說，如言涅槃究竟寂靜。如是等類，當知是名善清淨言教相。

　　5.一切智相有五種：

　　一者若有出現世間，一切智聲無不普聞

　　二者成就三十二種大丈夫相

　　三者具足十力。能斷一切眾生疑惑

　　四者具足四無所畏，宣說正法，不爲一切他論所伏，而能摧伏一切邪論

　　五者於善說法毘奈耶中，八支聖道四沙門等，皆現可得。

　　6.七種相名不清淨：

　　一者此餘同類可得相：同類中有其餘之一部分不具因支條件

　　二者此餘異類可得相：不同類中有其餘之一部分不具因支條件

　　三者一切同類可得相：若一切法意識所識性是名一切同類可得相

　　四者一切異類可得相：若一切法相之性（性質）業（作用）、因、果等異相，由隨如是一一異相，決定展轉各各異相，是名一切異類可得相

　　五者異類譬喻所得相

　　六者非圓成實相

　　七者非善清淨言教相

　　7.如來化身爲有心爲無心耶？

　　如來所行及如來境界，二者有何差別？

　　a.如來所行：謂一切種如來共有不可思議無量功德眾所莊嚴清淨佛土。

　　b.如來境界：謂一切種五界差別。何等爲五？一者有情界，二者世界，三者法界，四者調伏界，五者調伏方便界。

　　8.如來成正等覺、轉正法輪、入大涅槃，如是三種當知何相？

　　此三皆無二相，謂非成正等覺、非不成正等覺；非轉正法輪、非不轉正法輪；非入大涅槃，非不入大涅槃。

　　因如來法身究竟淨，如來化身常示現。

　　9.諸穢土中何事易得？何事難得？

　　八事易得，二事難得。

　　a.八事易得：外道、有苦眾生、種姓家世興衰差別、行諸惡行、毀犯尸羅、惡趣、下乘、下劣意樂加行菩薩。

　　b.二事難得：增上意樂加行菩薩之所遊集、出來出現於世。

　　10.諸淨土中何事易得？何事難得？

　　諸淨土中，與上相違，當知八事甚爲難得，二事易得。

160.瑜伽師地論的大綱為何？

一、總論

「瑜伽師地論」彌勒菩薩講述，無著記。漢譯版本有北涼曇無讖《菩薩地持經》十卷、劉宋求那跋摩《菩薩善戒經》九卷、陳眞諦《決定藏論》三卷、唐玄奘三藏譯《瑜伽師地論》一百卷。諸異譯本中，以玄奘所譯最爲詳實。

內容記錄作者聽聞彌勒菩薩自兜率天降至中天竺阿逾陀國講堂說法的經過，其中詳述瑜伽行觀法，主張客觀對象是由人類根本心識的阿賴耶識所假現的現象，須遠離有與無、存在與非存在等對立的觀念，才能悟入中道，是研究小乘與大乘佛教思想的一大寶庫。由於本論廣釋實踐唯識教理的瑜伽師所依所行的十七種階段（十七地），所以又稱爲《十七地論》。在十七地中，尤以「菩薩地」爲重要。全書分爲五分，以本地分爲中心，其餘四分是本地分的更詳細補充說明。

（一）本地分，一卷至五十卷。略廣說明三乘根本十七地的意涵。內容可以歸納爲境、行、果三相。

十七地：

第一、五識身相應地：謂五識身自性、彼所依、彼所緣、彼助伴、彼作業，如是總名五識身相應地。五識爲眼識、耳識、鼻識、舌識、身識。

第二、意地：此亦五相應知，謂自性故、彼所依故、彼所緣故、彼助伴故、彼作業故。

云何意自性、謂心、意、識。

第三、有尋有伺地。

第四、無尋唯伺地。

第五、無尋無伺地。

如是三地略以五門施設建立：一界施設建立、二相施設建

立、如理作意施設建立、不如理作意施設建立、雜染等起施設建立。

第六、三摩四多地：若略說三摩四多地，當知由總標故、安立故、作意差別故、相差別故、略攝諸經宗要等故。

第七、非三摩四多地：當知此地相略有十二種。

第八、有心地。

第九、無心地：謂此二地俱由五門應知其相：一地施設建立門、二心亂不亂建立門、三生不生建立門、四分位建立門、五第一義建立門。

第十、聞所成地：謂若略說於五明處名、句、文身無量差別，覺慧爲先，聽聞領受，讀誦憶念；又於依止名身、句身、文身義中無倒解了，如是名爲聞所成地。

第十一、思所成地：當知略說由三種相：一由自性清淨故、二由思擇所知故、三由思擇諸法故。

第十二、修所成地：略由四處當知普攝修所成地。何等四處？一者修處所、二者修因緣、三者修瑜伽、四者修果。

第十三、聲聞地：略說此地，性等數取數，如應而安立，世間出世間，此地略有三：謂種性趣入，及出離想地，是說爲聲聞。

第十四、獨覺地：當知此地有五種相：一者種性、二者道、三者習、四者住、五者行。

第十五、菩薩地：有十法俱攝大乘菩薩道及果。何等爲十：一者持、二者相、三者分、四者增上意樂、五者住、六者生、七者攝受、八者地、九者行、十者建立。

第十六、有餘依地：當知此地有三種相：一者地施設安立、二者寂靜施設安立、三者依施設安立。

第十七、無餘依地：當知此地亦有三相：一者地施設安立、二者寂滅施設安立、三者寂滅異門安立。

（二）攝抉擇分，五十一卷至八十卷。抉擇本地分十七地中的深隱要義。

（三）攝釋分，八十一卷至八十二卷。解說十七地中諸經的儀則。

（四）攝異門分，八十三卷至八十四卷。解釋十七地經典中諸法名義差別。

（五）攝事分，八十五卷至一百卷。解釋十七地三藏中眾要事義。

二、各論

（一）第一五識身相應地

1.謂五識身自性、彼所依、彼所緣、彼助伴、彼作業，如是總名五識身相應地。五識為眼識、耳識、鼻識、舌識、身識。

2.云何眼識自性？謂依眼了別色。

彼所依者：俱有依是眼。等無間依是意。種子依是阿賴耶識。

彼所緣者：謂色，有見有對。有三種：顯色（若色顯了，眼識所行，光、明、顏色等差別）、形色（若色積集、短、形狀等分別相）、表色（業用為依，轉動、態勢差別）

彼助伴者：俱有心所，有：五遍行（作意、觸、受、想、思），及餘眼識俱有相應諸心所法，依百法心有八種，心所五十一種）。

彼作業者：有六種：了別業（唯了別自境所緣、唯了別自相、唯了別現在、唯一剎那了別）、隨轉業（隨意識轉、隨善染轉、隨發業轉）、取果業（取愛果、取非愛果）

3.云何耳識自性？謂依耳了別聲。

彼所依者：俱有依是耳。等無間依是意。種子依是一切種子阿賴耶識。

彼所緣者：謂聲，無見有對。此復多種，如螺貝聲、大小鼓聲……等。如是等類，有眾多聲。

略分三種：因執受大種聲（唯內緣聲，即人所發出的聲音，如說話聲、手拍擊聲）、因不執受大種聲（唯外緣聲，即人身外器物所發出的聲音，如風林、江河聲）、因執受不執受大種聲（內外緣聲，如手擊鼓、口吹笛）。

此復三種：可意聲（意指適意）、不可意聲、俱相違聲。

又復聲者，謂鳴音、詞吼（宣說理義聲）、表彰語等差別之名。

助伴及業，如眼識，應知。（助伴及業同眼識）

4.云何鼻識自性？謂依鼻了別香。

彼所依者：彼所依者：俱有依是鼻。等無間依是意。種子依是一切種子阿賴耶識。

彼所緣者：謂香，無見有對。此復多種，謂好香、惡香、平等香（對人無損又無益的香）、鼻所嗅知根、莖、華、葉、果實之香。如是等類，有眾多香。

又香者，謂鼻所聞、鼻所取、鼻所嗅等差別之名。

助伴及業，如前應知。

5.云何舌識自性？謂依舌了別味。

彼所依者：俱有依是舌。等無間依是意。種子依是一切種子阿賴耶識。

彼所緣者：謂味，無見有對。此復多種，謂苦、酢（即醋、酸）、辛、甘、鹹、淡、可意、不可意、若捨處所（即非可意也非不可意）、舌所嘗。

又味者，謂應嘗、應吞、應噉（即吃）、應飲、應舐、應吮、應受用，如是等差別之名。

助伴及業，如前應知。

6.云何身識自性？謂依身了別觸。

彼所依者：俱有依是身。等無間依是意。種子依是一切種子阿賴耶識。

彼所緣者：謂觸，無見有對。此復多種，謂地水火風，輕性、重性、滑性、澀性，冷飢渴飽，力（有力）、劣（不力）、緩、急，病、老、死、癢、悶、黏、疲、息、頓、怯、勇，如是等類，有眾多觸。

此復三種，謂好觸、惡觸、捨處所觸（不好不惡）、身所觸。

助伴及業，如前應知。

7.由眼識生，三心可得，如其次弟，謂率爾心、尋求心、決定心。

（二）第二意地

1.此亦五相應知，謂自性故、彼所依故、彼所緣故、彼助伴故、彼作業故。

云何意自性、謂心、意、識。心，謂一切種子所隨依止性、所隨依附依止性，體能執受、異熟所攝阿賴耶識。意，謂恒行意及六識身無間滅意。識，謂現前了別所緣境界。

彼所依：等無間依是意；種子依是阿賴耶識。

彼所緣：第六識為五俱意識，能與前五識同時生起；若不共，所緣即受想行蘊，無為、無見無對色、六內處及一切種子。

此論的「意地」包括心、意、識，並未如唯識三十論將第八、第七、第六三識分開說。

彼助伴者：助伴是心所之意。唯識百法指第八識有 5 種心所，第七識有 18 種心所，第六識有 51 種心所，前五識有 34 種心所。

此論指出有 53 種心所，多邪欲及邪勝解二種。

彼作業者：謂能了別自境所緣，是名初業。又能了別自相共相；能了別去來今三世；能剎那了別或相續了別；復爲轉隨轉，發淨不淨一切法業；復能取愛非愛果報；復能導引其餘五識身生發行運；又能爲因發起等流識身。

2.諸意識（包括第七第六識）望餘識身，有勝作業（精細深廣的造作活動），謂分別所緣、審慮所緣、若醉、若狂、若夢、若覺、若悶、若醒、若能發起身語業、

若能離欲、若離欲退、若斷善根、若續善根、若死、若生等。

云何分別所緣：有七種分別：有相分別、無相分別、任運分別、尋求分別、伺察分別、染汙分別、不染汙分別。

云何審慮所緣：有如理所引、不如理所引、非如理非不如理所引。

如理所引：不增益「非眞實」的「四顛倒」（於無常計常、於苦計樂、於不淨計淨、於無我計我），亦不損減「諸眞實」：如法住智，可以如實了知諸所知事；或善清淨出世間智，可以如實覺知所知諸法。

不如理所引：與上如理所引者相違。

非如理非不如理所引：依無記慧審察諸法。

云何醉：所依託的身體弱、不習慣飲酒、飲酒次數太多、飲酒過量，便致醉亂。

云何狂：由先業所引、或由諸界（地水火風空識六界）錯亂、或由驚怖失志、或由打觸末摩（死穴）、或由鬼魅所著而發癲狂。

云何夢：由依止性（身體）羸弱、或由疲倦過失，或由食所沉重（身體受食沉重負擔）、或由闇相（內心昏暗）作意思惟、或由休息一切事業、或由串習（多次習行）睡眠、或由他所發（如由搖扇或明咒或藥或威神），而發昏夢。

云何覺：由夢覺悟清醒。謂睡增者（睡眠增長）、不勝疲極故，有所作者（有所作為）要期睡（要求如期睡眠）、或他所引，從夢而覺。

云何悶：謂由風熱亂故、或由搥打、或由瀉（如過量轉痢及出血）、或由極勤勞，而致悶絕。

云何醒：謂於悶已而復出離。

云何能發起身語業：謂由發身、語業智（指思慮）前行故，次欲生故（欲求生起念頭），次功用起故（功用指生起念頭的功能作用），次隨順功用為先，身語業者風轉故（身語業的念頭如風吹起，轉動心念），從此發起身業及語業。

云何能離欲：謂隨順離欲根（根是種性）成熟故，從他獲得隨順教誨故，遠離彼障（有加行障、遠離障、寂靜障）故，方便正修無倒思維，方能離欲。

云何離欲退：謂性頓根（指貪戀名利遏制善性）故，新修善品者（指靜慮法）者數數思惟彼行狀相（各靜慮地的行狀相）故，受行順退法（順次退還至喪失一切成果）故，煩惱所障故，惡友所攝故，從離欲退。

云何斷善根：謂利根者成就上品諸惡意樂現行法故，得隨順彼惡友故，彼邪見纏極重圓滿到究竟故，彼於一切惡現行中得無畏故，無哀愍故，能斷善根。斷善根非指永拔彼種子。

云何續善根：謂由性利根故，見親朋友修福業故，詣善丈夫聞正法故，因生猶豫證決定故，還續善根。

云何死：謂由壽量極（極指盡頭）故而便致死。此復三種：壽盡、福盡、不避不平等（不平等即不按定命死，即未盡壽死）。

云何生：由我。由我愛無間已生故。

3.前所說自性乃至業等五事，當知皆由三處所攝，謂由色聚故，心心所品故，及無為故。除餘假有法。（三處即色聚、心心

所、無爲）

云何造色依於彼？由造色生已，不離大種處而轉故？

云何彼所建立？由大種損益，彼同安危故。

云何彼所任持？由隨大種等量不壞故。

云何彼所長養？由因飲食、睡眠、修習梵行、三摩地等，依彼造色倍復增廣，故說大種爲彼養因。

4.諸色聚中，略有十四種事，謂地水火風色聲香味觸及眼等五根。除唯意所行色。

色聚有三種流轉：長養、等流、異熟生。

長養：有二種：處遍滿長養、相增盛長養。

等流：有四種：長養等流、異熟等流、變異等流、自性等流。

異熟生：有二種：一異熟體生，名異熟生。二從異熟生，名異熟生。

諸色聚略說依六處轉：謂建立處、覆藏處、資具處、根所依處、根處、三摩地所行處。

5.於心心所品中，有心可得；及五十三心所可得，謂作意等乃至尋、伺爲後邊。

6.云何根不壞？

有二種因：不壞滅、不羸劣。

云何境界現前？

謂或由所依處故，或由自性故，或由方故，或由時故，或由顯了不顯了故，或由全分及一分故。

云何能生作意正起？

由四因故：由欲力、由念力、由境界力、由數習力。

云何安立此一心耶？

謂世俗言說一心刹那，非生起刹那。

7.又識能了別事之總相。

作意（心迴轉）、觸（三和合）、受（領納）、想（了像）、思（心造作）、欲（於可樂事，隨彼彼行欲欲有所作性）、勝解（於決定事，隨彼彼行印可隨順性）、念（於串習事，隨彼彼行明了記憶性）、三摩地（於所觀察事，隨彼彼行審慮所依心一境性）、慧（於所觀察事，隨彼彼行簡擇諸法性）。

8.云何建立三世？

謂諸種子不離法故，如法建立。又由與果、未與果故，若諸果法，若已滅相，是過去；有因未生相，是未來；已生未滅相，是現在。

云何建立生、老、住、無常？

謂由於一切處識相續中，一切種子相續俱行建立。由有緣力故，先未相續生法今最初生，是名生有為相。即此變異性，名老有為相。即已生時，唯生剎那隨轉故，名住有為相。生剎那後，剎那不位故，名無常有為相。

又有四緣：因緣、等無間緣、所緣緣、增上緣。

因緣：謂種子。

等無間緣：由自性故。謂若此識無間，諸識決定生，此是彼等無間緣。

所緣緣：由所緣緣境故。謂諸心心所所緣境界。

增上緣：由所依及助伴等故。謂除種子餘所依，如眼及助伴法為眼識的增上緣。又善不善性能取愛非愛果，名增上緣。

9.又如經言善、不善、無記者，彼差別云何？

善法：有二種義：取愛果義、善良了知事及彼果義。

不善法：謂與善法相違，及能為障礙，由能取不愛果故，及不正了知事故。

無記法：有四種：異熟生、一分威儀路、工巧處、變化。

10.復次,眼有一種,謂能見色。

或立二種:謂長養眼、異熟生眼。

或立三種;謂肉眼、天眼、慧眼。

或立四種:謂瞚眼(眼開閉)、無瞚眼、恆相續眼(色界眼)、不恆相續眼。

或立五種:謂五趣所攝眼。

或立六種:謂自相續眼、他相續眼、端嚴眼、醜陋眼、有垢眼、無垢眼。

或立七種:謂有識眼、無識眼、彊眼、弱眼、善識所依眼、不善識所依眼、無記識所依眼。

或立八種:謂依處眼、變化眼、善業異熟生眼、不善業異熟生眼、食所長養眼、睡眠長養眼、梵行長養眼、定所長養眼。

或立九種:謂已得眼、未得眼、曾得眼、未曾得眼、得已失眼、應斷眼、不應斷眼、已斷眼、非已斷眼。

或立十種:無。

或立十一種:謂過去眼、未來眼、現在眼、內眼、外眼、粗眼、細眼、劣眼、妙眼、遠眼、近眼。

如眼如是,耳等亦爾。是中差別者,謂增三增四:

三種耳:肉所纏耳、天耳、審諦耳。

四種耳:恆相續耳、不恆相續耳、高聽耳、非高聽耳。

三種鼻舌:光淨、不光淨、被損。

四種鼻舌:恆相續、不恆相續、有識、無識。

三種身:淬穢處、非淬穢處、一切遍諸根所追逐。

四種身:恆相續、不恆相續、有自然光、無自然光。

11.或立一種意,謂由識法故。

或立二種:謂墮施設意、不墮施設意。初謂了別名言者意,後謂嬰兒意。又初謂世間意,後謂出世間意。

或立三種:謂心、意、識。

或立四種：謂善、不善、有覆無記、無覆無記。

或立五種：謂五位差別，因位、果位、樂位、苦位、不苦不樂位。

或立六種：謂六識身。

或立七種：謂依七識住。

或立八種：謂增語觸相應、有對觸相應、依耽嗜、依出離、有愛味、無愛味、世間、出世間。

或立九種：謂依九有情居。

或立十種：無。

或立十一種：如前說。

或立十二種：即十二心：欲界善心、不善心、有覆無記心、無覆無記心；色界有三心，除不善，無色界亦爾；出世間心有二種：學及無學。

12.眼：屢觀眾色，觀而復捨，故名為眼。

耳：數數於此聲至能聞，故名為耳。

鼻：數由此故能嗅諸香，故名為鼻。

舌：能除飢羸，數發言論，表彰呼召，故名為舌。

身：諸根所隨之，周遍積聚，故名為身。

意：愚夫長夜，瑩飾藏護，執為己有，計為我所、我及我我；又諸世間，依此假立種種名想，謂之有情、人與命者、生者、意生及儒童等，故名為意。

13.此中顯由五法、六識身差別轉，謂自性故、所依故、所緣故、助伴故、業故。

又復應知蘊善巧攝、界善巧攝、處善巧攝、緣起善巧攝、處非處善巧攝、根善巧攝。

又復應知，諸佛語言，九事所攝，云何九事：

有情事：謂五取蘊。

受用事：謂十二處。

生起事：謂十二緣起及緣生。

安住事：謂四食。

染淨事：謂四聖諦。

差別事：謂無量界。

說者事：謂佛教及彼弟子。

所說事：謂四念住等菩提心法。

眾會事：謂八眾：刹帝利眾、婆羅門眾、長者眾、沙門眾、四大天王眾、三十三天眾、焰摩天眾、梵天眾。

（三）第三、四、五地　有尋有伺等三地

云何有尋有伺地？

云何無尋唯伺地？

云何無尋無伺地？

如是三地略以五門施設建立：一界施設建立、二相施設建立、三如理作意施設建立、四不如理作意施設建立、五雜染等起施設建立。

（1）界施設建立：當知界建立由八相：數建立、處建立、有情量建立、有情壽建立、有情受用建立、生建立、自體建立、因緣果建立。

a.數建立：有三界：欲界、色界、無色界。

b.處建立：欲界及色界初靜慮，名有尋有伺地；第一第二靜慮中間若定若生，名無尋唯伺地；從第二靜慮，其餘有色界及無色界全部，名無尋無伺地。

（2）相施設建立、應知此相略有七種：

體性、所緣、行相、等起、差別、決擇、流轉。

a.體性：謂不深推度所緣，思為體性；若深推度所緣，慧為體性應知。

b.所緣：謂依名身、句身、文身義為所緣。

c.行相：謂即於此所緣尋求行相，是尋。即於此所緣伺察行相，是伺。

d.等起：謂發起語言。

e.差別：有七種差別，謂有相、無相乃至不染汙，如前面意地中說，即分別所緣的七種分別：有相分別、無相分別、任運分別、尋求分別、伺察分別、染汙分別、不染汙分別。

f.決擇：謂望出世智，所餘一切三界心心所皆是分別而非尋伺。

g.流轉：如那落迦（地獄）尋、伺，何等行？何所觸？何所引？何相應？何所求？何業轉？

那落迦尋伺，唯是慼行（憂慼），觸非愛境，引發於苦，與憂相應，常求脫苦，嬈心業轉（嬈即擾）。

餓鬼尋伺如那洛迦，一向受苦。

（3）如理作意施設建立、應知建立略有八相：依處故、事故、求故、受用故、正行故、聲聞乘資糧方便故、獨覺乘資糧方便故、波羅密多引發方便故。

a.依處：六種依處：決定時（決定道義）止息時（止息煩惱）、作業時（造作流轉）、修世間離欲時、修出世離欲時、攝益有情時。

b.事故：八種事：施所成福作用事、戒所成福作用事、修所成福作用事、聞所成事、思所成事、餘修所成事、揀擇所成事、攝益有情所成事。

c.求故：謂如有一以法及不兇險追求財物，不以非法及兇險。

d.受用故：謂如即彼追求財已，不染、不住、不耽、不縛、不悶、不著、不堅執，深見過患，了知出離而受用之。

e.正行故：謂如有一了知父母、沙門、波羅門及家長等，恭敬供養利益承事。於今世、後世所作罪中見大怖畏，行施、作

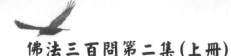

福、受齋、持戒。

f.聲聞乘資糧方便故：聲聞地中我當廣說。

g.獨覺乘資糧方便故：獨覺地中我當廣說

h.波羅密多引發方便：菩薩地中我當廣說

（4）不如理作意施設建立、由十六種異論差別，顯不如理作意應知：

因中有果論、從緣顯了論、去來實有論、計我論、計常論、宿作因論、計自在等爲作者論、害爲正法論、有邊無邊論、不死矯亂論、無因見論、斷見論、空見論、妄計最勝論、妄計清淨論、妄計吉祥論。

（5）雜染等起施設建立。

謂由三種雜染應知，何等爲三？一煩惱雜染、二業雜染、三生雜染。

煩惱雜染由自性故、分別故、因故、位故、門故、上品故、顛倒攝故、差別故、過患故

a.煩惱自性故：若法生時，其相自然不寂靜起，由彼起故，不寂靜行相續而轉，是名略說煩惱自性。

b.煩惱分別故：

或立一種：謂由煩惱雜染義故。

或分二種：見道所斷、修道所斷。

或分三種：欲繫、色繫、無色繫。

或分四種：欲繫記、無記、色繫無記、無色繫無記。

或分五種：見苦所斷、見集所斷、見滅所斷、見道所斷、見修所斷。

或分六種：貪、恚、慢、無明、見、疑。

或分七種：欲貪隨眠、瞋恚隨眠、有貪隨眠、慢隨眠、無明隨眠、見隨眠、疑隨眠。

或分八種：貪、恚、慢、無明、見、疑及二種取（見取、戒

禁取）。

或分九種：九結：愛結、恚結、慢結、無明結、見結、取結、疑結、嫉結、慳結。

或分十種：薩迦耶見、邊執見、邪見、見取、戒禁取、貪、恚、慢、無明、疑。

或分一百二十八煩惱，即上十煩惱由迷執十二種諦建立應知。

c.因故：六種因：由所依故、由所緣故、由親近故、由邪教故、由數習故、由作意故。

d.位故：七種：隨眠位、纏位，分別起位、俱生位、頓位、中位、上位。

e.門故：二門：由纏門及隨眠門。

纏門有五種：由不寂靜住、由障礙善、由發起惡趣惡行、由攝受現法鄙賤、能感生等苦。

隨眠有七門，一切煩惱於見及修能為障礙應知，有：邪解了、不解了、解了不解了、邪解了迷執、彼因依處、彼怖所生、任運現行。

f.煩惱上品相：謂猛利相及尤重相。此相有六種：由犯故、由生故、由相續故、由事故、由起惡業故、由究竟故。

g.煩惱顛倒攝者：謂七顛倒：想倒、見倒、心倒、於無常常倒、於苦樂倒、於不淨淨倒、於無我我倒。

h.煩惱差別：

結、縛、隨眠、隨煩惱、纏、暴流、枙、取、繫、蓋、株杌、垢、常害、箭、所有、根、惡行、漏、匱、燒、惱、有諍、火、熾然、稠林、拘礙。

i.過患故：當知煩惱有無量過患。

（四）第六地　三摩四多地

（1）三摩四多地即等引地，等是身心安和平等；引是由定心專注導引。即由定心專注導引身心安和平等的境界。

（2）若略說三摩四多地，當知由總標故、安立故、作意差別故、相差別故、略攝諸經宗要等故。

總標：謂此地中略有四種：靜慮、解脫、等持、等至。

1.靜慮

a.從離生有尋有伺靜慮

b.從定生無尋無伺靜慮

c.離喜靜慮

d.捨念清淨靜慮

2.解脫：八解脫

a.有色觀諸色解脫

b.內無色想觀外諸色解脫

c.淨解脫身作證（修習圓滿已成就為賢聖身）俱足住（修習圓滿隨意自在）解脫

d.空無邊處解脫

e.識無邊處解脫

f.無所有處解脫

g.非想非想處解脫

h.想受滅身作證俱足住解脫

3.等持

三三摩地：空、無願、無相

三種：有尋有伺、無尋唯伺、無尋無伺

三種：大、小、無量

二種：一分修、具分修

三種：喜俱行、樂俱行、捨俱行

四種：四修定得到：靜寂相狀、觀照智力、入聖慧解、盡滅有漏

五種：五聖智三摩地：自體智（無染無執）、補特伽羅智（非凡夫能近之人智）、清淨智（寂靜微妙）、果智（果報安樂）、人出定相智（以正念入定出定）

五種：聖五支三摩地：心一境性具尋、伺、喜、樂、寂滅五支。

有因有具聖正：有因即正見正思惟正語正業正命。有具即輔助因：正精進、正念。

金剛喻三摩地：即最後邊學（無學阿羅漢位）三摩地。

非學非無學等三摩地

4.等至：謂五現見三摩缽底、八勝處三摩缽底、十遍處三摩缽底、四無色三摩缽底、無想三摩缽底、滅盡定三摩缽底。

（3）云何安立？

謂唯此等名「等引地」，非於欲界心一境性；由此定等，無悔、歡、喜、安、樂所引，欲界不爾；非欲界中於法全無審正觀察。

（4）復次，初靜慮中脫離生喜，由證住此，斷除五法，謂欲所引喜、欲所引憂、不善所引喜、不善所引憂、不善所引捨。

1.欲所引喜者：於妙五欲（色聲香味觸）若初得時、若已證（證指謀求）得正受用時、或見、或聞、或曾領受，由此諸緣，憶念歡喜。

2.欲所引憂者：於妙五欲若求不遂、若已受用更不復得、或得已便失，由此諸緣，多生憂惱。

3.不善所引喜者：謂如有一（一人），與喜樂俱而行殺業，乃至邪見（否定因果）。

4.不善所引憂者：謂如有一（一人），與憂苦俱而行殺業，乃至邪見（否定因果）

5.不善所引捨者：捨指非苦非樂。謂如有一（一人）或王王等，或餘宰官，或尊尊等，自（自己）不樂爲殺等惡業，然其僕使作惡業時，忍而不制（制止），亦不安處毘奈耶（戒律）中，由縱捨故，逐造惡業。

（5）又於五法修習圓滿，謂歡、喜、安樂及三摩地。

1.歡者：謂從本來清淨行者，觀資糧地所修淨行，無悔爲先慰意適悅，心欣踴性。

2.喜者：謂正修習方便爲先，深慶適悅，心欣踴性。

3.安者：謂離粗重，身心調適性。

4.樂者：謂由如是心調適故，便得身心無損害樂及解脫樂。以離彼品粗重性故，於諸煩惱而得解脫。

5.三摩地者：謂於所緣審正觀察，心一境性。

（6）復次，各靜慮地之支：

初靜慮：一尋、二伺、三喜、四樂、五心一境性。

尋伺爲取所緣；三摩地爲彼所依；喜爲什麼受境界；樂爲除粗重。

第二靜慮：一內等淨、二喜、三樂、四心一境性。

內等淨爲取所緣；三摩地爲彼所依，餘如前說。

第三靜慮：一捨、二念、三正知、四樂、五心一境性。

捨、念、正知爲取所緣；三摩地爲彼所依，餘如前說。

第四靜慮：一捨清淨、二念清淨、三不苦不樂受、四心一境性。

捨淨、念淨爲取所緣；三摩地爲彼所依，餘如前說。

（五）第七地　非三摩四多地

云何非三摩四多地？

當知此地「相」略有十二種：

1.或有自性不定故，名非定地，謂五識身。

2.或有闕輕安故，名非定地，謂欲界繫諸心心法。

3.或有不發趣故，故名非定地，謂受欲者於謂欲中深生染著而常受用。

4.或有極散亂故，名非定地，謂初修定者於妙五欲心隨流散。

5.或有太略聚（簡略）故，名非定地，謂初修定者於內略心，惛睡所蔽。

6.或有未證得故，名非定地，謂初修定者雖無散亂及以略聚嬈惱其心，然猶未得諸作意故，諸心心法不名爲定。

7.或有未圓滿故，名非定地，謂雖得作意，然未證得加行究竟及彼果故，不名爲定。

8.或有雜染汙故，名非定地，謂雖證得加行究竟果作意，然爲種種愛味等惑染汙其心。

9.或有不自在故，名非定地，謂雖已得加行究竟果作意，其心亦無煩惱染汙，然於入、住、出諸定相中未得自在，未隨所欲，梗澀艱難。

10.或有不清淨故，名非定地，謂自在隨其所欲，無澀無難，然唯修得世間定故，未能永害煩惱隨眠諸心心法，不名爲定。

11.或有起故，名非定地，謂所得定雖不退失，然出定故，不名爲定。

12.或有退故，名非定地，謂退失所得三摩地故，不名爲定。

（六）第八地　有心地、第九地無心地

云何有心地？云何無心地？謂此二地俱由五門應知其相：一地施設建立門、二心亂不亂建立門、三生不生建立門、四分位建立門、五第一義建立門

（1）地施設建立門

1.有心地：五識身相應地、意地、有尋有伺地、無尋唯伺地，此四一向（全是）有心地。

2.無心地：無尋無伺地（第二靜慮以上之靜慮包括無色界四空定），除無想定，並無想生及滅盡定，所餘一向是有心地。若無想定、若無想生及滅盡定是無心地。

（2）心亂不亂建立門

有心地：四顛倒不顛倒心，名不亂心。若不亂心，名有心地。

無心地：四顛倒心名為亂心，亂心亦名無心，性失壞故，由狂亂心失本性故。

（3）生不生建立門

八因緣故，其心或生或不生。

八因緣：根破壞、境不現前、缺作意、未得（未得心想生成條件）、相違（阻礙心想生成條件）、已斷（已伏斷現行心想）、已滅（已滅除心想種子）、已生（已生而謝去）。

以上八種心想不能產生。

1.有心地：若具生因緣，心便得生，名有心地。

2.無心地：若遇上述八種不生心因緣故，心則不生，名無心地。

（4）分位建立門

有心地：無心睡眠位、無心悶絕位、無想定位，無想生位、滅盡定位及無餘依涅槃界位。

無心地：除上六位，當知所餘名有心地。

（5）第一義建立門

謂唯無餘依涅槃界是無心地。何以故？阿賴耶識永滅故。

所餘諸位，轉識（前七礙）滅故，名無心地。

（七）第十二地　修所成地

云何修成地？

略由四處當知普攝修所成地。何等四處？一者修處所、二者修因緣、三者修瑜伽、四者修果。

如是四處，七支所攝。何等為七？

一生圓滿，二聞正法圓滿，三涅槃為上首，四能熟解脫慧之成熟，五修習對治，六世間一切種清淨，七出世間一切種清淨。

云何修習對治？

當知略說於三位中有十種修習瑜伽所對治法。云何三位？一在家位，二出家位，三遠離閒居修瑜伽位。

云何十種修習瑜伽所對治法？

（1）在家位

於妻室有淫欲相應貪，於餘親屬又諸財寶有受用相應愛，如是名為處在家位所對治法，由此障礙，於一切種不能出離；設得出家，由此尋思之所擾動為障礙故，不生喜樂。

如是二種所對治法，隨其次第，修不淨想，修無常想，當知是彼修習對治。

（2）出家位

1.常方便修善法所作，謂我於諸法常方便修為依止故，常能制伏隨愛味樂一切心識，又能如實解了苦性。

所對治法為初所作有懶惰懈怠。

其修習對治為於無常修習苦想。

2.於無戲論涅槃信解愛樂所作，謂我當於無戲論涅槃心無退轉，不生憂慮；謂「我我」今者何所在耶？

於第二所作有薩迦耶見。其修習對治為於眾苦修無我想。

3.於時時遊行聚落乞食所作，謂我乞食受用為因，身得久住有力調適，常能方便修諸善法。

於第三所作有愛味貪。

其修習對治爲於飲食修厭逆想。

4.於遠離處安住所作。

於第四所作有世間種種樂欲貪愛。

其修習對治爲於一切世間修不可樂想。

（3）遠離閒居修瑜伽位

四種所治：

1.於奢摩他毘缽舍那品有暗昧心。

對治修習爲修光明想。

2.於諸定有隨愛味。

對治修習爲修離欲想。

3.於生有隨動相心。

對治修習爲修滅想。

4.推後後日，顧待餘時，隨不死尋（決心隨時遷變不死），不能熾然勤修方便。

對治修習爲修死想。

（4）又不淨想略有二種：一思擇力攝，二修習力攝。

1.思擇力攝：有五法爲所對治：親近母邑、處顯失念、居隱放逸、通處隱、顯由串習力、雖勤方便修習不淨而作意錯亂。

2.修習力攝：當知七法爲所對治：

a.本所作事心散亂性

b.本所作事趣作用性

c.方便作意不善巧性，由不恭敬勤問故。

d.由不能守根門故，雖處空閒，猶有種種染汙尋思擾亂其心。

e.於飲食不知量故，身不調適。

f.又爲尋思所擾亂故，不樂遠離內心寂靜奢摩他定。

g.由彼身不調適故，不能善修毘缽舍那。

（5）又於無常所修苦想，略有六種所對治法：

a.於未生善法最初應生，而有懈惰。

b.於已生善法應住不忘，修習圓滿、倍令增廣，而有懈怠。

c.於恭敬師長往請問中，不恆相續。

d.於恆修善法常隨師轉，遠離淨信。

e.由遠離淨信，不能常修。

f.於內放逸，由放逸故，於常修習諸善法中。不恆隨轉。

（6）又光明想：

緣多光明以為境界，如三摩呬多地中已說。此處意辯緣「法光明」以為境界。

修光明想，謂如所聞已得究竟不忘念法，名法光明。與彼俱行、彼相應想，應知名光明想。

（7）又第一義思所成慧（有四法）及修所成慧俱光明想（有七法），共有十一法為所對治：

1.第一義思所成慧（有四法）：

a.不善觀察故，不善決定故，於所思惟有疑隨逐

b.住於夜分懶惰懈怠故，多習睡眠故，虛度時分

c.住於晝分習近邪惡食故，身不調柔，不能隨順諦觀諸法

d.與在家、出家共相雜住，於隨所聞，所究竟法不能如理作意思惟。

2.修所成慧俱光明想（有七法）：

a.依舉相修極勇精進所對治法

b.依止相修極劣精進所對治法

c.依捨相修貪著定味與愛俱行所有喜悅

d.於般涅槃心懷恐怖與瞋恚俱其心怯弱二所治法

e.即依如是方便作意，於法精勤論議決擇，於立破門多生言論相續不捨，此於寂靜正思惟時能為障礙。

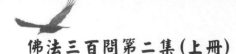

f.於色聲香味觸中，不如正理執取相好，不正尋思，令心散亂。

g.於不應思處，強攝其心思擇諸法。

以上所治法，還有十一與此相違能對治法，能斷於彼，令思、修所成若智若見清淨而轉。

（8）又多所作三法：正方便修諸想者，有能斷滅所治法欲；又於所治現行法中，心不染著，速令斷滅；又能多住能對治法，斷滅一切所對治法。如是三法隨逐一切對治修故，名多所作。

（八）第十三地　聲聞地

（1）若略說此地，性等數取數，如應而安立，世間出世間，此地略有三：謂種性、趣入地及出離想地，是說為聲聞。

（1）云何種性

1.云何種性？謂住種性補特伽羅（住有聲聞乘菩提種子的人身），有種子法（有聲聞乘菩提種子），由現有故，安住種性補特伽羅，若遇勝緣，便有堪任（種子便有能力生發），便有勢力，於其涅槃能得能證。

種性或名種子，或名為界，或名為性，是名差別。

種性之體，附在所依（所依的識體），有如是相，由六處所攝，從無始世展轉傳來，法爾所得，於此立有差別之名，所謂種性、種子、界、性，是名種性。

2.云何種性安立？種性為細，因種子未能與果（未能生成果），未習成果，故名為細（即潛伏），若已與果，已習成果，名為粗（即顯發）。

3.云何住種性者所有諸相？

謂與一切無涅槃法補特伽羅諸相相違，當知即名安住種性補特伽羅所有諸相。

「無涅槃法補特伽羅」有眾多相，我今當說彼相少分。

謂最初不住種性無涅槃法補特伽羅阿賴耶愛（即將阿賴耶視爲自我），遍一切種皆悉隨縛（視阿賴耶識爲自我見所縛），久遠隨逐，畢竟堅固，依附相續，一切諸佛所不能救，是名第一「不住」種性補特伽羅無種性相（即不住聲聞乘菩提種子無種性相）。

4.云何安住種性補特伽羅？

住種性補特伽羅，有各種情況，包括已趣入、未趣入；已出離、未出離；或鈍根、中根、利根；或有貪瞋癡行；或生有暇或無暇，……如是名爲安住種性補特伽羅所有差別。爲度這些差別，諸佛世尊出現於世，謂若未趣入，令其趣入；若未成熟，令其成熟；若未清淨，令其清淨，轉正法輪，制立學處。

（2）云何趣入地？

謂若趣入自性、若趣入安立、若趣入者所有諸相、若已趣入補特伽羅，如是一切總略爲一，名趣入地。

云何趣入自性？

由如是轉上轉勝復微妙信等諸法，更得其餘殊勝異熟，由此異熟復得其餘隨順出世轉勝善法，如是展轉，互爲依因，互與勢力，於後後生轉轉勝進，乃至獲得最後有身，謂住於此得般涅槃，或能趣入正性離生，是名趣入。何以故？若道、若路、若正行跡能得涅槃，能趣涅槃，爾於彼時，能昇能入，能正行履，漸次趣向極究竟，是故說此次名已趣入，如是名爲趣入自性。

（3）云何出離地？

謂若由世間道而趣離欲，若由出世間道而趣離欲，若此二道所有資糧，總略爲一，名出離地。

1.云何名爲由世間道而趣離欲？

謂如有一，於下欲界觀爲粗相，於初靜慮離生喜樂，若定若生，觀爲靜相。

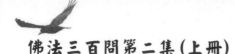

2.云何名爲由出世道而趣離欲？

謂如有一，親近善士，於聖法中已成聰慧，於聖法中已得調順，於苦聖諦如實知苦，於集聖諦如實知集，於滅聖諦如實知滅，於道聖諦如實知道。既得成就有學智見，從此以後漸修聖道，遍於三界見、修所斷一切法中自能離繫，自得解脫，如是便能超過三界。

3.云何名爲二道資糧？

謂若自圓滿、若他圓滿、若善法欲、若戒律儀、若根律儀、若於食知量、若初夜後夜常勤修習悎寤瑜伽、若正知而住、若善友性、若聞正法、若思正法、若無障礙、若修惠捨、若沙門莊嚴，如是等法，是名世間及出世間諸離欲道趣向資糧。

4.云何名爲沙門莊嚴？

若有成就如是諸法，愛樂正法，愛樂功德，不樂利養恭敬稱譽，亦不成就增益、損減二種邪見，於佛甚深法教深生信解，終不毀謗，能正了知唯是如來所知所見、非我境界，終不樂住自妄見取，若與如是功德相應，如是安住修學，以正沙門諸莊嚴具而自莊嚴。

（九）第十四地　獨覺地

當知此地有五種相：一者種性、二者道、三者習、四者住、五者行。

1.云何獨覺種性？

有三相：

a.先未證得彼菩提時，有薄塵種性（厭離世間的傾向。也作薄地，慾惑輕薄，指須陀洹或斯陀含種性），由此因緣，於憒鬧處心不愛樂，於寂靜處，心生愛樂。

b.先未證得彼菩提時，有薄悲種性（悲心比較薄弱），由此因緣，於說正法利有情事心不愛樂，於少思務寂靜住中深心愛

樂。

c.先未證得彼菩提時，有中根種性（具備中等資質）是慢行性，由此因緣深心希望無師無敵而證菩提。

2.云何獨覺道？

由三相，應正了知：

a.經於百劫，值佛出世（出世指佛未在世），親近承事，成熟相續，專心求證獨覺菩提，於蘊善巧、於處善巧、於界善巧、於緣起善巧、於處非處善巧、於諦善巧，勤修學故，於當來世能證獨覺菩提。

b.值佛出世，親近善士，聽聞正法，如理作意，於先所未起順決擇分善根引發令起（謂煖、頂、忍），而無力能即於此生證法現觀得沙門果。復修蘊善巧、修處善巧、修界善巧、修緣起善巧、修處非處善巧、修諦善巧，於當來世能證法現觀得沙門果。

c.值佛出世，親近善士，聽聞正法，如理作意，證法現觀得沙門果，而無力能於一切種至極究竟畢竟離垢，畢竟證得梵行邊際阿羅漢果。

復修蘊善巧、修處善巧、修界善巧、修緣起善巧、修處非處善巧、修諦善巧，於當來世能證梵行邊際阿羅漢果。

3.云何獨覺習？習指修習。

a.麟角喻：上式第一類的修習成獨覺者。

b.部行喻：上式第二類及第三類的修習成獨覺者。

4.云何獨覺住？住指居住。

麟角喻：樂處孤林，樂獨居住。

部行喻：樂部眾共相雜住。

5.云何獨覺行？行指行為。

隨入彼彼村邑聚落，或為乞食，或濟度他下劣愚昧，以「身」濟度，不以「語言」。

（十）第十五地　菩薩地
（1）有十法具攝十乘菩薩道及果。

何等為十：持（能承擔持守不變）、相（相狀，有五種：哀愍、愛語、通猛、舒于惠施、能解甚深義理密意）、分（二分：在家分、出家分）、增上意樂（十五種意樂）、住（菩薩住，保持不退失，有十二種住）、生（五種：除災生、隨類生、大勢生、增上生、最後生）、攝受（攝取教化引度眾生。六種攝受；頓普、增上、攝取、長時、短時、最後）、地（修道階位。有七種地：種性地（種性住）、勝解行地（勝解行住）、淨勝意樂地（極歡喜住）、性正行地（增上戒住、增上心住、增上慧住、有功用無相住）、決定地（無功用無相住）、決定行地（無礙解住）、到究竟地（最上成就菩薩住、如來住）、行（四種：波羅密多行、菩提分法行、神通行、成熟有情行）、建立（指成就佛法，有一百四十種佛法：如來三十二種大丈夫相、八十種隨好、四一切種清淨、十種力、四種無畏、三種念住、三種不護、大悲、無忘失法、永害習氣、一切種妙智）。

1.云何名持？謂諸菩薩自乘種性、最初發心及以一切菩提分法，是名為持。

2.云何種性？有二種：本性住種性、習所成種性。

本性住種性：謂諸菩薩六處殊勝有如是相，從無始世展轉傳來，法爾所得。

習所成種性：謂先串習善根所得。

3.

a.云何菩薩「施」波羅密多種性相？

謂諸菩薩本性樂施，於諸現有堪所施物，恆常無間性能於他平等分布。心喜施與，施物雖少，而能均布；惠施廣大，而非狹小；若諸有情怖於王賊及水火等，施以無畏，能於種種常極怖中，隨力濟拔；若負他債，終不抵誑，於共財所，亦無欺誑。

b.云何菩薩「戒」波羅密多種性相？

謂諸菩薩，本性成就軟品（世俗塵染）不善身語意業，不極暴惡；於諸有情，不極損惱；雖作惡業，速疾能悔，常行恥愧，不生歡喜；不以刀杖手塊等事惱害有情，於諸眾生，性常慈愛；修和敬業，善順他心；於恩有情，知恩知報；於來求者常行質直，不以諂誑而推謝之；如法求財，不以非法，不以卒暴；於他種種所應作事，悉與同事；於他種種非法事不與同事。

c.云何菩薩「忍」波羅密多種性相？

謂諸菩薩性於他所遭不饒益無恚心，亦不反報；若他諫（規勸）謝（辭謝）速能納受，終不結恨，不久悵怨。

d.云何菩薩「精進」波羅密多種性相？

謂諸菩薩性自翹勤（特出勤奮），夙興晚寐，不深耽樂睡眠倚樂；於諸廣大第一義中心無怯弱；或於種種難行事業，皆無畏憚。

e.云何菩薩「靜慮」波羅密多種性相？

謂諸菩薩性於法義能審思惟，無多散亂；至遠離處思量自義，心不極為諸惡尋思之所纏擾；若見若聞有苦眾生為種種苦之所逼惱，起大悲心，隨能隨力方便拔濟，令離眾苦；親屬衰亡，喪失財寶諸苦難，悉能安忍；成就念力，於久所作、所說事中，能自記憶，亦令他憶。

f.云何菩薩「慧」波羅密多種性相？

謂諸菩薩成俱生慧；能入一切明處境界；性不頑鈍、性不微昧、性不愚癡；遍於彼彼離放逸處有力思擇。

4.菩薩雖具種性，由四因緣不能速證阿耨多羅三藐三菩提。何等為四？

a.第一因緣：謂諸菩薩先未值遇諸佛，菩薩善知識為說菩提無顛倒道，如是名為第一因緣。

b.第二因緣：諸菩薩遇善友為說正道，而顛倒執。

c.第三因緣：雖無顛倒執，而於加行方便緩慢，懈怠懶惰，不成勇猛熾然精進。

d.第四因緣：雖勇猛精進，然諸善根猶未成熟，菩提資糧未得圓滿，未於長時積習所有菩提分法。

5.云何真實義？

有二種：如所有性，諸法真實性；盡所有性，諸法一切性。

a.云何世間極成真實？

謂一切世間於彼彼事隨順假立、世俗串習，悟入覺慧所見同性。

b.云何道理極成真實？

謂諸智者有道理義，諸聰叡者、諸黠慧者、能尋思者、能伺察者、住尋伺地者、具自辯才者、住異生位者、隨觀察行者，依止現、比及至教量，極善思擇決定智所行所知事，由證成道理所建立、所施設義，是名道理極成真實。

c.云何煩惱障淨智所行真實？

謂一切聲聞、獨覺、若無漏智、若能引無漏智、若無漏後得世間智所行境界，是名煩惱障淨智所行真實。於四聖諦極善思擇，證入現觀，如實智生。能觀唯有諸蘊可得，除諸蘊外我不可得。

d.云何所知障淨智所行真實？

謂於所知能礙智故，名所知障；從所知障得解脫智所行境界，當知是名所知障淨智所行真實。

謂諸菩薩諸佛世尊入法無我、入已善淨，於一切法離言自性、假說自性。平等平等無分別智所行境界。

e.又安立此真實義相，當知即是無二所顯。

6.有二種人於佛所說法毘奈耶俱為失壞：

一者於色等法、於色等事謂有假說自性自相，於實無事起增益執。

二者於假說相處，於假說相依離言自性「勝義法性」，謂一切種皆無所有，於實有事起損減執。

7.云何爲惡取空？

謂有沙門或婆羅門，由彼故空亦不信受，於此而空亦不信受，如是名爲惡取空。

8.云何爲善取空？

謂由於此、彼無所有（此指一切色等想事；彼指色等假說性法，亦即假說法的本性），即由彼故正觀爲空（即正觀假法之本性爲空）；由於此餘（此是法，餘是法性）實是有，即由於此餘實是有，即由餘故如實知有，如是名爲悟入空性如實無倒。於此中實有唯事，於唯事中亦有唯假，不於「實無」起增益執，不於「實有」起損減執，不增不減，不取不捨，如實了知知實眞如離言自性。一切色等想事雖有，但是假有；色等假說性法似無，但是空而不是無。

（十一）第十六地　有餘依地

當知此地有三種相：一者地施設安立、二者寂靜施設安立、三者依施設安立。

（1）云何地施設安立？

下列五地有一部分也是無餘依地：無心地、修所成地、聲聞地、獨覺地、菩薩地。

不是無餘依地的其他地都是有餘依。

（2）云何寂靜施設安立？

有四種：由苦寂靜故、由煩惱寂靜故、由不損惱有情寂靜故、由捨寂靜故。

（3）云何依施設安立？

有八種依：施設依、攝受依、任持依、流轉依、障礙依、苦惱依、適悅依、後邊依。

1.云何施設依：謂五取蘊。由依此故，施設我及有情、命者、生者、能養育者、補特伽羅、意生、儒童（純眞孩童）等，諸想等想，假用言說；及依此故，施設……等諸想等想假用言說。

2.云何攝受依：謂七攝受事，即自己父母、妻子、奴婢、作使、僮僕、朋友、眷屬七攝受事。

3.云何任持依：謂四種食，即段食、觸食、意思食、識食。

4.云何流轉依：謂四種識住（即五蘊中識對色受想行之識別保持狀態）及十二緣起。

5.云何障礙依：謂諸天魔隨有彼彼（種種）修善法處，即往其前爲作障礙。

6.云何苦惱依：謂一切欲界皆名苦惱依。

7.云何適悅依：謂靜慮等至（身心安和平等）樂名適悅依。

8.云何後邊依：謂阿羅漢相續諸蘊。

阿羅漢諸漏永盡住有餘依地，與後邊依一向相應。與攝受依不共相應。與流轉依、障礙依一向全不相應。與所有餘依（其他的依）非相應非不相應。

（十二）第十七地　無餘依地

當知此地亦有三相：

一者地施設安立、二者寂滅施設安立、三者寂滅異門安立。

（1）云何地施設安立：

以下五地有一分是無餘依：無心地、修所成地、聲聞地、獨覺地、菩薩地。

（2）云何寂滅施設安立：

有二種：寂靜寂滅、無損惱寂滅。

a.云何寂靜寂滅：

有最勝四種寂靜：數教寂靜（一切言教明確數都不能表述的

寂靜）、一切依寂靜、依（身依）依苦（苦依）寂靜、依依苦生疑慮（內心疑慮種子都寂滅）寂靜。

b.無損惱寂滅：

謂與一切依不相應，違背一切煩惱諸苦流轉生起，轉依所顯真無漏界。（即轉捨一切汙染法種子，轉得菩提種子）

（3）云何寂滅異門安立：

寂滅異門有無量種，謂異名為常、恆、久住、無變、有法、舍宅、洲渚、救護、歸依、所趣、安隱、淡泊、善事、吉祥、無轉、無垢、難見、甘露、無憂、無沒、無熾、無熱、無病、無動、涅槃、永絕一切戲論。

161. 成唯識論的大綱為何？

「成唯識論」又稱「唯識論」、「淨唯識論」。護法等造。唐代玄奘譯，窺基筆受。

重要注釋有：

-窺基撰《成唯識論述記》二十卷、《成唯識論掌中樞要》四卷。

-慧沼撰《成唯識論了義燈》十三卷。

-智周撰《成唯識論演祕》十四卷。

此三部被譽為「唯識三大部」。

本論是《唯識三十論頌》的注釋書，內容論說「阿賴耶緣起」，即阿賴耶識中所藏的種子，由於緣起而形成宇宙萬象。

次闡述「萬法唯心」之理。

全書十卷，概述如下：

（一）卷一至卷二中

論釋「由假說我法」等頌，破斥執著於實我、實法之外道及小乘。

頌文：

「由假說我法　有種種相轉　彼依識所變　此能變唯三」。

解釋：

1.愚夫所計實我實法都無所有，但隨妄情況而施設，故說之為假；內識所變似我似法，雖有而非實我、法性，然似彼現，故說為假。境依內識而假立，故唯世俗有；識是假境所依事故，亦勝義有。

2.法的定義：法謂軌持，軌者軌範，可生物解；持謂任持，不捨自相」。

對於任何事物（法）會起一種見解，即軌生物解；任何事物都有它特別的體性，此體性可以任運攝持，不失不變，即任持自性。

3.我執有二種：一者俱生，二者分別。

俱生我執無始時來虛妄熏習內因力故，恆與身俱，不過待邪教及邪分別，任運而轉，故名俱生。

有二種：一常相續，在第七識緣第八識見分執為實我。二有間斷，第六識緣識所變的五取蘊相，執為實我。此二我執細，故難斷，於修道中數數修習勝生空觀方能除滅。

二分別我執：由現在外緣力故，非與身俱，要待在邪教及邪分別然後方起，故名分別。唯在第六識中有。也有二種：一緣邪教所說「蘊相」，起自心相，分別計度執為實我；二緣邪教所說「我相」，起自心相，分別計度執為實我。此二我執粗故易斷，於見道時，觀一切法生空真如即能除滅。

4.破斥數論（利用薩埵、剌闍、答摩三種屬性構成五大等二十三種法是實有）、勝論（實等六句是現量實有）、婆羅門教（大

自在天其體實有，能生萬物）、吠陀（一切聲音是永恆的）、順世論（地水火風的父母極微是眞實的，能夠產生粗大的東西）。

5.色有：有對色（由極微所組成）、無對色（不是由極微所組成）。各種有對色都是識變現的，並不是極微和合而成。無對色也不是實有，如心法及心所法一樣，肯定不是實有色法。

6.表色及無表色都不是實有色法。實際上並非無客觀外境色法，只有內識變現。

心不相應行也不是實有，只是色、心等法的分位而假立。

二無心定（無想定、滅盡定）、無想、異熟三法亦非實有。

7.六無爲法：駁斥不應認爲離開色心二法外，另有「眞實的」無爲法之性。

8.法執：俱生與分別。

俱生法執無始時來，虛妄熏習內因力故，恆與身俱，不過待邪教及邪分別，任運而轉，故名俱生。

有二種：一常相續，在第七識緣第八識，起自心相，執爲實法。二有間斷，第六識緣識所變蘊、處、界相，或總或別，起自心相，執爲實法。此二法執細，故難斷，於修道十地中數數修習，勝法空觀，方能除滅。

二分別法執：由現在外緣力故，非與身俱，要待在邪教及邪分別然後方起，故名分別。唯在第六識中有。也有二種：一緣邪教所說「蘊、處、界相」，起自心相，分別計度執爲實法。二緣邪教所說「自性等相」，起自心相，分別計度執爲實法。此二法執粗故易斷，入初地見道時，觀一切法「法空眞如」即能除滅。

由此應知，實無外境，唯有內識似外境生。

9.反駁假必依眞而立，主張似事之假，似事不是說自相是假，「似」是說在自相之上「增益」共相，而不是眞實有相。

10.能變識唯三：一異熟，即第八識，多異熟性故；二思量，即第七識，恆審思量故；三了境，即前六識，了境相粗故。

能變有二種：

一因能變，謂第八識中等流、異熟二因習氣。等流習氣，由七識中善惡無記薰令生長；異熟習氣，由六識中有漏善惡薰令生長。二果能變，謂前二種習氣力故，有八識生，現種種相。

因能變是指第八識中的等流習氣及異熟習氣等二因習氣。

果能變是指這二因習氣種子產生八個識，由這八識現種種相，包括識自體現「見分」及「相分」二相。

（二）卷二中至卷四中

論釋「初阿賴耶識」等頌，闡明阿賴耶識的相狀。

頌文：

「初阿賴耶識　異熟一切種　不可知執受　處了常與觸
　作意受想思　相應唯捨受　是無覆無記　觸等亦如是
　恆轉如瀑流　阿羅漢位捨」

1.阿賴耶識三相：

a.自相：即阿賴耶識，即藏識。

藏有能藏、所藏、執藏。此識貯藏萬法種子，此識是能藏，種子是所藏。種子起現行，現行熏成新種子，新種子是能藏，此識是所藏。執藏者，第七識妄執第八識見分為我。

自相可以攝持因相及果相。

「此即顯示初能變識所有自相，攝持因果為自相故」

b.因相：即阿賴耶識中所攝藏的萬法的種子。此能執持諸法種子，令不失放故，名一切種。

c.果相：此是能引諸界、趣、生，善不善業異熟果故，說名異熟。

2.阿賴耶識三義（業果、不斷、遍三界）、三位（我愛執藏現行位、善惡業果位、相續執持位）。

3.識變：「然依識變，對遣妄執真實我法說假似言」

「變謂識體轉似二分，相見俱依自證起故，依斯二分施設我法，彼二離此無所依故。」

4.種子唯依世俗才說為實有，不同真如。種子雖依第八識體，但是第八識的相分。

諸有漏種子與異熟識之體無別，也是無記性，但因果則俱有三性。

諸無漏種子非異熟識性所攝（只是依附），故只依異熟，但非無記性，其因果都是善性，故唯名善。

5.護法認為有漏、無漏種子各有二種：一是本有，就是本性住種；二是始起，就是習所成種。

而且，不管有漏或無漏種子，均既有「本有」也有「新熏」二種。

本性住種：為本有。無始來異熟識中，法爾而有生蘊、處、界功能差別。

習所成種：為始起。無始來數數現行熏習而有，世尊依此說有情心染淨諸法所熏習故，無量種子之所積集。

6.種子六義：剎那滅、果俱有、恆隨轉、性決定、引自果、待眾緣。

剎那滅：謂體才生，無間必滅，有勝功力方成種子。

果俱有：謂與所生現行果法，俱現和合，方成種子。

恆隨轉：謂要長時一類相續至究竟位，方成種子。

性決定：謂隨因力生善惡等功能決定，方成種子。

引自果：謂於別別色、心等果各各引生，方成種子。

待眾緣：謂要待自眾緣合，功能殊勝，方成種子。

7.所熏四義與能熏四義：

所熏四義：堅住性、無記性、可熏性、與能熏共和合性。

能熏四義：有生滅、有勝用、有增減、與所熏共和合性。

第八識是所熏,前七識是能熏。

8.六因、五果:

六因:能作因、俱有因、同類因、相應因、遍行因、異熟因。

五果:異熟果、士用果、等流果、增上果、離繫果。

俱有因和相應因產生士用果。

同類因和遍行因產生等流果。

能作因產生增上果。

異熟因產生異熟果。

9.三法展現:

舊種子產生現行,現行熏習形成新的種子,一現二種,此三法同時發生。不同於經量部因果異時。

10.「了」謂了別,即是行相,識以了別為行相故。

「處」謂處所,即器世間,是諸有情所依處。

「執受」有二,謂諸種子及有根身。

11.有漏識的變幻有二種:一是隨其因緣勢力而變;二是隨順六、七識的分別勢力而變。第一種有體用,第二種只是虛幻外境,並無體用。

異熟識是第一種因緣變,所變色法有實體用。第八識不緣心法、心所法,只緣器世界、根身、有漏種子。在欲、色界緣上三種,在無色界只緣有漏種子。

12.第八識只有遍行五種心所:觸、作意、受、想、思。

13.第八識是無覆無記。阿賴耶識是「恆轉」如瀑流,是無記性,永不間斷,是安立三界、五趣、四生的根本。

阿賴耶識要到「阿羅漢位」才能究竟捨除。阿羅漢指將煩惱障斷除究竟盡時,稱阿羅漢。

菩薩得到菩提時,才能究竟斷盡俱生煩惱。七地以前尚有與生俱來的我見、我愛等,妄執阿賴耶識為我。阿羅漢只是斷除了

粗重煩惱障，不再妄執阿賴耶識為我，而非捨除了阿賴耶識的體。

14.第八識隨其意義之別而立有以下種種名稱：心（因各種事物熏習形成的種子積集其中）、阿陀那識（執持種子及諸色根令不壞）、所知依（能與染淨所知諸法為依止故）、種子識（能遍任持世、出世間諸種子）、阿賴耶（攝藏一切雜染品法令不失故）、異熟識（能引生死、善不善業異熟果）、無垢識（極清淨諸無漏法所依止故，唯在如來地有）。

第八識總有二位：一有漏位，無記性攝，唯與觸等五法相應，但緣前說執受處境；二無漏位，唯善性攝，與二十一心所相應，謂遍行、別境各五，善十一。

15.各小乘部派亦密意說阿賴耶識「有別自性」，如下：

大眾部、阿笈摩中說此名根本識。

化地部說此名窮生死蘊。

說一切有部增壹經說此名阿賴耶，謂愛阿賴耶、樂阿賴耶、欣阿賴耶、憙阿賴耶。

16.十二因緣的「識緣名色」，此中識指第八識阿賴耶識。

17.佛經說有四種食：一是段食（變壞為相，欲界繫，一是段食：變壞為相，謂欲界繫，香味觸三於變壞時能為食事。二者觸食：觸境為相，謂有漏觸才取境時攝受喜等，能為食事。三者意思食：希望為相，謂有漏思與欲俱轉，希可愛境能為食事。四者識食：執持為相，謂有漏識由段、觸、思勢力增長能為食事。

此四食三蘊（色行識）、五處（香味觸意法）、十一界攝（眼識、耳識、鼻識、舌識、身識、意識、意根界入心界、再加香境界、味境界、觸境界、法境界）。

18.第八識是永不離身的，入滅盡定並不是「止息」了此極寂靜執持識的第八識。

（三）卷四中至卷五中

論釋「次第二能變」等頌，闡明末那識的相狀。

頌文：

「次第二能變　是識名末那　依彼轉緣彼　思量爲性相

四煩惱常俱　謂我癡我見　並我慢我愛　及餘觸等俱

有覆無記攝　隨所生所繫　阿羅漢滅定　出世道無有」

解釋：

1.依彼轉緣彼，彼是指第八識，第八識的種子及現行識都是所依，第七識爲轉識，必須依第八識的現行識爲俱有依才能生起。

第七識緣第八識的見分爲我，故第七識的所緣境是第八識的見分。故稱「緣彼」。

2.八識所依：

前五識的四種所依：五色根爲同境依；第六識爲分別依；第七識爲染淨依；第八識爲根本依。

第六意識二種所依：

第七識染淨依；第八識根本依。

第七意識的所依只有一種，即第八識。

第八識的所依也是只有一種，即第七識。

3.眼等五識在前涵。

4.四煩惱：我癡、我見、我慢、我愛。

5.末那識有十八種心所：九法（四煩惱＋五遍行）、八隨煩惱、別境慧）。

6.末那識只有「捨」受，是有覆無記。

若起彼地異熟藏識現在前者，名生彼地。染污末那緣彼執我，即繫屬彼，名彼所繫。

7.由此應信二乘聖道、滅定、無學，此末那識恆行，因爲他們尚未證得法空。

8.此意差別略有三種：

一補特伽羅我見相應：通凡夫、二乘有學、七地以前菩薩。彼緣阿賴耶識起補特伽羅我見。八地以上菩薩所有我執皆永不行，或已永斷，或永伏故。

二法我見相應：通凡夫、二乘、一切菩薩「法空智果」尚未現前者。彼緣異熟識起法我見。

三平等性智相應：通一切如來，菩薩已現法空智果位者。彼緣無垢異熟識等起平等性智。

9.不共無明有二種：一是恆行不共，只有第七識有。二獨行不共，第七識沒有。

10.末那滅已，相縛解脫。言相縛者，謂於境相不能了達如幻事等，由斯見分、相分所拘，不得自在，故名相縛。

（四）卷五中至卷七中

論釋「次第三能變，此心所遍行，依止根本識」等頌，次第闡明六識能變的相狀、六識相應的心所、諸識現起的分位等。

頌文：

「次第三能變　差別有六種　了境爲性相　善不善俱非」

解釋：

1.此識差別總有六種，隨六根六境種類異故。所以稱爲眼識、耳識、鼻識、舌識、身識、意識。隨順六根而立其名，具有五種含義：依於根，根之所發，屬於彼根，助於彼根，如於根。

前六識以了別外境爲其自性，又以了別外境爲其行相。

2.前六識屬於善、惡、俱非三性。前六轉識善、惡、無記三性可以同時具有。達佛位，前六轉識只屬善性。

「此心所遍行　別境善煩惱　隨煩惱不定　皆三受相應」

解釋：

1.六位心所法共有五十一種，即遍行五、別境五、善十一、

根本煩惱六、隨煩惱二十、不定四。

　　心所：恆依心起，與心相應，繫屬於心，故名心所。

　　2.以四個一切辨五位之別，即一切性、一切地、一切時、一切俱。五位心所法中，遍行具四個一切，別境只有最初二個：一切性、一切地。善只有一個，即一切地。染心所四個一切都沒有。不定只有一個，即一切性。

　　3.三受是苦、樂、捨；五受多憂、喜。

　　前者在「五識」上所感受的逼迫與適悅都「極其粗重」。後者在「意識」上所感受的逼迫與適悅都「極其輕微」。

　　「初遍行觸等　次別境謂欲　勝解念定慧　所緣事不同」
　　解釋：
　　-欲：於所緣境，希望爲性，勤依爲業。
　　-勝解：於決定境，印持爲性、不可引轉爲業。
　　念：於曾習境，令心明記，不忘爲性，定依靠爲業。
　　定：於所觀境，令心專注，不散爲性，智依爲業。
　　慧：於所觀境，簡擇爲性，斷疑爲業。
　　「善謂信慚愧　無貪等三根　勤安不放逸　行捨及不害」
　　解釋：
　　信：於實德能深思樂欲，心淨爲性，對治不信樂善爲業。
　　慚：依自法力，崇重賢善爲性，對治無慚愧，止息惡行爲業。
　　愧：依世間力，輕拒暴惡爲性，對治無愧，止息惡行爲業。
　　無貪：於有、有具無著爲性，對治貪著，作善爲業。
　　無瞋：於苦、苦具，無恚爲性，對治瞋恚，作善爲業。
　　無癡：於諸理事明解爲性，對治愚癡，作善爲業。
　　勤：勤爲精進，於善惡品，修斷事中，勇悍爲性，對治懈怠，滿善爲業。
　　安：安謂輕鬆安，遠離粗重，調暢身心，堪任爲性，對治惛

沉，轉依爲業。

不放逸：精進三根，依所修斷，防修爲性，對治放逸，成滿一切世出世間善業。

行捨：精進三根，令心平等正直，無功用住爲性，對治掉舉，靜住爲業。

不害：於諸有情不爲惱損，無瞋爲性，能對治害，悲愍爲業。

「煩惱謂貪瞋　癡慢疑惡見　隨煩惱爲忿　恨覆惱嫉慳」

解釋：

煩惱心所：煩惱者，能令心煩，能夠作惱故，名爲煩惱。

貪：於有、有具染著爲性，能障無貪，生苦爲業。

瞋：於苦、苦具，憎恚爲性，能障無瞋，不安隱性，惡行所依爲業。

癡：於諸理事，迷闇爲性，能障無癡，一切雜染所依爲業。

慢：恃己於他，高舉爲性，能障不慢，生苦爲業。

疑：於諸諦理，猶豫爲性，能障不疑，善品爲業。

惡見：於諸諦理，顚倒推求度染慧爲性，能障善見，招苦爲業。

解釋：

此見行相差別有五：

一薩迦耶見，謂於五取蘊執我、我所，一切見趣所依爲業。

二邊執見，謂即於彼隨執斷、常，障處中行，出離爲業。

三邪見，謂謗因果作用實事及非四見諸餘邪執，如增上緣名義遍故。

四見取，謂於諸見及所依蘊執爲最勝，能得清淨，一切鬥諍所依爲業。

五戒禁取，謂於隨順諸見、戒禁及所依蘊執爲最勝能得清淨，無利勤苦所依爲業。

　　已說根本煩惱相，諸隨煩惱其相云何？

　　隨煩惱謂忿，恨覆惱嫉慳，誑諂與害憍，無慚及無愧，掉舉與惛沉，不信並懈怠，放逸及失念，散亂不正知。

　　忿：依對現前不饒益境，憤發為性，能障不忿，執仗為業。

　　恨：由忿為先，懷惡不捨，結怨為性，能障不恨，熱惱為業。

　　覆：於自作罪，恐失利譽，隱藏為性，能障不覆，悔惱為業。

　　惱：忿恨為先，追觸暴熱，狠戾為性，能障不惱羞，蛆螫為業。

　　嫉：殉自名利，不耐他榮，妒忌為性，能障不嫉，憂慼為業。

　　慳：耽著財法，不能惠施，祕吝為性，能障不慳，鄙畜為業。

　　誑：為獲利譽，矯現有德，詭詐為性，能障不誑，邪命為業。

　　諂：為罔他故，矯設異儀，險曲為性，能障不諂，教誨為業。

　　害：於諸有情，心無悲愍，損惱為性，能障不害，逼惱為業。

　　憍：於自盛事，深生染著，醉傲為性，能障不憍，染依為業。

　　無慚：不顧自法，輕拒賢善為性，能障礙慚，生長惡行為業。

　　無愧：不顧世間，崇重暴惡為性，能障礙愧，生長惡行為業。

　　掉舉：令心於境不寂靜為性，能障行捨，奢摩他為業。

　　惛沉：令心於境無堪任為性，能障輕安，毘缽舍那為業。

不信：於實、德、能不忍樂欲，心穢爲性，能障淨信，惰依爲業。

懈怠：於善惡品修斷事中，懶惰爲性，能障精進，增染爲業。

放逸：於染淨品不能防修，縱蕩爲性，能障不放逸，增惡損善所依爲業。

失念：於諸所緣，不能明記爲性，能障正念，散亂所依爲業。

散亂：於諸所緣，令心流蕩爲性，能障正定，惡慧所依爲業。

不正知：於所觀境，謬解爲性，能障正知，毀犯爲業。

不定心所：「不定謂悔眠，尋伺二各二。」

解釋：

悔：謂惡作，惡所爲業，追悔爲性，障止爲業。

眠：謂睡眠，令身不自在，昧略爲性，障觀爲業。

尋：謂尋求，令心忽遽，於意言境，粗轉爲性。

伺：謂伺察，令心忽遽，於意言境，細轉爲性。

「依止根本識　五識隨緣現　或俱或不俱　如濤波依水」

解釋：

根本識：根本識者，阿陀那識，染淨諸識生根本故。依止者，謂前六轉識，以根本識爲共親依。

「意識常現起　除生無想天　及無心二定　睡眠與悶絕」

解釋：

1.無想天：修無想定，厭粗想力，生第四禪廣果天中，與前六識的不恆行心及心所法相違，首先滅除想，名無想天，所以生無想天後，前六識都要滅除。

2.無想定：有眾生已壓伏「遍淨天」的貪，尚未壓伏以上諸天的染，由出離想作意爲先，令不恆行心、心所滅，以想滅爲

首，立無想名，令身安和。故亦名定。

有三品：下品修者現法必退，不能速疾還引現前，後生彼天不甚光淨，形色廣大，定當中夭。

中品修者現不必退，設退速疾還引現前；後生彼天雖甚光淨，形色廣大而不最極，雖有中夭而不決定。

上品修者現必不退，後生彼天最極光淨，形色廣大，必無中夭，窮滿壽量後方殞沒。此定唯屬第四靜慮，又唯是善。

3.滅盡定：無學或有學聖人已制伏或脫離「無所有處」的貪，上地貪不一定存在。首先止息想作意，令不恒行心、心所滅，立滅盡名，令身安和，故亦名定。

有三品：下品修者現法必退，不能速疾還引現前；中品修者現不必退，設退速疾還引現前；上品修者畢竟不退。

4.睡眠：由於極度疲倦等緣引起與前六識相違而使前六識皆不現行，名極重睡眠。

5.悶絕：由於風及熱等緣，引起與前六識相違而使前六識皆不現行，名極重悶絕。

正死及正生時亦無意識。

除上無心位之外，第六意識永恆生起。

6.楞伽經：「心意識八種，俗故（依俗諦）相有別，真故（依真諦）相無別，相（能相）所相無故。

（五）卷七中至卷八中

論釋「是諸識轉變，由一切種識，由諸業習氣」等頌，次第闡明一切唯識的要義、諸識展轉的因果、生死相續的道理等。

頌文：

「是諸識轉變　分別所分別　由此彼皆無　故一切唯識」

解釋：

1.是諸識者，謂前所說，三能變識及彼得心所，皆能變似見相二分，立轉變名。所變見分，說名分別，能取相故。所變相分，名所分別，見所取故。由此正理，彼實我法，離識所變，定非實有。離能所取，無別物故，非有實物，離二相故。是故一切，有爲無爲，若實若假，皆不離識。唯言，爲遮離識實物，非不離識心所等法。

2.成就四智，菩薩能隨悟入唯識無境。

相違識相智：謂於一處，鬼、人、天等隨業差別所見各異。境若實有，爲何會這樣？

無所緣識智：所緣境非實有境，如過去、未來、夢中境、鏡中像等，都是識現可得，則其他的外境應也是這樣，即非實有，爲識所現。

自應無倒智：若凡夫能夠認得外境是眞實，那應當是他具有自然成就，無顛倒錯誤的認識，那他應該是不用修行就能得到解脫。

隨三智轉智：三種智轉智是：一隨自在者智轉智，已證得心自在者，可以隨心所欲轉變界、地而得成就，如果外境實有，怎能轉變呢？

二隨觀察者智轉智：若有修行殊勝禪定並在定中修法觀者，隨觀一境無常等相都可以顯現，若外境實有，怎能隨心變化呢？

三隨無分別智轉智：若已證得眞實的無分別智者，一切外境之相都不會出現在面前。若外境是實有，爲何不顯現呢？

「由一切種識　如是如是變　以輾轉力故　彼彼分別生」

解釋：

一切種識謂本識中能生自果功能差別，此生等流、異熟、士用、增上果，故名一切種。

-如是謂之一切種攝三熏習、共、不共等識種盡故。

　　-展轉力者，謂八現識及彼相應之相、見分等，彼皆互有相助力故。

　　-緣有四：

　　因緣：謂有為法親辦自果。體有二：一種子，二現行。

　　等無間緣：謂八現識及彼心所前聚於後，自類無間，等而開導，令彼定生。

　　所緣緣：謂若有法是帶己相，心或相應，所慮所託。此體有二：一親，二疏。

　　增上緣：謂若有法有勝勢用，能於餘法或順或違。此順違用於四處轉，生、住、成、得四事別故。

　　二十二根：眼、耳、鼻、舌、身、意、男女、命、苦樂憂喜、捨、信、進、念、定、慧、未知當知根、已知根、具知根。

　　未知當知根，體位有三種：根本位、加行位、資糧位。

　　一根本位，謂在見道，除後剎那無所未知可當知故。

　　二加行位，謂煖、頂、忍、世第一法，近能引發根本位故。

　　三資糧位，謂從為得諦現觀故，發起決定勝善法欲，乃至未得順抉擇分所有善根，能遠資生根本位故。

　　已知根：始從見道最後剎那乃至金剛喻定，所有信等無漏九根皆是已知根性。

　　具知根：諸無學位，無漏九根一切皆是具知根性。

　　-十因：隨說因（隨所見所聞引起思想及言說）、觀待因（欲求三界及出世間樂）、牽引因（牽引可愛或不可愛的遠果）、生起因（內外種子能生現在的自果）、攝受因（為真實見所攝受）、引發因（由種子引發同類現行或無漏）、定異因（自性功能不同能夠產生不同的結果）、同事因（除隨說因以外的六因協同成辦某一事業）、相違因（對事物的生、住、成、得，起阻礙作用）、不相違因（對事物的生、住、成、得，不起阻礙作用）。

-四緣依十五處而立：

語依處（依此處立隨說因）、領受依處（依此處立觀待因）、習氣依處（依此處立牽引因）、有潤種子依處（依此處立生起因）、無間滅依處（謂心、心所等無間緣）、境界依處（謂心、心所所緣緣）、根依處（謂心、心所所依六根）、作用依處（謂於所作業、作具、作用，即除種子餘助現緣）、士用依處（謂於所作業、作者、作用，即除種子餘作現緣）、眞實見依處（謂無漏見，除引自種於無漏法能助、引、證。總依此六立攝受因）、隨順依處（謂無記、染、善現種諸行，能隨順同類勝品諸法，即依此處立張發因）、差別功能依處（謂有爲法各於自果有能起證差別勢力，即依此處立定異因）、即和合依處（謂從領受乃至差別功能依處，於所生、住、成、得果中有和合力，即依此處立同事因）、障礙依處、不障礙依處。

-十因由二因所攝：能生因，方便因。

-四緣依什麼依處建立：

因緣：依有潤種子依處而立

等無間緣：依無間滅依處而立

所緣緣：依境界依處而立

增上緣：依其餘的依處而立

-果有五種：

異熟果：謂有漏善及不善法，所招自相續異熟生無記。

等流果：謂習善等所引同類，或似先業後果隨轉。

離繫果：謂無漏道斷障所證善無爲法。

士用果：謂諸作者假諸作具所辦事業。

增上果：謂除前四餘所得果。

五果當中，

如果是異熟果，由牽引因、生起因、定異因、同事因、不相違因和增上緣所得。

如果是等流果，則由由牽引因、生起因、攝受因、引發因、定異因、同事因、不相違因和因緣、增上緣所得。

如果是離繫果，則由攝受因、引發因、定異因、同事因、不相違因和增上緣所得。

如果是士用果，初師認爲由觀待因、攝受因、同事因、不相違因和增上緣所得。

二師認爲：士用果由

攝受因、引發因、定異因、同事因、不相違因和除所緣緣之外的三緣所得。

如果是增上果，十因、四緣都可以得到。

「由諸業習氣　二取習氣俱　前異熟既盡　復生餘異熟」

解釋：

-習氣有三種：

名言習氣：謂有爲法各別親種。有二：表義名言、顯境名言

我執習氣：謂虛妄執我、我所種。有二：一俱生我執，二分別我執

有支習氣：謂招三界異熟業種。有二：一有漏善，二諸不善

-惑、業、苦

惑：發業潤生煩惱

業：能感後有諸業

苦：業所引生眾苦

習氣：惑業苦種皆名習氣。

-十二有支略攝爲四支、即能引支、所引支、能生支、所生支。

能引支：謂無明行，能引識等五果種故。

所引支：謂本識內親生當來異熟果攝識等五種，是前二所引故。(即識、名色、六入、觸、受)

能生支：謂愛取有，近生當來坐老死故。

所生支：謂生老死，是愛取有近所生故，謂從中有至本有中，未衰變來，皆生支攝。諸衰變位，總名爲老，身壞命終，乃名爲死。

-四種二取：相見、名色、心及心所、本末。

-十二支的義門分別：

1.假實分別門：前九支爲實，後三支爲假。

2.一事非一事門：有五支是一事，即無明、識、觸、受、愛五支。其餘各支並非一事。

3.染不染門：無明、愛、取三支是染性，識、名色、六處、觸、受、生、老死七支是不染，其餘通二種。

4.獨雜分別門：無明、愛、取三支稱爲獨相，其餘九支都是雜相。

5.色非色門：六支是心法：無明、識、觸、受、愛、取。其餘六支通色、心二法。

6.有漏有爲無漏無爲門：十二支都是有漏有爲法。

7.三性分別門：無明、愛、取三支只通不善和有覆無記，行支通善、惡。有支通善、惡、無覆無記。其餘七支只是無覆無記。

8.三界分別門：十二支都通三界，但有的是部分，有的是全部。

9.能所治門：觀下界十二支爲粗、苦、障，觀上界爲靜、妙、離。

10.學等分別門：十二支都不是有學和無學。

11.三斷、二斷門：初師認爲無明只是見道所斷，愛、取二支只能由修道所斷。其餘九支通見道所斷和修道所斷。

二師認爲十二支都過二道所斷。瑜伽師地論也持此說。

12.三受俱門：十二支除受、老死二支外，均與樂受和捨受相應。十二支中除受支以外的十一支均與苦受相應。

13.三苦分別門：除老死支外的十一支少分屬於壞苦；十二支均少分屬於苦苦；十二支全部屬於行苦。

14.四諦門：十二支都屬於苦諦。行、有、無明、愛、取也屬於集諦。

15.四緣門：諸支相望，增上緣肯定都有；其餘三緣有無不定。無明望行，愛望於取、生望老死、有等無間緣和所緣緣；有望於生，受望於愛，沒有等無間緣，有所緣緣。餘支相望，都無這二緣。

16.惑業苦攝支門：

惑是無明、愛、取。業是行、有。苦是識、名色、六處、觸、受（今世苦果）、生、老死（後世苦果）。

-二種生死

分段生死：謂諸有漏善、不善業，由煩惱障緣助勢力，所感三界粗異熟果，身命短長隨因緣力，有定齊限，故名分段。

不思議變易生死：謂諸無漏有分別業，由所知障緣助勢力，所感三界殊勝細異熟果，由悲願力改轉身命，無定齊限，故名變異。

頌中所言「諸業習氣」，即前所說二業種子。二取習氣即前所說二障種子，俱執著故。

（六）卷八中至卷八末

論釋「由彼彼遍計」等頌，闡明遍計所執性、依他起性、圓成實性等三性的要義。

頌文：

「由彼彼遍計　遍計種種物　此遍計所執　自性無所有」

解釋：

1.遍計所執性：周遍計度，故名遍計，品類眾多，故事名彼彼。謂能遍計，虛妄分別。即由彼彼虛妄分別，遍計種種所遍計

物，謂所妄執蘊、處、界等，若我、若法自性差別，總名遍計所執性。如是自性，都無所有，理、教推徵不可得故。

2.遍計所執有二、三、四、五、六、七、八、九、十種等偏計不同。

十遍計即十種分別：

十種分別：根本分別、緣相分別、顯相分別、緣相變異分別、顯相變異分別、他引分別、不如理分別、如理分別、執著分別、散動分別（即十種散動）。

3.第六識和第七識有能遍計，依他起自性是所遍計。眞如不是妄執所緣境，但若依展轉說，眞如也是所遍計。

「依他起自性　分別緣所生　圓成實於彼　常遠離前性」

解釋：

1.依他起性：眾緣所生心、心所體，及相見分，有漏、無漏，皆依他起，依他眾緣而得起故。

圓成實性：二空所顯圓滿成就諸法實性，名圓成實。於彼依他起上常遠離前遍計所執，二空所顯眞如爲性。

又曰：實相眞如，謂無二我所顯。

2.三無爲與三性的相攝關係

虛空、擇滅、非擇滅等，三性皆容攝。

心等變似虛空等相，隨心生故，依他起攝。

愚夫於中妄執實有，此即遍計所執攝。

若於眞如假施設有虛空等義，圓成實攝。

3.三性與七眞如的相攝關係：

七眞如：流轉眞如（有爲法生滅流轉的眞實性質）、實相眞如（二無我所顯示的眞實性質）、唯識眞如（染淨法皆爲識變之眞實性質）、安立眞如（苦的眞實性質）、邪行眞如（集的眞實性質）、清淨眞如（滅的眞實性質）、正行眞如（道的眞實性質）

七眞如的實性均爲圓成實所攝。

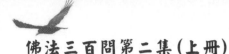

流轉、安立、邪行爲遍計及依他所攝，妄執雜染故。其餘實相、唯識、清淨、正行均圓成實所攝。

4.三性與六法的相攝關係

六法當中都具三性，因爲色受想行識及無爲法都具有虛妄執著的緣生之理。

5.三性與五事（相、名、分別、智、如如）的相攝關係

依佛教經典說法不一致：

a.瑜伽師地論：依他起攝「相、名、分別、正智」，圓成實攝「眞如」。

b.辯中邊論：依他起攝「相、分別」，遍計所執攝「名」，圓成實攝「正智、眞如」。

c.楞伽經：依他起攝「分別」，遍計所執攝「相、名」，圓成實攝「正智、眞如」。

d.攝大乘論釋：依他起攝「名」，遍計所執攝「義」。

6.四眞實

a.世間眞實、道理所成眞實、煩惱障淨智所行眞實（四聖諦）、所知障淨智所行眞實（眞如）

b.顯揚聖教論：世間和道理屬於依他起。

二障淨智所行眞實屬於圓成實攝。

c.辯中邊論：世間屬於遍計所執，道理通屬三性，後二眞實屬於圓成實。

7.三性與四諦的相攝關係

a.苦諦：

無常三性：無性無常、起盡無常、垢淨無常

苦有三：所取苦（我法二執所依取故）、事相苦（三苦相故）、和合苦（苦相合故）

空有三：無性空（性非有故）、異性空（與妄所執自性異故）、自性空（二空所顯爲自性故）

無我有三：無相無我（我相無故）、異相無我（與妄所執我相異故）、自相無我（無我所顯爲自相故）

b.集諦：習氣集（謂遍計所執自性執習氣，執彼習氣假立彼名）、等起集（謂業煩惱）、未離繫集（未離障眞如）

c.滅諦：自性滅（自性不生故）、二取滅（謂擇滅二取不生故）、本性滅（謂眞如故）

d.道諦：遍知道（能知遍計所執故）、永斷道（能斷依他起故）、作證道（能證圓成實故）

8.三性與三解脫門之相攝關係：

由遍計所執立「空解脫門」；由依他起立「無願解脫門」；由圓成實立「無相解脫門」。

復以三性爲緣立三無生忍：本性無生忍（由遍計所執立）、自然無生忍（由依他起立）、惑苦無生忍（由圓成實立）

9.三性與二諦相攝關係

a.世俗有三：假世俗、行世俗、顯了世俗

「如次」應知即此三性。

b.勝義有三：義勝義（謂眞如，勝之義故）、得勝義（謂涅槃，勝即義故）、行勝義（謂聖道，勝爲義故）。

三者皆攝在圓成實性。

10.三性何智所行：

a.遍計所執都非智所行，或爲凡聖智境。

b.依他起二智所行。

c.圓成實唯聖智境。

11.三性中幾假幾實？

a.遍計所執妄立故可說爲假，無體相故非假非實。

b.依他起性有實有假。c.圓成實唯是實有。

「故此與依他　非異非不異　如無常等性　非不見此彼」

解釋：

三性爲異爲不異耶？應說俱非，無別體故，妄執緣起眞義別故。（遍計所執性是妄執，依他起性是緣起，圓成實性是眞義，三者有此差別）

（七）卷九初至卷九中

論釋「即依此三性」等頌，闡明三無性的要義。

頌文：

「即依此三性　立彼三無性　故佛密意說　一切法無性」

「初即相無性　次無自然性　後由遠離前　所執我法性」

「此諸法勝義　亦即是眞如　常如其性故　即唯識實性」

解釋：

1.依前說三性，立彼後說三種無性，謂即相無性、生無性、勝義無性。

a.依遍計所執立相無性，由此體相畢竟非有，如空華故。

b.依依他起性立生無性，此如幻事託眾緣生，無如妄執自然性故，假說無性，非性全無。如太虛空雖遍眾色，而是眾色無性所顯。

c.雖依他起非勝義故，亦得說爲勝義無性。

2.勝義諦有四種：世間勝義（謂蘊、處、界等）、道理勝義（謂苦等四諦）、證得勝義（謂二空眞如）、勝義勝義（謂一眞法界）

「此諸法勝義　亦即是眞如　常如其性故　即唯識實性」

解釋：

1.此諸法勝義　亦即是眞如，眞謂眞實，顯非虛妄；如謂如來，表無變易。謂此眞實於一切位常如其性，故曰眞如，即是湛然不虛妄義。

眞如復有多名，謂法界、實際。

2.此性即是唯識性，謂唯識性，略有二種：一者虛妄，謂遍計所執；二者眞實，謂圓成實，爲簡虛妄，說言實性。復有二種：一者世俗，謂依他起；二者勝義，謂圓成實，爲簡世俗，故說實性。

3.何謂大乘二種種性？

本性住種性：謂無始來依附本識法爾所得無漏法因。

習所成種性：謂聞法界等流法已聞所成等熏習所成。

4.何謂悟入唯識五位？

一、資糧位，謂修大乘順解脫分。

二、加行位，謂修大乘順抉擇分。

三、通達位，謂諸菩薩所住見道。

四、修習位，謂諸菩薩所住修道。

五、究竟位，謂住無上正等正覺。

5.云何漸次悟入唯識？

謂諸菩薩，於識相性資糧位中，能深信解；在加行位，能漸伏除所取能取，引發眞見；在通達位，如實通達；修習位中，如所見理數數修習，伏斷餘障；至究竟位，出障圓明，能盡未來化有情類，復令悟入唯識相性。

（八）卷九中至卷十末

論釋「乃至未起識」等頌，闡明五位的相狀；五位，是悟入唯識相性的次第。論中並多處引用其它瑜伽行派論師如難陀、陳那等諸學說。

頌文：

第一位資糧位：

「乃至未起識　求住唯識性　於二取隨眠　猶未能伏滅」

解釋：

1.從發深固大菩提心，乃至未起順抉擇識，求住唯識眞勝義性，齊此皆是資糧位攝。

爲有情故勤求解脫，由此亦名順解脫分。

2.煩惱障：謂執遍計所執「實我」薩迦耶見而爲上首百二十八根本煩惱，及彼等流諸隨煩惱。此皆擾惱有情身心，能障涅槃，名煩惱障。

所知障：謂執遍計所執「實法」薩迦耶見而爲上首見、疑、無明、愛、恚、慢等，覆所知境無顚倒性，能障菩提，名所知障。

3.所修勝行有二種：福和智。

施戒忍屬於福，慧屬於智，進定通福智。

六度、菩提分屬於自利，四攝、四無量屬於利他行。

4.修勝行有三退屈：

菩提廣大屈、六波羅密多難修屈、轉依難證屈。

三事練磨其退屈心：引他已證大菩提者。省己意樂能修施等。引他粗善況己妙因。

第二位加行位：

「現前立少物　謂是唯識性　以有所得故　非實住唯識」

解釋：

菩薩先於初無數劫，善備福德智慧資糧，順解脫分既圓滿已，爲入見道住唯識性，復修加行，伏除二取，謂煖、頂、忍、世第一法。此四總名順抉擇分，順趣眞實抉擇分故；近見道故，立加行名，非前資糧無加行義。

又曰：菩薩此四位中猶於現前安立少物，謂是唯識眞勝義性。以彼空有二相未除，帶相觀心有所得故。非實安住眞唯識理。

a.煖：依明得定，發下尋思，觀無所取，立爲煖位。

b.頂：依明增定，發下尋思，觀無所取，立爲頂位。

c.忍：依印順定，發下如實智，於無所取決定印持，無能取，亦順樂忍。

d.世第一法：依無間定，發上如實智，印二取空，立世第一法。

第三位通達位：

「若時於所緣　智都無所得　爾時住唯識　離二取相故」

解釋：

1.若時菩薩於所緣境，無分別智都無所得，不取種種戲論相故。爾時乃名實住唯識眞勝義性，即證眞如。智與眞如，平等平等，俱離能取所取相故，能取所取俱是分別，有所得心戲論現故。

2.見道有二種：

a.眞見道：在見道位生起無漏根本智，或稱無分別智，斷除煩惱障和所知障，證得能取、所取二空的唯識的眞如之理。

b.相見道：在眞見道之後生起後得有分別之智慧，對於眞見道所生起的無分別智所證眞理，再加分別，變眞如之相分。

一、觀非安立諦有三品心

a.內遣「有情假」（我空）緣智能除輭品分別隨眠。

b.內遣「諸法假」（法空）緣智能除中品分別隨眠。

c.遍遣「有情諸法假」（我法二空）緣智能除一切分別隨眠。

二、緣安立諦有十六心，分二種：

a.依觀所取、能取別立法類十六種心。

b.依觀上下諦境別立法類十六種心。

3.真見道、相見道與六現觀的相互包容關係：

六現觀：思現觀、信現觀、戒現觀、現觀智諦現觀、現觀邊智諦現觀、究竟現觀。

第四位修習位：

「無得不思議　是出世間智　捨二粗重故　便證得轉依」

解釋：

1.菩薩從見道起已，為斷除餘障證得轉依，復數數修習無分別智。此智遠離所取能取，故說無得及不同思議，遠離戲論，說為無得；妙用難測，說不思議，是出世間無分別智，斷世間故，名出世間。二取隨眠是世間本，唯此能斷，獨得出名。或出世名，依二義立，謂體無漏及證眞如。此智俱斯二種義故，獨名出世。餘智不然，即十地中無分別智。

2.所依有二義：

第一師義謂：依謂所依，即依他起，與染淨法為所依故，染謂虛妄遍計所執，淨謂眞實圓成實性，轉謂二分轉捨轉得。

第二師義謂：轉依即是唯識眞如，生死涅槃之所依故，愚夫顛倒迷此眞如，故無始來受生死苦，聖者離倒悟此眞如，便得涅槃畢竟安樂。

3.如何證得二種轉依：

a.十地中修十勝行（十波羅密、十度）。

施：以無貪及彼所起三業為性。財施、無畏施、法施

戒：以受學菩薩戒時三業為性。律儀戒、攝眾生戒、饒益有情戒

忍：以無瞋、精進、審慧及彼所起三業為性。耐怨害忍、安受苦忍、諦察法忍

精進：以勤及彼所起三業為性。披甲精進、攝善精進、利樂精進

靜慮：以等持為性。安住靜慮、引發靜慮、辦事靜慮

　　般若：以擇法爲性。生空無分別慧、法空無分別慧、俱空無分別慧

　　方便善巧：以擇法爲性。迴向方便善巧、拔濟方便善巧

　　願：以擇法爲性或以欲、勝解決及信爲性。求菩提願、利樂他願

　　力：以擇法爲性。思擇力、修習力

　　智：以擇法爲性。受用法樂智、成熟有情智

　　b.斷十重障：見下第 8 點。

　　c.證十眞如：見下第 10 點。

　　4.十地特色：

　　a.初地、極喜地：初獲聖性，具證二空，能益自他，生大喜故。

　　b.二地、離垢地：具淨尸羅，遠離能起微細毀犯煩惱垢故。

　　c.三地、發光地：成就勝定大法總持，能發無邊妙慧光。

　　d.四地、燄慧地：安住最勝菩提分法，燒煩惱薪，慧燄增故。

　　e.五地、極難勝地：眞俗兩智行相互違，合令相應，極難勝故。

　　f.六地、現前地：住緣起智，引無分別最勝般若，令現前故。

　　g.七地、遠行地：至無相住功用後邊，出過世間二乘道故。

　　h.八地、不動地：無分別智任運相續，相用煩惱不能動故。

　　i.九地、善慧地：成就微妙四無礙解，能遍十方，善說法故。

　　j.十地、法雲地：大法智雲含眾德水，蔽如空粗重，充滿法身故。

　　5.七最勝之所攝受：安住最勝（安住菩薩種性）、依止最勝（依止大菩提心）、意樂最勝（要悲愍一切有情）、事業最勝（要

具行一切事業）、巧便最勝（要無相智所攝受）、迴向最勝（迴向無上菩提）、清淨最勝（要不爲二障間雜）。

6.三學

戒：律儀戒、攝眾生戒、饒益有情戒。

定：大乘光明定、集福王定、賢守定、健行定。

慧：加行無分別慧、根本無分別慧、後得無分別慧。

7.修習十波羅密多，有五種修：依止任持修、依止作意修、依止意樂修、依止方便修、依止自在修。

8.十重障：

a.異生性障：謂二障中分別起者，依彼種立異生性故。有二愚：執著我法愚、惡趣雜染愚。異生性障即指執著我法愚。

b.邪行障：即一部分俱生所知障及其所生起的身口意三業，障礙二地的清淨戒律。

有二愚：微細誤犯愚（即此所說的一部分俱生所知障）、種種業趣愚（一部分俱生所知障所生起的錯誤身口意三業）。

c.闇鈍障：即俱生所知障的一部分，使所聞所思所修之法忘失。

能斷二愚：欲貪愚（障礙禪定及所得智慧）、圓滿聞除陀羅尼愚（障礙陀羅尼的聞慧和思慧）。

d.微細的煩惱現行障：謂所知障中俱生一分第六識俱身見等攝，最下品故，不作意緣故，遠隨現行故，說名微細。斷除二愚：等至愛愚、法愛愚。

e.於下乘般涅槃障：謂所知障中俱生一分，令厭生死樂趣涅槃，同下二乘厭苦欣滅。斷除二愚：純作意背生死愚、純作意向涅槃愚。

f.粗相現行障：謂所知障中俱生一分，執有染淨粗相現行。斷除二愚：現觀察行流轉愚、相多現行愚。

g.細相現行障：謂所知障中俱生一分，執有生滅細相現行。斷除二愚：細相現行愚、純作意求無相愚。

h.無相中作加行障；謂所知障中俱生一分，令無相觀不任運起，斷除二愚：於無相關作功用愚、於相自在愚。

i.利他中不欲行障：謂所知障中俱生一分，令於利樂有情事中不欲勤行，樂修己利。斷除二愚：於無量所說法無量名、句、字後後慧辯陀羅尼自在愚、辯論才自在愚。

j.於諸法中未得自在障：謂所知障中俱生一分，令於諸法不得自在。斷除二愚：大神通愚、悟入微細祕密愚。

9.伏現行、斷種子：

A.煩惱障：

a.現行：在初地以前已經降伏，初地降伏乾淨，永遠不能成為現行。雖然前七地故意使之暫時成為現行，但不會因煩惱成過失。八地以後才終究使之不成現行。

b.種子：見道所斷種子在初地最初所斷；修道所斷種子在金剛喻定斷除。

六識：煩惱種子見道位斷，三乘人見道位的真見道頓斷。

七識：與七識俱起的煩惱障種子，三乘人無學果頓斷。

B.所知障：

a.現行；在地前已經降伏。在十地才永遠降伏乾淨。八地以後與六識俱起的障礙不再成為現行。七識俱起的障礙要到法空果生起才能降伏。

b.種子：見道所斷種子在初地最初所斷。修道所斷種子在十地中逐漸斷滅，金剛喻定永遠頓斷乾淨。

初地斷見道所斷種子。

十地金剛喻地斷修道所斷種子。

第七識所知障種子成佛頓斷。

10.十眞如：遍行、最勝、勝流、無攝受、類無邊、無染淨、法無邊、不增減、智自在、業自在。

11.六種轉依：損力益能轉、通達轉、修習轉、果圓滿轉、下劣轉、廣大轉。

12.二種所轉依：持種依、迷悟依。

13.二種所轉捨：所斷捨、所棄捨。

14.二種所轉得：

a.所顯得：大涅槃：本來自性清淨涅槃、有餘依涅槃、無餘依涅槃、無住處涅槃。

擇滅無爲：滅縛得（謂斷感生煩惱得者）、滅障得（謂斷餘障而證得者）。

b.所生得：大菩提

四智的相應心品：

大圓鏡智滅相應心品。

平等性智相應心品。

妙觀察智相應心品。

成所作智相應心品。

如是四智相應心品雖各定有二十二法（5 遍行、5 別境、11 善、心法），能變所變種現（種子現行）俱生，而智用增以智名顯。故此四品總攝佛地一切有爲功德皆盡。

四智所緣境：

大圓鏡智滅：現自受用身淨土相、持無漏種。

平等性智：現他受用身淨土相。

妙觀察智：觀察自他功能過失，雨大法雨、破諸疑網、利樂有情。

成所作智：現變化身及淨土相。

第五位究竟位：

「此即無漏界　不思議善常　安樂解脫身　大牟尼名法」

解釋：

1.前修習位所得二轉依果，大涅槃及大菩提，即是究竟相位，即是究竟無漏界攝，諸漏永盡，非漏隨增，性淨圓明，故名無漏。

2.成所作智與第六識相應，起化身及作用故。

成所作智與妙觀察智之差別在於，妙觀察智觀諸法自、共相，而成所作智唯起化身。

佛身中十八界等皆悉具足，而純無漏。

3.大覺世尊成就無上寂默法，故名大牟尼。此牟尼尊所得二果永離二障，亦名法身，無量無邊力、無畏等大功德法所莊嚴。

4.法身有三相別：

a.自性身：唯有真實常樂我淨，離諸雜染，眾善所依，無為功德，無色心差別相。

b.受用身：

自受用：大圓鏡智所攝。具無量種妙色、心等真實功德。

他受用：平等智示現，為住十地諸菩薩。具無邊似色心相，同變化身。

c.變化身：由成事智示現，為末登地諸菩薩、二乘、異生。具無邊似色心等利樂他用化相功德。

5.佛土：

a.自性身：依法性土，身土體無差別。

b.受用身：

自受用：依自土。由昔所修「自利」無漏純淨佛土。

他受用：依自土。謂圓鏡智相應淨識，由昔所修「利他」無漏純淨佛土。隨十地菩薩所宜，變為淨土。

c.變化身：依變化土。謂成事智大慈悲力，由昔所修「利他」無漏「淨穢」佛土因緣成熟。隨未登地有情所宜化為佛土。

中國唯識宗（162-167 問）

162.唯識說的基本哲學理論是什麼？攝大乘論、地論及大乘起信論之唯識觀有何不同？

一、唯識說的基本哲學理論如下

（1）萬法唯識、唯識無境、心外無法

主張外境非有，內識非無。

（2）阿賴耶識緣起說

阿賴耶識是種子識，內藏各種不同的清淨及染汙種子，宇宙萬法即由種子「現行」而生。

（3）識變哲學

宇宙萬法是由阿賴耶識的種子及第八識的異熟能變、第七識的思量能變及第六識的了別能變等三識變的作用而產生。

（3）三性三無性說

（4）影像門的唯識說

（5）轉識成智的轉依

（6）將宇宙萬法分為「五位百法」

二、阿賴耶識的真妄看法

攝論：真妄和合。有淨識阿摩羅識。

地論：南道派是真；北道派是真妄和合。

大乘起信論：真妄和合。

玄奘唯識宗：妄。

三、三者之後期興盛不同

1.攝大乘論與北道地論合流。最後併入唯識宗。

2.大乘起信論對華嚴宗的影響很大。

3.南道地論最後併入華嚴宗。

163.無著、世親及護法三師之異同？

（1）主要著作不同

無著：瑜伽論（十七地論）。

世親：唯識二十頌及三十頌。

護法：成唯識論是「糅譯」唯識十大家之理論而成。

（2）思想上的不同

1.心性本淨說

a.無著、瑜伽論：「又復諸識自性非染，由世尊說一切心性本清淨故。」

主張心性本淨。

b.護法以為心性自淨而為客塵所染。

2.真如緣起說

a.無著：諸出世間法，從真如所緣緣種子生，非彼習氣積集種子所生。

b.護法：本有種子，以真如為無漏法的生因。

c.世親：解「阿賴耶識」為「以解為性」。

可見三人均主張真如緣起說。

3.八識一體說：

a.無著：宣說八識一體之義，以鏡像與水波喻表示八識同一體。

b.世親：也說八識一體。

c.護法：唯是一識或成八識或成十一識。

表示諸識可以變異，並非決定為一或異。

164.護法與安慧的理論有何不同？

（1）護法：是有相唯識派；持四分即證自證分、自證分、見分、相分等四分看法。

安慧：是無相唯識派；持自證分一分看法（雖也認有見、相分，但相分是無相、虛妄相）。

難陀持二分說，陳那持三分說。

（2）相分有二類：因緣變、分別變。因緣變是由阿賴耶識中的種子為因所生成之果，所以是實體又實用。如五塵也是。

分別變是由強烈的意識力所現起，非種子所生，所以並無實體實用。

而見分、相分之種子生起又有三類：同種生、別種生、或同種或別種生。

安慧、難陀、護月均主張同種生。見相同種生，則見分、相分一元，符合唯識義。

德慧主張別種生，則心物主客對立，不符唯識義。

護法主張或同或異種。認為見相二分或隨其所應種或同或異。

三類境之性境是因緣變；獨影境只是見分對相分的強勢錯認其為有，所以是分別變，相分非種子生。

帶質境是因緣變及分別變兩者相合。

（3）安慧並不如護法特別重視種子六義。

認為「種子與諸法既非一非異，應如瓶等是假非實」。

護法認為種子與諸法雖非一異而是實有，但只依俗諦說有，與真如實有是不同的。

（4）安慧的識轉變是指前一剎那的心識狀態轉變成後一剎那的現行識的心識狀態，只承認自證分，認為見分相分雖有若無，見分無法去認識相分上的假相，所以是虛相唯識派。因此安

慧也被認為是持一分法者，只認可自認分。

　　而護法的識轉變是由第八識的種子遇緣生現行，啓動第八識的自證分，再經由見分去認識相分上的現行映像，如此經第七識、第六識至前五識的見、相分而完成見分去認識相分上的現行映像。

　　（5）護法非常強調末那識的恒審思量作用，思量阿賴耶識的見分為自我（俱生我執），末那識只緣第八識的見分。因為受境等作用是見分所顯示。

　　而安慧則認為末那識緣第八識的現行及種子，緣現行執我，緣種子執我所。（難陀則以為緣第八識的心王以執我，緣心所而執我所。火辨以為緣見分執我，緣相分執我所）

　　（6）安慧認為八個識都「能遍計」的作用。

　　護法、難陀以為只有第六、第七二個識是能遍計之識。

　　無著則認為只有第六識是能遍計。

　　（7）

　　1.安慧認為世親造「成唯識論」之目的為：

　　「今造此論，為於二空有迷謬者生正解故，生解為斷二重障故。由我、法執二障具生，若證二空，彼障隨斷。斷障為得二勝果故：由斷續生煩惱障，故證眞解脫；由斷礙解所知障，故得大菩提。」

　　2.護法：

　　「復有迷謬唯識理者，或執外境如識非無，或執內識如境非有，或執諸識用別體同，或執離心無別心所。為遮此等種種異執，今如唯識深妙理中得如實解，故作斯論。」

　　（8）安慧認為五種別境心所（欲、勝解、念、定、慧）當一個生起時，其餘四個肯定要俱起。

　　護法則認為可能俱起，可能不俱起。

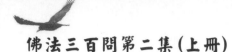

（9）安慧認為，八個識及其各種心所法，屬於有漏者都是能遍計。

護法認為，第六、第七識妄執我、法者都是能遍計。

165.唯識如何修持？

（1）成唯識論的修行五位：資糧位、加行位、通達位、修習位、究竟位。

（2）莊嚴論的瑜伽五階梯：第一階梯（持）資糧道、第二階梯（作）加行道、第三階梯（鏡）見道、第四階梯（明）修道、第五階梯（轉依）究竟道。

（3）阿毘達摩的五道：順解脫分、順抉擇分、見道、修道、無學造。

請參閱《佛法三百問》92 問。

請參閱《佛性辨正》P343-349。

166.五重唯識觀與十重唯識觀有何不同？

（一）窺基的五重唯識觀

1.遣虛存實識：空有相對

觀遍計所執是空，是虛妄分別，情有理無，體用皆無，應遣為空。

觀依他起性是諸法的事相，圓成實性是諸法的理性，皆不離「識」。以此二法理有情無，應觀為有。

2.捨濫留純識：心境相對

能緣心識的「識體」，又有「四分」。四分中的相分是外境的

投影，另三分（證自證分、自證分、見分）是能緣心。相分為濫應捨，留能緣心，以觀唯識理。

3.攝末歸本識：體用相對

此識有本、有末。所謂本，是心識的自體分即自證分；所謂末，即見分與相分。因此，自體分是能變，見、相二分是所變；自體分是體，見、相二分是用；自體分是本，見、相二分是末。

將末之見、相二分攝歸於識之本即自體分，以觀唯識理。

4.隱劣顯勝識：王所相對

自體分有心王，心所。心王、心所雖然俱能變現見、相二分為能緣、所緣，然心王如主，心所如臣，作用較劣，所以必須更隱蔽去除作用較劣的心所而彰顯作用較勝的心王，唯就心王的自體觀唯識理。

5.遣相證性識：事理相對

心王有事有理。事，是相用；理，是性體。因此必須遣除依他而起的事相，唯就圓成實的性體求證唯識理。

請參閱《佛性辨正》P342、P240。

（二）十重唯識觀

（1）法藏十重唯識觀

第一，相見俱存唯識，「相見俱存，故說唯識。」

第二，攝相歸見唯識，「攝相歸見，故說唯識。」

第三，攝數歸王唯識，「攝數歸王，故說唯識。」

第四，以末歸本唯識，「以末歸本，故說唯識。」這裡的本末與窺基攝末歸本中的解釋有所不同，法藏在這裡明確把唯識宗所講的八識作本末之分，以前七識為末，第八識為本，末識都由本識所生起，末識沒有自體，因此都可攝歸於本識之中。

第五，攝相歸性唯識，「攝相歸性，故說唯識。」

　　第六，轉眞成事唯識，「轉眞成事，故說唯識。」從如來藏
識或眞如的角度而言，眞如隨緣而成萬法，顯現八識及其心王、
心所、見分、相分等事相。

　　第七，理事俱融唯識，「理事俱融，故說唯識。」以如來藏
識爲理，由如來藏識所緣起的萬法爲事，理在事中。

　　第八，融事相入唯識，「融事相入，故說唯識。」這是從事
事無礙的相入角度論唯識。

　　第九，全事相即唯識，「全事相即，故說唯識。」這是從事
事無礙的相即關係而論唯識。

　　第十，帝網無礙唯識，「帝網無礙，故說唯識。」這是從事
事無礙的重重無盡關係來論唯識。

　　法藏於《華嚴經探玄記》加以分類，其說如下：「於中初三
門約初教說，次四門約終教、頓教說，後三門約圓教中別教說，
總具十門約同教說。」

　　屬於圓教領域之第八「融事相入故說唯識」、第九「全事相
即故說唯識」、第十「帝網無礙故說唯識」，此三重唯識觀即華嚴
圓教之無礙法界。

　　請參閱《佛性辨正》P239。

　　（2）澄觀十重唯識觀
　　澄觀對法藏的修改，法藏的十重唯識觀法是以眞性爲識，如
來藏爲識，而眞性、如來藏都是理體，因這種識在性質上和窺基
所論的識有所不同。用哲學的語言來說，窺基的識是主觀精神，
而法藏的眞性、如來藏或理則是客觀精神。世界究竟歸主觀的精
神主還是眾生內在的自心，在法藏的體系中一直沒有很好地解
決。

　　澄觀對法藏十重唯識觀的修改，不僅解決了這一點，而且還
把理法界理解爲眾生的本心。其修改的結果就是：

第一，假說一心唯識
第二，相見俱存唯識
第三，攝相歸見唯識
第四，攝數歸王唯識
第五，以末歸本唯識
第六，攝相歸性唯識
第七，性相俱融唯識
第八，融事相入唯識
第九，全事相即唯識
第十，帝網無礙唯識

（一）與法藏的十重唯識觀相比，澄觀的十重觀法去掉了法藏的第六「轉真成事唯識」而增加了假說一心唯識作為第一重唯識，首先明確了心的性質。澄觀的第七「性相俱融唯識」，在法藏則為第七「理事俱融唯識」，名稱不同，內容一樣。從判教的角度看，澄觀加入了小乘教的觀點，這就是第一重的假說一心唯識，「假說一心，謂實有外法，但由心變動故」。

（二）小乘教執萬法為實有而不了解萬法是由自己的一心所變現，不懂萬法唯心，因而澄觀規定為「假說一心」，其餘九重觀法則是「實」說一心，使人了解一心的真實作用，這就補充了法藏觀法中所缺的小乘教。

至於澄觀將法藏的理事俱融唯識改為性相俱融唯識，這更符合《大乘起信論》的原意。

請參閱《佛性辨正》P244。

（3）宗密十重唯識觀

宗密直接從五教判攝的角度論唯識觀，並取消了華嚴十重觀法中的「唯識」的概念，而將其改成了「唯心」，更體現出宗密心學的特徵，從而將其完全華嚴化了。

宗密十重觀法：

（一）愚法聲聞教，假說一心。（第一重）

（二）大乘權教，以阿賴耶識爲一心。於中分爲三種：相見俱存，故說一心、攝相歸見，故說一心、攝所歸王，故說一心。

（三）大乘實教，以如來藏識爲一心。於中分爲二種：攝前七識歸於藏識、總攝染淨歸如來藏心。

（四）大乘頓教，泯絕無寄，故說一心。

（五）一乘圓教，總眩萬有，即是一心。於中分爲三種：融事相入，故說一心、融事相即，故說一心、帝網無盡，故說一心。與法藏的觀法相比，宗密的第二、三、四、五、六、八、九、十這八重觀法分別與法藏的第一、二、三、四、五、八、九、十這八重完全一致，也與澄觀在這八重上一致。

宗密取消了澄觀的第七性相俱融唯識，加了一重「泯絕無寄唯心（識）」。這一重觀法的意義是，眾生清淨心本來就沒有染淨之分，只是針對眾生的妄情而假說有一個清淨心，從本質上看，妄念是空，染淨皆空，只有本覺眞心。本覺眞心不寄於染，也不寄於淨，而是泯絕無寄。這種觀點，宗密認爲是大乘頓教所持的，明確加入了大乘頓教的內容，這一小、權（始）、實（終）、頓、圓的次序是華嚴宗的一般判攝模式。宗密的十重觀法在華嚴十重唯識觀中顯得最爲完滿，實際上也達到了中國佛教唯識觀法的最高層次，後世之中國佛教，一直沒有在這一方面有什麼進一步的發展。

請參閱《佛性辨正》P249-250。

167. 唯識理論的困難為何？

（1）唯識宗「五性各別」的成佛限制

唯識宗主張五性各別，其中只有定性菩薩及不定性兩者本具佛性，有先天成佛的內因性，只要透過正聞熏習，未來可以成佛。

但定性聲聞、定性緣覺及無性等三者，則永遠不能成佛。

（2）唯識宗「轉依」及「轉識成智」的限制

轉依理論是「轉捨」我法執、煩惱所知二障，「轉得」清淨法身而成佛。

所謂「轉識成智」是將阿賴耶識的有漏種子轉成無漏種子，從而生無漏現行而成佛。而無漏種子又只是「依附」在阿賴耶識中，非受其直接攝持。故前述定性菩薩及不定性兩者，即使有本具佛性，但仍需藉「外力」的「正聞熏習」熏成無漏種子才能成佛，這種需靠外力的轉依理論大大限制了成佛的可能性。

而如來藏說則無上述缺憾，一來已本具「成佛」的佛性內因，故不必完全需靠外來的正聞熏習，也可以依自力修行去除覆蓋的煩惱無明即可呈現本具的佛性。

（3）真如不受熏的限制

真如凝然不動，只是一種靜態理體，不能不變隨緣，隨緣不變。所以只能靠外來的正聞熏習的現行，去熏成無漏種子而轉識成智，轉依成佛。

沒有內具的真如緣起，認為萬法的生起完全依「阿賴耶識緣起」，而不知「阿賴耶識緣起」之「緣起」作用其實必須依賴「真如緣起」的「性起」作為的「依止因」，才能完成萬法的生起。

國家圖書館出版品預行編目資料

佛法三百問第二集／藍傳盛著. －初版.－臺中
市：白象文化事業有限公司，2023.2
　　面；　公分
ISBN 978-626-7253-41-0（上冊：平裝）

1. CST：佛教　2. CST：問題集
220. 22　　　　　　　　　　　111022260

佛法三百問第二集（上冊）

作　　者　藍傳盛

校　　對　藍傳盛

發 行 人　張輝潭

出版發行　白象文化事業有限公司

　　　　　412台中市大里區科技路1號8樓之2（台中軟體園區）

　　　　　出版專線：（04）2496-5995　　傳真：（04）2496-9901

　　　　　401台中市東區和平街228巷44號（經銷部）

　　　　　購書專線：（04）2220-8589　　傳真：（04）2220-8505

專案主編　黃麗穎

出版編印　林榮威、陳逸儒、黃麗穎、水邊、陳婷婷、李婕

設計創意　張禮南、何佳諠

經紀企劃　張輝潭、徐錦淳、廖書湘

經銷推廣　李莉吟、莊博亞、劉育姍、林政泓

行銷宣傳　黃姿虹、沈若瑜

營運管理　林金郎、曾千熏

印　　刷　基盛印刷工場

初版一刷　2023 年 2 月

定　　價　500 元

白象文化　印書小舖 PressStore出版專科　出版・經銷・宣傳・設計
www.ElephantWhite.com.tw　f 自費出版的領導者　購書 白象文化生活館